LE MÉDECIN FACE AU MALADE

PSYCHOLOGIE ET SCIENCES HUMAINES

Lucien Israel

le médecin face au malade

Cinquième édition

PIERRE MARDAGA, EDITEUR
2, GALERIE DES PRINCES, BRUXELLES

A la mémoire de ma mère

1re édition: novembre 1968

© by Pierre Mardaga, éditeur
37, rue de la Province, 4020 Liège
2, Galerie des Princes, 1000 Bruxelles
D. 1980-0024-11

AVERTISSEMENT

Ce livre issu de cours, expériences de groupe et travaux menés à la Faculté de Médecine de Strasbourg, s'adresse essentiellement aux étudiants des dernières années de médecine et aux praticiens qui ont éprouvé la nécessité d'une information sur la relation malade-médecin. D'autre part, il vise aussi l'homme d'aujourd'hui qui ne devrait plus aborder la rencontre avec le médecin dans une ambiance de relation magique ou de dépendance infantile qui ne peut qu'être nuisible aux deux partenaires.

Par rapport aux programmes d'enseignement français de psychologie médicale, ou de psychologie appliquée à la médecine, les sujets traités ici ne recouvrent qu'une partie du plan d'ensemble, celle des relations humaines du malade, soit l'application pratique. Quant aux données plus théoriques de la psychologie générale, elles sont traitées dans d'excellents manuels auxquels les étudiants devront se référer[1].

Un dernier point doit être souligné: les chapitres successifs ne couvrent pas l'ensemble du champ offert à l'étude des relations humaines du malade. D'importantes lacunes existent entre les différents thèmes abordés qui ne sont là qu'en guise de jalons. Ceci à titre de réaction contre des programmes surchargés, visant à une exhaustivité illusoire et surtout stérilisante en ce qu'elle risque de mener l'étudiant à croire qu'on lui a tout enseigné, détruisant en lui toute initiative, tout esprit de recherche et de critique. Qu'il trouve à la lecture de ce livre le goût de poser des questions, fussent-elles sous forme d'objections.

[1] Notamment: J. Delay et P. Pichot: Abrégé de psychologie à l'usage de l'étudiant, Masson et Cie.

A) DU « BEAU CAS »
AU « MALADE-QUI-N'A-RIEN »

L'enseignement de la pathologie médicale s'édifie sur cette pierre angulaire de la clinique: le beau cas. L'idéal de celui qui désire présenter des malades serait une collection de ces cas typiques qui viendraient illustrer les différents chapitres des manuels de pathologie. Ce n'est que lorsque le malade offre un ensemble syndromatique suffisant qu'il se voit attribuer l'épithète de « beau », car grâce à lui, la présentation prendra tout son éclat et soutiendra l'intérêt de l'auditoire. Cette technique est indispensable pour familiariser l'étudiant avec les divers temps de l'examen du malade et avec l'ensemble de l'acte médical. Ceci ne doit pas faire perdre de vue qu'outre la nécessité objective, se déroulent une série de phénomènes qui pour être méconnus n'en sont pas moins importants et développent leurs effets indépendamment de l'intention du présentateur et des auditeurs, voire même à leur insu. Toute présentation constitue une situation inaugurale, point de départ de relations dont on attend ou dont on redoute les suites. Lorsqu'on présente une personne à une autre, chacune d'elles tente de deviner, en fonction de ses propres intérêts, ce que cette nouvelle connaissance lui apportera. Qu'il s'agisse d'une présentation de modes ou d'une présentation de matériel, le nouvel objet présenté devra prendre sa place dans les habitudes et dans le monde du sujet. Déjà apparaît l'ambiguïté sujet-objet. Le « patron » qui présente un malade est-il cette commune relation qui présente l'un à l'autre deux de ses amis, ou bien occupe-t-il la position du placier en aspirateurs qui vient proposer son instrument à un possible client? On peut d'ailleurs dans cette dernière situation, envisager toutes les combinaisons en se demandant qui est client et qui est objet de qui.

La présentation constitue donc toujours une rencontre.

Etant donné l'importance que l'on reconnaît aujourd'hui à ce moment de la rencontre, on comprend aisément la sorte de solennité qui entoure cette partie de l'enseignement médical, qui fait que, bien souvent, la présentation devient véritable représentation. Ceci explique l'apparition de ce vocabulaire esthétique qui sous-entend presque une émotion théâtrale qui saisit le spectateur lorsque le présentateur aussi bien que le malade ont bien joué leurs rôles. C'est pourquoi il importe que le malade soit un beau cas, c'est-à-dire un cas dont la présentation sera appréciée par les amateurs.

Aussi brillante, aussi originale soit-elle, une présentation de malades ne tire sa qualité que de la comparaison à d'autres présentations; il faut qu'elle soit conforme aux règles du genre. Il faut que le spectateur voie se dérouler devant lui les actes successifs de l'art médical, et il faut aussi que le malade offre l'illustration des symptômes décrits dans les livres. C'est de cette congruence entre le malade réel et le canon représenté par le manuel de pathologie, que naît l'émotion esthétique qui dépasse la simple satisfaction de l'accord entre le mot et l'objet qu'il désigne. Ce n'est rien moins que toute la vérité médicale qui se confirme aux yeux de celui qui a choisi cette voie.

La présentation s'avère ainsi être la représentation d'une certaine relation entre un médecin et un malade exposés au public. Dans une représentation théâtrale, la troupe exécute une œuvre. Dans une corrida, le toréador exécute un taureau. La présentation d'un cas pathologique va-t-elle amener le présentateur à exécuter son malade? Oui. Au profit du « cas ». On verra plus bas la signification de cette différence. Il convient pour l'instant de s'arrêter quelque peu à cette émergence de la beauté comme signal d'une vérité. C'est le plaisir tiré de cette sorte de justification d'une vocation qui se nimbe de cet éclat, soulignant le lien amoureux qui attache l'homme à la profession choisie. Tout se passe, en présence du cas réel confirmant ce qui est écrit dans les livres, comme si une voix extérieure venait dire au médecin: « Tu as bien fait de choisir cette voie ». Non seulement il s'est octroyé un satisfecit, mais encore, il a accordé une satisfaction au monde qui lui en sait gré.

Tout ceci pour souligner que l'apparition du terme de « beau » n'est pas une impropriété, mais exprime une émotion allant bien au-delà de la simple satisfaction intellectuelle liée à l'acquisition de nouvelles connaissances. On trouvera peut-être que c'est accorder trop d'importance à un simple mot, que le médecin n'a pas à perdre son temps dans de pareilles finasseries ratiocinantes. Il n'est malheureusement que trop vrai qu'il devient pratiquement impossible à l'étudiant des premières années de médecine, du moins en France, de consacrer à une réflexion personnelle ou à une culture générale le temps minimum qu'exigerait une hygiène mentale équilibrée. Force lui est donc de considérer la nourriture surabondante dont on le gave comme aussi suffisante au point de vue qualitatif que quantitatif. Les enseignants pourtant se rendent compte qu'un programme, aussi bien fait soit-il, ne peut pas ne pas laisser subsister de lacunes. Elles sont même nécessaires pour que la personnalité de l'étudiant trouve un champ libre où s'exercer, où s'ébrouer. En réfléchissant, par exemple, à l'apparition dans le discours médical d'un mot comme celui de « beau », dont la nécessité ne semble pas s'imposer immédiatement.

Cet exercice de l'esprit est une exigence à laquelle on ne peut s'astreindre qu'en surmontant cette lassitude qu'entraîne l'exercice de la profession médicale dès les années d'études, et qui fait que, chaque fois qu'il le peut, le médecin n'a qu'une hâte: fuir sa chaîne. C'est pourtant au sein même de cette activité quotidienne que viendrait s'injecter en quelque sorte cet air nouveau qui résulterait d'un autre mode d'approche du malade.

Surchargé de travail, fatigué dans son corps, lié à une pratique routinière, toute tentative d'une quelconque transformation du rituel professionnel apparaît au médecin comme inutile, voire indécente, et peut-être même dangereuse.

Tout ceci impose ce qu'on pourrait appeler le conformisme médical comme la méthode dont le rendement est le meilleur. C'est ce conformisme qui rend si difficile d'échapper au déroulement stéréotypé des gestes médicaux. La démarche médicale est tout d'abord classificatoire. Du symptôme au diagnostic, dit-on souvent. Le diagnostic va permettre de faire entrer chaque cas dans une case préparée d'avance, où il trouvera tout ce que la thérapeutique peut lui offrir. Ainsi un bon diagnostic, et surtout un diagnostic précoce, permettra une intervention efficace. Tout paraît logique et on pourrait avec quelque apparence de justice s'offusquer de ce que quelqu'un mette en doute le bien-fondé d'une telle procédure. Aussi n'est-ce pas elle qu'il s'agit ici de critiquer: elle est irremplaçable. Ce qu'il s'agit de dénoncer, c'est l'effet de ce processus lorsqu'il tourne à vide, c'est-à-dire lorsque l'un des chaînons qui en assurent le déroulement vient à manquer, et tout particulièrement le premier. Car, pour passer du symptôme au diagnostic, encore faut-il que symptôme il y ait. Et ce symptôme, comment le médecin est-il amené à le découvrir, sinon en suivant la plainte du malade. C'est là que très souvent le bât va blesser.

Lorsqu'il a été question des présentations de malades, on a vu que le sentiment du beau était lié à la concordance entre la description théorique et la découverte pratique. C'est-à-dire lorsque l'écart entre le mot et ce qu'il visait à représenter était réduit au minimum. Entre la plainte et le symptôme existe un pareil écart, lui aussi variable. Lorsque la plainte du sujet s'exprime sous forme de maux de tête et que l'examen met en évidence un syndrome méningé ou les symptômes d'une hypertension intracrânienne, l'écart entre plainte et symptôme est pratiquement nul. Il est plus important déjà lorsque à la plainte céphalalgique s'offre comme seul substrat symptomatique une arthrose cervicale. Et combien de fois, enfin, cette même plainte ne va-t-elle trouver aucun ancrage, aucun symptôme objectif? C'est alors que le conformisme médical va causer au médecin un cruel embarras. Comment peut-on aller du symptôme au diagnostic lorsqu'il n'y a pas de symptôme? Quelque chose apparaît faussé par ce malade qui ne présente plus toutes les caractéristiques du vrai malade.

Le vrai malade! Il y aurait donc de faux malades?

Autrement dit, s'il est difficile de formuler avec précision les critères du normal, il est beaucoup plus facile d'exprimer les critères du pathologique, du moins conformément à l'enseignement médical traditionnel. Ce qui fait que le normal se définirait comme celui qui ne souffre d'aucun caractère pathologique. Mais c'est du côté de ce caractère pathologique que quelque chose vient à manquer, ce quelque chose qui s'engloutit dans l'intervalle qui sépare la plainte du symptôme, quelque chose qui n'est autre que le sujet lui-même. Il faut en revenir toujours à ce fondement de la médecine clinique qu'est la présentation ou la représentation du malade pour découvrir ce qui pourrait s'ajouter à l'examen médical, à la saisie du malade par le médecin, lui offrant ainsi la possibilité d'une autre attitude, d'une conduite de rechange en présence d'un chaînon manquant. La présentation du malade vise à donner au symptôme une expression immédiate auditive, visuelle, tactile, mais qui pourrait, à la limite, se dispenser de la parole. Comme si, à ce niveau, l'idéal médical était vétérinaire.

La première conséquence, et apparemment la plus logique, est celle de déterminer une chasse au symptôme, une recherche du symptôme à tout prix afin que le jeu puisse se jouer conformément à ses règles. Le danger d'une telle attitude va être d'attribuer à un petit symptôme, à un petit signe dont la signification est douteuse, la même valeur qu'à un symptôme capital. On s'attachera avec autant de soin à une minime déviation de la calcémie, à une petite irrégularité de l'électroencéphalogramme, à un taux hormonal légèrement abaissé lors d'un seul dosage, qu'à une douleur survenant à horaire fixe après un repas à l'existence d'un souffle cardiaque ou à un signe de Babinski. Ce n'est point un hasard que les exemples de symptômes à valeur douteuse qui viennent d'être signalés soient empruntés au domaine des investigations complémentaires pratiquées dans les laboratoires de physique, de chimie ou de biologie. C'est là, en effet, que la chasse au symptôme va être la plus fructueuse et la plus dangereuse. Beaucoup de résultats de laboratoire se situent à la limite du normal et ne devraient prendre valeur de symptômes qu'en s'intégrant dans un ensemble clinico-biologique. En l'absence d'un tel contexte, il faudrait au moins procéder à un contrôle de cet examen. Or, trop souvent, certains médecins sont tentés d'établir un diagnostic et d'instituer un traitement sur ce seul résultat douteux d'un examen complémentaire, alors que l'examen clinique n'est pas venu étayer leur hypothèse. A la limite, on pourrait redouter que lorsqu'on ne trouve pas le symptôme, on le crée. Encore le malade s'en tire-t-il sans trop de dommage lorsque la sanction thérapeutique se borne à un petit reconstituant, à des tranquillisants mineurs ou à des antalgiques non toxiques. Malheureusement, le recours à des thérapeutiques moins anodines n'est pas rare. C'est là que le recours intempestif à des antibiotiques, à une thérapeutique endocrinienne anarchique, risque de compromettre l'équilibre du malade qui peut encore s'estimer heureux si des interventions chirurgicales auxquelles on aurait pu surseoir, n'en font pas un infirme définitif. C'est dans de tels cas qu'on se trouvera en présence du malade « iatrogène », c'est-à-dire du malade créé par le médecin.

On objectera peut-être que c'est là une vision bien pessimiste de la médecine. On pourra même se demander si elle n'est pas dictée par une amertume ou une animosité à l'égard des médecins. Ce serait vrai s'il ne s'agissait que de dénoncer des maux sans proposer de remède. Mais il faut d'abord reconnaître le mal. En revenant par exemple, encore une fois, à la présentation de malades et en pénétrant dans les coulisses. Combien de fois ne cherche-t-on pas vainement le « beau cas » qui aurait permis une présentation brillante? Combien de fois le Service qui aurait dû fournir le malade au présentateur ne peut-il offrir que des cas complexes, à séméiologie intriquée ou imprécise, des cas où le diagnostic est réduit à des conjectures? Et la chose devient plus difficile encore lors d'un enseignement systématique où l'on désirerait présenter les malades non pas au hasard de la clinique, mais selon l'enchaînement logique d'un cours théorique. Si on a quelques chances dans un service d'endocrinologie par exemple, de trouver au bon moment le diabète gras ou la maladie de Basedow dont on aura besoin, le diabète maigre, l'Addison et le syndrome diencéphalique risquent de se faire attendre plus longtemps. Et plus la spécialité s'approfondit, plus deviennent rares les cas illustrant l'enseignement. Ce qui fait que, même dans les Services hospitalo-universitaires spécialisés où, pourtant, les malades sont déjà largement sélectionnés, on rencontre ce véritable parasite, qui se trouve là comme pour narguer le médecin: le-malade-qui-n'a-rien. C'est-à-dire le malade chez lequel on ne trouve aucun symptôme venant étayer sa plainte, même en multipliant les examens complémentaires. Cet homme que tous les appareillages, toutes les investigations, tous les bilans désignent comme normal, et qui, malgré tout, se plaint, se déclare malade. Cet homme défie les connaissances du médecin qui se trouve devant ce dilemme: le malade est-il un menteur, un simulateur, ou bien est-ce la science médicale qui n'a pas dit toute la vérité?

B) *LE MALADE AUSSI EST UN HOMME*

Au début de ce paragraphe est apparue une hésitation. Fallait-il l'intituler « le malade aussi est un homme » ou « le malade est aussi un homme »? Encore un appesantissement verbal qui ne pourra qu'irriter le médecin pressé. L'irriter parce que la solution ne peut se trouver à la hâte et peut-être même parce qu'il faut accepter qu'il n'y a pas de solution, et que les deux formules auraient été chacune justifiées.

Quel que soit l'énoncé, la vérité qu'il proclame suscite une gêne. Cette même gêne qui apparaît sans que l'on sache trop pourquoi devant le malade-qui-n'a-rien précédemment nommé. Devant ce malade, le médecin se découvre. C'est-à-dire qu'il découvre son besoin du symptôme qui est la justification même de sa fonction. Ce symptôme vient-il à manquer, il se trouve livré sans écran protecteur à cette rencontre imprévue dont on ne lui avait jamais parlé: non plus un malade, mais un être humain qui attend quelque chose de lui, lui demande quelque chose. Un être humain comme lui.

La relation malade-médecin, telle qu'elle est impliquée dans l'enseignement traditionnel, voire dans les adages les plus classiques, est une relation hétérogène entre deux êtres d'espèce différente. On a beau dire qu'il n'y a pas de maladie mais qu'il n'y a que des malades, que ce n'est pas l'organe qui est malade, mais tout l'organisme, ce prédicat: malade, vient modifier la personne suffisamment pour que le médecin puisse aisément la distinguer de lui-même. Entre le médecin et le malade, il y a toute la différence entre le sujet et l'objet, entre le vétérinaire et l'animal qu'il soigne, entre le garagiste et la voiture qu'il répare. La découverte du malade-qui-n'a-rien plonge le médecin dans la même perplexité que le vétérinaire à qui un cheval aurait parlé.

Toute la hiérarchie médicale est remise en cause. Quelle que soit l'affabilité du patron ou sa courtoisie, il y a toujours une certaine barrière entre lui et son assistant, entre l'assistant et l'interne, entre l'interne et l'étudiant. Cette hiérarchie sous-entend une rassurante différence de potentiel qui permet au flot du savoir de descendre du plus haut au plus bas. Cette même différence, quoique sous une autre forme, était nécessaire pour situer le médecin et le malade. Cette différence se matérialise d'ailleurs dans les aménagements de cabinets médicaux, lorsque le décorateur expérimenté recommandera au médecin débutant de mettre à la disposition des clients des sièges plus bas que le sien. Si la différence n'est pas toujours saisie comme une différence de nature, qu'au moins elle s'exprime par un excédent de pouvoir, par une relation de subordination. L'absence de symptôme fait s'écrouler ce système de relation. Il n'y a plus qu'un homme qui souffre, qui vient demander à un autre de l'aider. Et c'est alors que la panique s'empare du médecin, car il n'a pas été habitué à entendre cet appel que l'asepsie hospitalière a étouffé, le plus souvent en le détournant vers le personnel infirmier ou vers les autres malades.

La médecine hospitalière, la médecine scientifique, si elle exige des efforts intellectuels et des sacrifices matériels, offre en revanche un certain confort. Le médecin « scientifique » est toujours en position de bienfaiteur à l'égard du malade, puisqu'il lui offre une partie de son temps destiné à la recherche, et que le plus souvent, le malade ne l'honorera pas directement. Bien moins confortable est la position du praticien qui, du fait même de son installation, se trouve lui aussi en position de demandeur en face du malade: il lui demande sa clientèle. Il n'est donc pas seulement à découvert, il est livré, il se livre au malade. Et dans cette relation nouvelle, ce qu'il va découvrir va le marquer définitivement, va constituer le fond même de ce qu'on appelle l'expérience médicale. Quelque chose va différencier le praticien du médecin scientifique, quelque chose qui imposera à chacun de ces deux types de médecins un système de valeurs radicalement différent. Ce quelque chose qui, véritable parasite de la médecine scientifique, va offrir au praticien qui ne se sera pas enfui épouvanté devant cette découverte, l'enrichissement le plus profond de sa profession, c'est la personnalité humaine. C'est cela qui apparaît lorsque l'écran du symptôme vient à manquer. On pourrait dire, paraphrasant un aphorisme célèbre: la maladie lèche le corps et mord la personnalité.

Un grand nombre de praticiens découvrent cette réalité qu'il est beaucoup plus difficile de rencontrer dans l'exercice de la médecine hospitalière. Les meilleurs d'entre eux ont vite fait d'y voir un moteur important du traitement, de la guérison, et de se rendre compte de tout l'intérêt qu'il y aurait eu pour eux d'une information concernant les relations humaines au cours de leurs études. C'est pourquoi la demande de formation psychologique du médecin vient essentiellement de ceux qui sont déjà engagés dans la pratique. C'est pourquoi aussi, les applications de la psychologie médicale relèvent au moins autant d'un enseignement post-universitaire qu'universitaire. C'est cette différence des champs d'exercice professionnel qui explique cette surdité partielle de la faculté. Si, en médecine scientifique, le leurre de la relation hétérogène entre médecin et malade peut se maintenir, il est rapidement dénoncé dans la pratique, dans laquelle le médecin ne peut pas ne pas reconnaître le malade comme un semblable. Aussi, lorsque la médecine hospitalière ou universitaire parle de s'humaniser, ce n'est pas au praticien qu'elle s'adresse, car sa médecine à lui n'a jamais été déshumanisée. Mais la méconnaissance des problèmes réels éclate dans les solutions proposées. L'introduction d'hôtesses hospitalières, l'amélioration du confort, un soin nouveau apporté au décor des chambres sont des mesures dont le malade tirera certainement profit. Pourtant, la transformation des hôpitaux en villégiature et le remplacement de caricaturales infirmières gardes-chiourme par un personnel ayant fait ses classes dans les cabinets d'esthéticiens ne suppléera en rien à l'escamotage de la relation médecin-malade. Humaniser la médecine, ce n'est pas traiter le malade en touriste, c'est le traiter en homme.

C) PSYCHE ET LA PSYCHOLOGIE MEDICALE

Qu'est-ce qu'un homme? La psychologie se propose de le saisir scientifiquement, au niveau le plus humain. Toutefois, les méthodes de fixation et de coloration de l'âme et de l'esprit ne sont pas encore au point. Ce serait sans doute la visée de toute psychologie objective. Le mythe de Psyché devrait pourtant amener quelques réflexions. Psyché perdit l'Amour pour avoir voulu le voir. Qu'avait-elle besoin de le saisir par les yeux alors qu'elle avait tant d'autres façons de le connaître, jusqu'à la plus biblique. Il y a des connaissances qui ne supportent pas la lumière du jour. C'est le cas de ce domaine de la personnalité qu'on appelle l'inconscient. Ce qui ne doit pas faire considérer son approche comme impossible. Mais il échappera toujours à toute mise en cage ou à toute capture par des techniques rigides. C'est pourquoi l'enseignement de la psychologie médicale ne va pas sans quelque difficulté. Cette approche de l'homme malade, cet établissement de relations d'homme à homme entre le médecin et son patient, ne relèvent pas du simple bon sens, ni de la sagesse des nations. Ce qui va se nouer entre les protagonistes de cette rencontre passe par l'inconscient. La relation malade-médecin n'est pas une relation psychanalytique. Mais qu'on le veuille ou non, elle ne peut pas non plus se borner au rapport de la machine à son mécanicien. Que le médecin s'en défende ou la méconnaisse, une relation s'établira qui pourra devenir la source de puissants moteurs de guérison... ou d'aggravation. Aussi cette partie de la psychologie médicale qui sera évoquée dans les chapitres suivants consistera-t-elle à tenter de mettre en évidence non pas l'inconscient de tel ou tel malade, mais quelques points communs à l'inconscient du malade en général. Ces points concernent la relation de l'homme à sa maladie et à son médecin. Ils imposent le plan de cet ouvrage.

La première partie sera centrée sur le malade. Après un bref rappel des premières expériences de relation humaine en général, on étudiera le retentissement de la maladie proprement dite sur la personnalité. On étudiera ensuite les modifications des relations entre le malade et le groupe familial et social dans lequel il vit. Toutes ces expériences nouvelles constituent le fond quotidien sur lequel évolue la maladie. Elles sont riches d'enseignement et d'angoisse, et c'est fort de ces connaissances nouvelles acquises à son corps défendant, que le malade pénétrera dans le cabinet du médecin. C'est donc dans les chapitres suivants que l'on pourra étudier la rencontre malade-médecin.

Dans cette rencontre, deux personnes sont en présence. Le médecin qui sera mis en question dans cette troisième partie, a besoin non seulement de connaître la psychologie de son malade, mais encore d'avoir exploré sa propre relation à la médecine. Il aura à s'interroger, s'il veut être honnête avec lui-même et en même temps être à l'abri de certaines surprises, sur sa vocation et sa formation. On tentera d'analyser certaines conséquences fâcheuses d'un trop grand mépris à l'égard de ces facteurs humains. Enfin, on abordera les rapports qu'il peut y avoir entre la médecine en général et toutes les disciplines en « psy » qui de plus en plus sollicitent le médecin, non seulement dans sa profession, mais encore dans sa fonction sociale. On verra enfin dans quelle mesure le médecin peut se familiariser avec ces disciplines et quelles sont les limites qu'il convient d'observer afin d'éviter des déboires.

PREMIÈRE PARTIE

L'HOMME ET LA MALADIE

Chapitre 1

PREMIERES RELATIONS

Découvrir les relations qui se tissent autour de l'homme malade et qui interviennent dans l'évolution même de la maladie est le but de ce livre. Mais auparavant, un rappel de ce qui se noue à l'origine du sujet paraît indispensable, rappel inutile et qui paraîtra schématique ou vulgarisé à ceux qui sont déjà familiarisés avec une certaine forme d'appréhension de l'être humain, mais qui est indispensable à l'étudiant en médecine ou au médecin qui n'ont pu bénéficier de ces informations pratiquement à aucun moment de leurs études, du moins jusqu'à ces toutes dernières années.

A) *EMBRYOLOGIE DU COMPORTEMENT*

L'enfant naît prématuré.

A ses origines, le roi de la création n'a encore aucun motif à se prévaloir de ce titre. Alors que certains animaux comme le cobaye, cet acolyte du médecin au cours de ses études et de ses recherches, naissent avec tout l'équipement dont ils vont avoir besoin au cours de leur existence, l'être humain naît défavorisé. Son corps ne lui offre aucune

possibilité motrice pour l'amener, par exemple, à une source
de nourriture, et son esprit est inapte à exprimer des besoins
dont on ne sait même pas dans quelle mesure il est capable
de les éprouver, au moins durant les premiers jours de
sa vie. Il faut dire à sa décharge que l'expérience qu'il vient
de vivre en passant de la vie intra-utérine à l'existence
aérienne est la variation la plus considérable qu'il aura
jamais à traverser. Seule la mort pourrait à la rigueur représenter un changement d'état aussi radical, mais il est peu
probable que l'être humain en fasse jamais son profit.

*Une véritable gestation post-natale
va faire accéder le nouveau-né
à la condition humaine.*

Les pédiatres connaissent les enfants prématurés. On a
même établi certains critères de viabilité. Des textes aussi
anciens que le Talmud contiennent déjà des discussions
à ce sujet. Mais il est certain qu'après quelques années, il ne
reste habituellement plus trace de cette prématuration.
Ce qui revient à dire qu'il n'y a pratiquement pas, et sauf
cas exceptionnel, de différence entre l'homme né préma-
turément et l'homme né à terme. Ceci permet surtout de
justifier cette affirmation tirée de l'anatomie et de la physiologie comparées: l'être humain naît prématuré. Il est à
présumer que les mères objecteront à une telle déclaration
qu'une grossesse de neuf mois est déjà bien suffisante.
Encore qu'il ne manque pas de femmes pour affirmer:
« Je ne me porte jamais aussi bien, » ou « je ne suis jamais
aussi heureuse que pendant mes grossesses. » En bonne
logique, la déclaration de prématuration humaine devrait
offrir aux mères un sujet de chagrin autrement important:
à savoir que la vie intra-utérine ne suffit pas à préparer
un être humain à la vie, et qu'il lui faut naître prématuré
afin que l'entourage extra-utérin lui apporte les complé-
ments indispensables à son développement. C'est même dans
cet apport extérieur qui, bien entendu, n'exclut nullement
la mère, laquelle aura durant cette partie de la vie un rôle
relationnel infiniment plus important à jouer que durant

la gestation où sa participation n'est, somme toute, que végétative, qu'il sera possible de déceler les facteurs favorisant ou entravant le développement.

Trop souvent, le médecin ne s'attarde pas à l'étude de ces premiers signes de la personnalité, se contentant d'un examen capital certes, mais insuffisant, des réactions et réflexes qui lui permettront de classer le nourrisson dans la catégorie du normal. Dresser la tête lorsqu'on le couche sur le ventre, suivre un objet des yeux, avoir des mouvements de succion, etc, ce sont là les manifestations de capacité adaptative indispensable. Mais ces conduites, même lorsque certaines d'entre elles sont innées, sont déjà le support de ce qui va se développer plus tard sous forme de relation humaine ou de lien intersubjectif. Même dans ces réflexes les plus primitifs quelque chose est déjà destiné à l'autre, déterminé par l'autre. Aussi bien est-ce déjà cet autre qui, sous la forme du médecin, vient recueillir ces informations et sait les entendre.

Les études du développement de l'enfant et de ses premières réactions ont fourni une abondante littérature, mais celle-ci est souvent trop spécialisée ou trop vaste pour être facilement utilisable par le médecin ou l'étudiant en médecine. Il pourra toutefois se reporter avec fruit à un ouvrage très court, écrit par un médecin psychanalyste, un véritable ouvrage clinique, qui a également été largement utilisé pour certaines parties de ce chapitre: il s'agit du livre de R. Spitz, « La première année de la vie de l'enfant ».

Une première difficulté surgit au moment de situer le point de départ de cette étude. La vie humaine commence-t-elle au moment de la naissance, ou de la fécondation, ou à tel stade de l'embryogénèse? Chacun de ces points de départ pourrait se justifier par une argumentation théorique. Pour le médecin qui n'aime guère traiter ou s'entretenir avec ses clients par personne interposée, il semble que l'étude de l'enfant ne doive commencer qu'à partir du moment où il est là en chair et en os. On verra par la suite que cette affirmation devra quelque peu être rectifiée, car l'entourage dans lequel l'enfant va apparaître n'est pas surpris par cette survenue comme par un coup de tonnerre dans un ciel serein, mais au contraire, avant d'être là, le nouveau-né avait déjà existé dans les préoccupations, les espoirs, les paroles de son environnement futur.

**L'être humain se caractérise
par l'établissement de relations
avec autrui.**

L'embryologie du comportement consiste à préciser comment va se développer ce qu'on pourra vraiment appeler une relation humaine. Il ne s'agit pas d'établir un tableau chronologique qui permettrait de savoir si l'apparition de telle ou telle aptitude a eu lieu à la date normale, mais plutôt de découvrir comment, d'un point de départ encore mal défini, le nouveau-né va accéder à la relation.

La politique de ces dernières années a introduit le concept de l' « interlocuteur valable ». Il y aurait fort à dire sur l'instance habilitée à reconnaître la validité de cet interlocuteur. Quoi qu'il en soit, l'idée se dégage que pour établir un dialogue il faut que l'interlocuteur puisse être reconnu comme « autre ». Quel que soit le contenu de ce dialogue, il ne pourra s'instituer que si l'autre existe pour chacun des interlocuteurs. Cette condition du dialogue paraît aussi la condition minimale de l'établissement d'une relation. Peut-on dire que le nouveau-né remplit cette condition?

Il convient de noter au passage que la parole n'est pas un facteur indispensable de la relation, et même s'il est possible de dire à présent que les relations de l'enfant seront établies à partir du moment où la parole apparaîtra, on pourrait trouver maints exemples de relation humaine où la parole n'a que faire. Il suffirait de rappeler la compétition sportive ou certaines relations amoureuses dans lesquelles la parole n'ajoute pas grand-chose à une relation dont il n'est pas possible de douter de l'authenticité.

L'enfant à ses débuts ne saurait exister sans le support de sa mère ou du personnage exerçant cette fonction. Plus précisément, il ne saurait survivre. Comment désigner ce binôme mère-enfant? S'agit-il d'une association, d'un alliage, d'une combinaison? On a essayé tous les termes englobant deux partenaires. On ne peut à cet âge, parler de couple mère-enfant, parce qu'il ne s'agit pas encore d'une relation, ainsi qu'on l'a dit plus haut. La désignation de symbiose n'est pas plus satisfaisante, car un tel agencement implique des échanges, des prestations fonctionnant dans les deux sens. Peut-on alors parler de parasitisme? Pas davantage: on ne peut guère considérer que l'enfant se développe au détriment de la mère. La coexistence pacifique qui lie le saprophyte à son hôte n'est pas non plus réalisée. Faute de terme satisfaisant, on a parlé de la dyade mère-enfant, tout en sachant que la binarité ainsi exprimée ne va pas sans quelque réserve. Le développement de l'enfant pourrait se résumer à l'éloignement l'un de l'autre de ces deux personnages qui au départ sont encore quasiment fusionnés. Certains réflexes, certaines réactions existent dès la naissance. Il a même été possible de mettre en évidence, par exemple par des procédés radiologiques, l'existence d'une succion durant la vie intra-utérine. Il n'est pas question de détailler ici ces mécanismes fonctionnels dès l'origine, mais de repérer quelques étapes qui jalonnent l'émancipation progressive de l'enfant durant les premiers mois de sa vie.

Quelques étapes
permettent de jalonner
d'abord la reconnaissance d'autrui,
puis la découverte de soi-même.

Une semaine après sa naissance, l'enfant manifeste déjà un comportement facilement observable qui, bien que n'étant peut-être qu'un réflexe conditionné, constitue une première trace d'intentionnalité. Lorsque la mère prend l'enfant dans ses bras et le place en position horizontale, il tourne la tête vers le sein.

Par la suite, chaque jour apportera aux observateurs attentifs de nouveaux signes suffisamment variés pour constituer une certaine originalité de chaque nourrisson. On peut dire que la différenciation de la personnalité commence.

Entre le deuxième et le troisième mois, apparaît un

nouveau signe qui est le sourire. De nombreuses mères objecteront que leur enfant a souri beaucoup plus tôt. Les dates données ici ne sont que des indications moyennes d'une part, et d'autre part, le sourire dont il s'agit est celui qui a valeur de réponse à une situation précise: il s'agit du sourire déclenché par la perception d'un visage vu de face. Cette réaction marque l'acquisition d'une certaine expérience. C'est de face que l'enfant s'est habitué à apercevoir le visage de la personne qui s'occupe de lui. Ceci est vrai pour la plupart des soins donnés à l'enfant: toilette, habillement, pesée, etc., et l'on a observé également que l'enfant qui tète, aussi bien le sein que le biberon, fixe durant tout ce temps le visage de la personne qui le nourrit. Ce sourire ne marque pas encore une reconnaissance d'une personne précise, mais plutôt un repérage des éléments constitutifs d'un visage. Non seulement n'importe quel visage provoquera le sourire, mais encore un masque, pourvu qu'il comporte justement ces éléments qui sont les signaux du visage.

Rendre son importance à l'olfaction.

Durant cette période, l'enfant est entouré par toute une série de stimulations, d'apports venant de la mère, ce sont tous les gestes caressants, les sons: petits mots, onomatopées, gazouillis dont il est littéralement enveloppé. Ceci s'ajoute bien entendu au goût des aliments, au contact du sein ou du biberon. Mais il est une autre communication, plus subtile, plus rarement soulignée car elle passe au second plan, tout au moins dans les relations conscientes de l'adulte: c'est l'odeur. Il est certain que l'enfant reconnaît très tôt l'odeur de sa mère. Cette odeur agit comme un signal annonciateur de la mère, annonciateur aussi de tous les plaisirs qu'elle apporte à l'enfant.

L'angoisse accompagne chaque nouvelle acquisition de l'être humain.

Ce bain de plaisir n'est évidemment pas continu. Au cours des premiers mois de la vie, chacune de ses rencontres avec la mère laisse le nourrisson suffisamment repu, gavé de nourriture et de plaisir, pour qu'il s'endorme, marquant ainsi de lui-même la fin de la rencontre. Mais lorsque ce nourrisson grandira, son quotient de veille, c'est-à-dire la durée relative de l'état de vigile par rapport à l'état de sommeil augmentera. Il ne sera plus endormi lorsque la mère le quittera, et vers le sixième mois, il manifestera par des cris et des larmes le déplaisir ressenti lors de l'éloignement de la mère. Ces mêmes manifestations se produiront lorsqu'on éloignera de lui ou lorsqu'il ne retrouvera pas ses objets familiers.

A ce moment on peut admettre qu'il reconnaît sa mère et deux mois plus tard, vers le huitième mois, il deviendra la proie d'un déplaisir nouveau, d'une véritable angoisse, lorsqu'en l'absence de sa mère apparaîtra un personnage inconnu.

Dès le huitième mois donc, l'inventaire de l'entourage, en tout cas en ce qui concerne les personnes ainsi qu'un certain nombre d'objets familiers est déjà assez complet. Mais quelque chose encore manque à cet inventaire, à savoir lui-même. Certes le nourrisson a déjà depuis long-temps commencé à découvrir son corps, soit en le palpant directement, soit en portant à sa bouche ses mains et ses pieds. Il a également commencé à découvrir ses limites, car ses mouvements l'ont amené à heurter son berceau ou les objets de son entourage. C'est ainsi que se constituent les premières expériences de la dimension, de la mesure. Mais il lui reste à faire une découverte capitale. On a vu que les personnes de l'entourage du bébé étaient très tôt perçues par cette caractéristique spécifique de l'espèce humaine : le visage. Le nourisson sait que les autres ont un visage et une forme avant de savoir qu'il est fait lui-même à cette image. On ne saurait assez souligner l'importance dans l'expérience du bébé de cette découverte qui se fera lorsqu'il sera capable de se découvrir dans un miroir. A partir du sixième mois, le bébé manifestera sa joie en se découvrant dans une glace. C'est Lacan qui, en 1936 a décrit ce stade ou cette phase du miroir au cours de laquelle le petit enfant reçoit en quelque sorte son image

dans une « assomption jubilatoire », phase capitale dans
son développement et dans la formation de sa personnalité,
mais dont les effets inconscients n'avaient pas été jusque-là
soulignés. L'étude de ce stade du miroir et de ses effets
relève de la psychanalyse, mais il n'est pas sans intérêt
de souligner cette constatation simple: que c'est hors de
lui-même que l'être humain se voit pour la première fois,
et que c'est toujours à des représentations extérieures ou à
des supports extérieurs de la représentation qu'il devra
s'adresser lorsqu'il voudra se voir, tout au moins pour
certaines parties de son corps et notamment son visage.
Dès ce moment se fonde ce dédoublement entre sa personne
et son image, cette dualité, cette duplicité même qui l'ac-
compagnera tout au long de son existence et ne contribuera
pas peu à compliquer ses relations avec ses semblables.

B) *GENESE DE LA PERSONNALITE*

Successivement, l'enfant a découvert le visage. Ensuite,
au-delà de ce visage vécu d'abord comme simple signal,
si tant est qu'un signal soit jamais simple, c'est toute la
personne d'autrui qui a été discernée. D'abord la personne
de la mère apparaissant comme source de plaisir et porteuse
d'amour sur un fond indifférencié qui n'est encore ni bon,
ni mauvais. Ce n'est que quelques mois plus tard que
l'aperception de ce fond permettra d'isoler d'autres personnages qui seront, eux, salués avec les signes du déplaisir, c'est-à-dire les cris. Entre ces deux phases: le déplaisir
lors du départ de la mère et le déplaisir à l'apparition de
l'étranger en dehors de la présence de la mère, c'est le
fondement du bon et du mauvais qui s'est inséré. Le fond
sur lequel évoluait la mère n'est plus indifférent: il est
déjà marqué en fonction de ce qu'il peut apporter à
l'enfant. Et c'est à cette même époque qu'il s'est découvert
lui-même, c'est-à-dire qu'il a découvert son image, qu'il a
découvert qu'il avait lui aussi une image. On pourrait dire
qu'il sait à partir de ce moment-là qu'il est comme les

autres. Mais plus important pour un être humain est d'avoir découvert qu'il est, non seulement comme les autres, mais en même temps lui-même, c'est-à-dire différent des autres.

Dorénavant, tout est prêt pour que s'établisse une relation. L'enfant a découvert autrui, ainsi que la distance qui l'en sépare et il s'est reconnu lui-même comme ayant toutes les caractéristiques d'un interlocuteur possible. Les supports sont en place pour recevoir cet instrument privilégié de la relation: la parole, la communication de sons chargés de sens, l'apparition du verbe.

Le médecin, le psychiatre, le psychologue qui examinent un enfant ne manquent jamais de poser la question: « A quelle date a-t-il commencé à parler? ». C'est une question importante. Encore faut-il dès le début distinguer ce qui est simple reproduction d'un son dont pourraient, à la limite, être capables certains animaux, et notamment les perroquets, et ce qui est réellement message. Il est bon de rappeler que durant les premiers mois de la vie, l'enfant est baigné dans un flot de dons venant de la mère, caresses et regards, nourriture et sons. Tous ces apports sont probablement perçus de façon syncrétique, en quelque sorte comme une sécrétion maternelle. Il s'agit de cette parole enveloppante, moulante, à peine différenciée des autres actes nécessaires à l'entretien du bébé. A partir de quel moment la parole va-t-elle prendre son véritable sens, son sens plein? On pourrait répondre qu'il faut et qu'il suffit que le petit homme se reconnaisse comme autre possible, c'est-à-dire ne se confonde plus avec la mère. Autrement dit, c'est le stade du miroir, ou du moins la phase résumée par cet événement qui va être le point de départ de cette communication.

La parole se fonde sur le non,
qui est le propre de l'homme.

Ce moment de la vie de l'enfant est une coupure, peut-être pas plus radicale, mais plus déterminante que celles qu'il a connues jusqu'à présent. Bien sûr, on rappel-

lera que rien ne sera plus jamais l'équivalent du bouleversement subi au moment de la naissance. Une autre
rupture, elle aussi capitale, aura souvent déjà été infligée
au bébé: le sevrage. Mais aucune de ces transformations
n'avait en fait modifié la dépendance absolue à l'égard de la
mère. Qu'elle le porte en elle ou dans ses bras, qu'elle lui
donne le sein, le biberon ou un légume à la petite cuillère,
l'enfant restait sa chose, sans autre possibilité et sans autre
désir que d'être auprès d'elle. Pourtant ce désir ne peut pas
toujours être exaucé. Et lorsqu'il ne l'était pas, lorsque la
mère s'éloignait, voire lorsqu'elle était remplacée par
quelqu'un d'autre, l'enfant éprouvait ce qu'on a jusqu'à
présent désigné par déplaisir, mais qui est déjà douleur,
qui est déjà tristesse. Et c'est à ce point précis que se marque
le propre de l'être humain. La révélation de son image
dans le miroir, la découverte qu'il existe au même titre
que les autres va amener ce moment, cette attitude qui
distingue l'homme de tous les autres animaux: il va rejeter
la tristesse, la douleur de la séparation d'avec la mère,
par un renversement dialectique d'une situation. Il va
assumer cette douleur, s'en rendre maître. De ce qui faisait
de lui un être passif, offert au bon plaisir de l'autre, va
jaillir le ressort de son activité et de son indépendance.
Tout ceci amène à comprendre que le début de la communication sémantique n'est pas à rechercher dans les premiers
sons émis par l'être humain, comme les gazouillements
du bébé. En effet, ces premiers essais vocaux, ces premières
émissions de sons, identiques à ceux qui serviront de
véhicules à la parole comportent fréquemment des syllabes
redoublées.

Il est tentant d'y voir le signe de cette fusion, de cette
non-séparation d'avec la mère. Deux syllabes, non pas une
pour papa, une pour maman, mais une pour maman, une
pour bébé. Maman dit la première syllabe et l'enfant la
répète. Papa, maman, bébé, etc. Le langage, lui, dans la
mesure où il est affirmation de l'individu et de son indépendance, ne peut pas se fonder sur cette reproduction
servile de l'émission vocale de l'autre. Le premier mot,
la première véritable parole du petit d'homme sera un mot

de refus, de rejet de la sujétion, de la fusion, une contestation de cette absolue dépendance de l'autre. Ce sera la négation, le mot de la négation: NON. Avec ce non, avec ce refus de la condition infra-humaine du bébé, s'inaugure la liberté de l'homme. Ce non fait parfois sourire les parents. Le plus souvent pourtant, ils le prennent pour ce qu'il est, mais pour ce qu'il n'est qu'en partie, à savoir un refus, un rejet d'eux-mêmes. Et ils vont s'acharner à briser ce non, à amener l'enfant à dire oui, à le maintenir bébé. Et pourtant, quel oui serait valable, quel oui aurait un sens s'il n'était pas le résultat d'un choix, d'une alternative? Quel oui aurait valeur d'engagement s'il n'avait été arraché au non? De même que la phase du miroir avait montré à l'enfant qu'il existait en tant que personne distincte des autres et notamment de sa mère, de même l'acquisition du non, la maîtrise du non, lui confère l'autonomie, non pas du sujet parlant, mais du sujet pensant. Dès ce moment, deux types de paroles sont distinguées: celle qui n'est que répétition, approbation sans réserve, soumission à la convention, au conformisme, et l'autre parole qui deviendra représentative du sujet, d'un sujet qui veut sa place propre dans le monde, qui se veut d'abord lui-même pour pouvoir ensuite choisir tout ce qui peut s'offrir, par opposition à celui qui ne veut que ce que veulent les autres.

La parole se substitue à l'action immédiate et irréfléchie.
Elle permet à l'individu de se différencier
et à l'humanité de se civiliser.

Ce non est à la fois la fondation de la pensée abstraite et la condition de la liberté, de la résistance aux épreuves, de l'éthique. A partir du moment où l'enfant sait manier le non, la séparation d'avec la mère, la découverte de situations nouvelles et inquiétantes ne seront plus accueillies par des cris et une agitation vaine et coûteuse au point de vue énergétique, mais par ce simple mot: non, qui permet au sujet humain de conserver intactes toutes ses ressources de force et de réflexion pour faire face au danger ou aux difficultés. C'est le non qui a permis la civilisation humaine.

C) *PREMIERES AMOURS*

L'autonomie de l'être humain
exige qu'il se détache de sa mère.
Cette séparation va être la source du désir,
moteur principal de la vie.

Maintenant que le bébé sait dire non, il va pouvoir dire oui, c'est-à-dire choisir ses partenaires amoureux. Bien entendu, l'un des partenaires a un véritable droit de préemption: c'est la mère. On a vu que tout son développement jusqu'à présent n'a été qu'une préparation à ce point culminant où le bébé va changer de camp, où d'objet de la mère, végétal ou animal mais sûrement pas humain, il va devenir petit d'homme. La découverte et l'affirmation qu'il peut déjà y avoir pour l'enfant très petit des choix et des liens soutenus par de véritables sentiments amoureux reviennent à la psychanalyse. Il est faux de vouloir confiner l'enfant dans l'innocence d'un paradis terrestre et de comparer le devenir adulte au péché qui lui a amené la perte de l'Eden. L'enfant normal, dès qu'il a acquis un début d'autonomie est un enfant qui a des désirs et qui veut aimer. Tout est à redouter, par contre, lorsque l'enfant accepte de rester l'objet soumis de sa mère et de ne pas avoir de volonté autonome. De graves troubles mentaux le guettent. Toutefois, ce n'est pas parce que la psychanalyse a éclairé d'un jour nouveau la vie de l'enfant qu'il faut accepter sans réserve tous les schémas présentés sans discernement par une presse à sensation, pour les plaquer sans aucun esprit critique sur le développement.

Au moment où il va s'agir d'utiliser certaines découvertes psychanalytiques, il paraît nécessaire de préciser comment ces données doivent être entendues afin, justement, de ne pas sombrer dans l'usage galvaudé d'une vulgarisation qui touche d'autant plus l'homme cultivé, qu'elle se pare de certaines plumes arrachées à la pensée contemporaine. Ce ne sont pas les détracteurs systématiques de la psychanalyse qui sont à craindre. Dans leur ignorance de ce dont ils parlent, ils ne livrent plus que quelques combats d'arrière-garde. Certains philosophes ont pu prendre à l'égard de la psychanalyse une position critique et lui adressent de légitimes questions. De ce fait même, ils la reconnaissent comme interlocutrice valable et ne diminuent en rien la valeur de ses apports. Autrement dangereux sont ceux qui, sous prétexte de psychanalyse, diffusent dans la littérature, voire dans l'enseignement, des mystifications qui, derrière un vernis psychologisant ne véhiculent souvent que les connaissances les plus banales, teintées d'ésotérisme, d'occultisme, de rêveries superstitieuses désuètes. La psychanalyse partage avec toutes les sciences humaines ce sort de paraître à la portée de tous puisqu'elle concerne chacun.

C'est ainsi que chacun est informé du complexe d'Œdipe, des stades du développement libidinal, de l'angoisse de castration, etc. Le moment est venu d'étudier de plus près ce qu'il en est de certains de ces concepts. Chacun connaît le mythe d'Œdipe. Fils de Laïos et de Jocaste, un oracle prédit à ses parents qu'il tuerait son père et coucherait avec sa mère. Pour conjurer ce sort, on lui perça les pieds et on l'exposa sur une montagne. Mais il fut recueilli, élevé à la Cour d'un pays voisin. La tradition donne des versions différentes au départ d'Œdipe. Toujours est-il qu'il rencontre son père et le tue, qu'il résout ensuite l'énigme du Sphinx et en récompense obtient la main de Jocaste, sa mère, en même temps qu'il devient roi de Thèbes. Du mythe au complexe, le chemin n'est pas si simple que le voudraient les psychologues amateurs ou ces mères de famille qui déclarent dans les dessins humoristiques, à propos de leur nourrisson: « il a déjà le complexe d'Œdipe. » Ce qui est méconnu, ou mieux, escamoté, est un point très précis: Œdipe ne savait pas que l'homme qu'il tuait était son père et que la femme qu'il épousait était sa mère. Ce ne-pas-savoir indique le lieu, la scène où se joue le drame psychanalytique. Ce lieu de l'inconnu, c'est l'inconscient. On se voue à ne jamais rien comprendre aux découvertes de la psychanalyse si l'on ne se souvient pas à chaque instant que c'est justement de l'inconscient qu'elle traite, de cette partie de nous-mêmes à laquelle nous n'avons pas accès, mais d'où émanent les forces les plus exigeantes et les plus vives.

On a vu comment l'enfant s'était peu à peu constitué en personnage face à sa mère. On a vu également comment ce personnage maternel avait son rôle à jouer dans toutes les étapes, dans toutes les acquisitions de l'enfant. Chaque fois, ce rôle maternel était lié au plaisir de l'enfant. Le lien ainsi créé est le plus puissant de tous ceux que connaîtra l'être humain au cours de son évolution. C'est le lien qui lie le petit d'homme à l'objet du plaisir absolu. Perdre cet objet est l'équivalent du déplaisir le plus profond. Le drame de l'être humain se jouera lorsque cet enfant va découvrir qu'il ne peut rien pour s'assurer les bonnes grâces de sa mère et qu'il est tout entier livré au bon plaisir de cette dernière. Si, durant quelque temps, il a pu s'en faire accroire et conserver le leurre d'un couple où il aurait été le maître d'une mère objet de plaisir, il ne pourra pas ne pas découvrir un jour que le véritable partenaire de cette mère se trouve ailleurs. Que le désespoir submerge cet amoureux déçu, l'inonde de forces qu'il ne peut maîtriser ne doit pas étonner. L'enfant n'a pas encore appris à aménager sa relation à autrui de façon à diminuer sa vulnérabilité. Aussi ne guérira-t-il jamais de ce premier chagrin d'amour, et toute son existence va être une recherche toujours vaine de ce premier plaisir. Mais déjà est oubliée la remarque concernant le mythe d'Œdipe. De même qu'Œdipe ne savait pas qu'il épousait sa mère, de même l'être humain, malgré le développement « compréhensible » de ce qui précède, ne sait pas, et heureusement ne peut pas savoir, que l'irrépressible pulsion qui le mène à rechercher auprès d'un partenaire l'amour et la chaleur, n'est que le rejeton de la quête d'amour maternel.

Cette description, pour incomplète qu'elle soit, évite les mystifications auxquelles se livrerait une information méconnaissant l'inconscient. Il faut préciser encore que le cas donné pour exemple est celui du petit garçon, et que l'évolution de la petite fille ne saurait être symétrique, car pour elle aussi le premier objet d'amour a été la mère. Son évolution l'amènera à devenir comme sa mère alors que le petit garçon devra, lui, conquérir un partenaire qui sera comme sa mère.

Cette évolution « normale » n'épargne pas à l'enfant les « frustrations » et les chagrins, et l'on ne dénoncera jamais assez les systèmes d'éducation qui prônent pour l'enfant une élimination soigneuse de toute source de difficulté. Qui, en effet, ménage-t-on par une telle conduite? Davantage les parents que les enfants.

Il convient de réexaminer les forces en jeu dans l'évolution décrite plus haut afin de discerner les failles par où viendront se glisser les germes d'un développement perturbé, d'un comportement pathologique. Le moment crucial où l'enfant est confronté avec toute la problématique de l'être humain dans le monde, est celui où il découvre qu'il ne suffit pas à sa mère. Autrement dit, le moment où il découvre que le désir de sa mère va vers son père. Qu'il en éprouve une certaine déception, voire une hostilité provisoire à l'égard du père, et même de la mère infidèle, n'entraîne pas que des conséquences négatives de dépit et de colère. L'acquis sera, une fois surmonté le chagrin, un pas de plus vers l'autonomie ultérieure. Par contre, si cet enfant naissait d'une mère ne désirant pas le père, le leurre du couple mère-enfant deviendrait une sorte de réalité et on retrouverait cette situation déjà évoquée lors de la genèse de la communication sémantique: un enfant totalement aliéné à sa mère, un futur psychotique. Quant à la genèse de la névrose, elle trouvera largement sa provende, non pas dans l'absence de désir de la mère pour le père, mais dans les vicissitudes et les imperfections de ce désir.

La fonction du père
est d'abord d'être l'homme de la mère.

Il n'a guère été question jusqu'à présent du père. Ceci montre que son rôle n'est en rien comparable à celui de la mère. Le père n'est pas une mère de remplacement, destiné à se substituer à elle en cas d'indisponibilité. Le père est ailleurs. L'enfant le découvrira en suivant le regard de sa mère, en découvrant qu'elle lui échappe au profit d'un autre. A partir de ce moment, les destins seront fixés. La petite fille recherchera celui qui lui inspirera ce même désir lu dans les yeux de sa mère, et le garçon visera à devenir celui qui détient la cause même du désir.

Certes, le rôle du père ne peut se borner à celui d'une lointaine source de désir. Mais c'est la partie la plus importante de la fonction paternelle. Tout le dévouement, toute la sagesse, toute l'autorité d'un père ne serviront à rien dans le devenir de l'enfant s'il n'a pas été d'abord l'homme de la mère.

De cette position découleraient ses autres fonctions: être celui qui sépare l'enfant de la mère, pour l'introduire dans le groupe social, être aussi celui qui protège l'enfant contre une menace de captation par la mère, car on a vu le danger qu'il y aurait pour l'enfant à rester objet de la mère. On pourrait multiplier les fonctions dont la vie moderne charge le père. Mais seules sont radicalement paternelles celles qui différencient ce père de la mère.

Pousser plus avant ces réflexions déboucherait sur la psychogenèse des maladies mentales, ce qui dépasserait le cadre de ce travail.

BIBLIOGRAPHIE

Françoise Dolto, *Psychanalyse et Pédiatrie*, Les Editions de la Parole, 1961.

Jacques Lacan, *Ecrits*, Le champ freudien, Edit. du Seuil, 1966.

Maud Mannoni, *L'enfant arriéré et sa mère*, Le champ freudien, Edit. du Seuil, 1964; *Le premier rendez-vous avec le psychanalyste*, Collection Femme, 1965.

René A. Spitz, *La première année de la vie de l'enfant*, P.U.F., 1958; *Le non et le oui*, P.U.F., 1962.

Chapitre 2

L'HOMME ET SON CORPS

...mon corps, ma terre! Comment peut-on penser à toi, chose la plus intime et la plus étrangère? Mes seins m'étonnent. Il me semble qu'ils sont beaux. Mais que font sur moi ces belles formes de chair? Après tout, ce que j'appelle mon corps, c'est le fruit d'une quantité de découvertes! A-t-on jamais fini de s'explorer! Parfois, un geste improvisé, un mouvement qu'on fait pour ne pas tomber vous donnent la sensation du tout nouveau en vous...

Pourquoi ne ferait-on pas le Journal de son corps? Oserai-je écrire « mon corps »? Tout ce que j'en sais? Non pas mon corps, celui des médecins, mais celui que je connais. Je ne sais rien au-delà de lui. Il est ma science, et je crois bien la limite de toute science, lui, ses affaires, ses gênes, ses besoins et leurs ennuis, ses régularités et leurs écarts, ses digestions, ses règles et les sales détails humides de l'Amor. Pourquoi sales? Et quoi donc est sale? Sale! ...manger, respirer? Ce qui entre est plus sale que ce qui sort, car ce qui sort de l'homme est pur, élaboré, produit savant d'une industrie très compliquée. O corps inglorieux, quelque saint aurait dû aimer ta fiente! Intérieure encore, elle est sacrée comme du Moi, et quand je dis: moi, elle y est comprise. Puis, elle se fait distincte encore en moi, et impérieuse. Une étrangère à expulser. Elle est cependant MA création, mon œuvre la plus importante...

Mais quoi de plus étrange aussi qu'il y ait un Dedans et un Dehors.

(Extrait du *Journal d'Emma, nièce de Monsieur Teste.*)

Le poète ne doute pas qu'il y ait une relation entre l'homme et son corps. Mais le médecin se demandera à juste titre d'où vient cette dualité-là où il ne voit qu'un organisme. Pourtant, on se parle, on formule certains projets en soi, tout en se disant « je », parfois même on se tutoie pour s'exhorter ou se critiquer.

Une partie importante
de la découverte du corps se produit à la période préverbale.
Elle échappe ainsi, en partie,
à la symbolisation dans le langage.

On a vu au chapitre précédent comment l'être humain nouait ses premières relations, mais l'une d'elles n'a pas encore été traitée: c'est la relation au propre corps. Relation la plus archaïque, elle précède l'accès à la parole et les expériences qui la fondent échappent ainsi en grande partie à ce processus de symbolisation, ce qui fait qu'elles resteront comme une sorte de trésor caché et informulable qui va néanmoins dans l'inconscient du sujet affecter et colorer toutes les expériences relationnelles ultérieures. C'est donc un lien secret, ou mieux même, un mariage secret qui unit l'être humain et son corps, si secret qu'il est habituel de dire qu'on ne prend pas conscience d'un corps qui fonctionne bien. Les peuples heureux, dit-on, n'ont pas d'histoire. Ce qui ne doit pas les empêcher de goûter au plaisir. Et c'est bien un lien de plaisir qui va unir les deux partenaires intéressés. Mais que survienne la maladie comme un trouble-fête, et c'est alors que le lien va être découvert et mis en question. C'est pourquoi il est indispensable que le médecin se familiarise avec cette curieuse symbiose qui constitue l'individu, car s'il l'ignorait, il condamnerait à ne rien comprendre aux réactions les plus profondes de son malade.

A) *LES INSTRUMENTS DE LA DECOUVERTE*

Avec ses gestes maladroits, évoquant ceux de l'automate pour théâtre, le bébé part à la découverte. Ses mains cherchent à happer, que ce soit la poupée qu'on lui tend, ou toute partie de son corps à sa portée. L'objet saisi est ensuite porté à la bouche, aussi bien le gros orteil que le hochet. Ces gestes, apparemment simples et stéréotypés, méritent qu'on y prête quelque attention: ils fondent la relation au corps et les instruments de cette reconnaissance doivent être précisés. Cette période de la vie est en effet condamnée à l'oubli, mais il en restera comme un souvenir, le souvenir d'une expérience, incomparable parce qu'elle était primordiale. L'être humain à la recherche de sensations nouvelles, d'émotions fortes dit-on, ne veut que retrouver cette première expérience, dont l'éprouvé pourra être recréé, mais jamais la nouveauté. Ce qui n'est peut-être pas étranger à l'attrait qu'exerce sur l'homme le neuf, le vierge, l'original.

Les systèmes sensoriels
sont les principales sources de découvertes.

Ce sont les systèmes sensoriels qui fournissent les principaux outils d'exploration. Il est peu probable que les « sens » agissent de façon analytique au cours des premiers mois de la vie, et même si des aires corticales bien précises et bien délimitées sont informées de la mise en œuvre de tel ou tel système sensoriel, l'expérience psychique, le « vécu » de l'enfant reste global. Lorsque par exemple, un objet est porté à la bouche, il est exploré simultanément au moins par le goût et le toucher, et l'odorat ainsi que la sensibilité mélo-arthro-kinétique ont également leur note à jouer.

Toute la peau de l'enfant peut en principe fonctionner comme organe du toucher. Mais on sait bien que la richesse des terminaisons nerveuses sensitives varie selon les régions cutanées. Les lèvres, la langue, les doigts, les zones que l'on désignera plus tard comme zones érogènes, parce que particulièrement aptes au plaisir, constituent ces régions privilégiées. Elles perçoivent une présence, découvrent une forme; mais lorsque l'objet découvert est une partie du corps, cette partie à son tour sent et découvre le segment qui l'explore.

Ils ne fonctionnent que partiellement
pour le compte du conscient.

On verra plus bas que ces sensations s'accompagnent
de plaisir. Mais il convient de rappeler un phénomène
propre à toute activité sensorielle, et qui n'est pas sans
rapport avec certains aspects des fonctions psychiques de
l'être humain: il s'agit du phénomène de l' « extinction ».
Au moment d'enfiler une chemise, de mettre un bracelet-
montre, on sent le contact de ces objets sur la peau. Mais
au bout d'un temps variable, ce contact n'est plus perçu,
il s'éteint. On pourrait même dire qu'il s'oublie. Il en va
de même des bruits, des odeurs. On ne perçoit plus que des
variations. Mais un bruit régulier, comme celui du réveil,
finit assez rapidement par ne plus être entendu. On devrait
préciser: consciemment entendu. Car il est évident qu'il
reste perçu.

Des pans entiers d'expériences sensorielles échappent
ainsi à la conscience, et avec eux toute la participation
psychique, tout ce qui est éprouvé comme plaisir ou comme
déplaisir. Il y a une véritable perte de plaisir, une réduction
sensorielle qui s'opère au cours du développement, mais
que diverses méthodes, amenant l'individu à se concentrer
sur son corps, permettent de retrouver de façon expéri-
mentale.

L'enfant explorant porte les objets à sa bouche. Parce
que toute la région buccale est sensible au toucher, mais
aussi parce que le goût est un moyen de repérage, de
différenciation. A cet âge ne fonctionnent pas encore les
catégories du « bon » et du « mauvais », qui amèneront
plus tard l'enfant grandissant et l'adulte à rejeter certaines
expériences, s'amputant ainsi encore une fois dans le domaine sensoriel.

Le jugement de valeur bon-mauvais
limite encore la portée de l'expérience sensorielle,
et enrichit l'inconscient.

Il y aurait beaucoup à dire sur ces épithètes de « bon »
et « mauvais » appliqués aux perceptions. On se contentera

ici de deux remarques: la première concerne les sens auxquels s'appliquent ces qualificatifs. On parle d'un bon et d'un mauvais goût, d'une bonne et d'une mauvaise odeur. Par contre, une telle partition est difficilement applicable à la vue ou à l'ouïe. Les deux premiers sens concernent de façon plus étroite ce qui pénètre dans le corps ou ce qui en sort. Les deux autres sont en quelque sorte moins matériels. C'est eux que l'on va cultiver, alors que les autres vont être partiellement refoulés. On en parlera le moins possible. A la limite, ils sont indécents. Et ceci entraîne la deuxième remarque: la relativité du « bon » et du « mauvais ». Un seul exemple suffira à l'illustrer, qui sera développé à un autre chapitre: la même odeur rendra appétissant un fromage, et repoussant... du moins officiellement, le partenaire sexuel qui la dégagerait.

L'olfaction est la grande victime
du refoulement.

On ne parle que très peu de l'olfaction, et on se plaît à répéter que chez l'être humain, le sens de l'olfaction est peu développé, et que le rhinencéphale régresse au profit des formations les plus récentes du télencéphale. Pourtant chez l'enfant, l'olfaction est loin d'être le sens mineur, atrophié, qu'on retrouve chez la plupart des adultes. L'enfant sent les objets de son entourage, et surtout les personnes de son entourage. Il reconnaît sa mère à l'odeur et c'est pourquoi la mère n'est pas impunément interchangeable. Il peut arriver que la mère d'un nourrisson soit séparée de lui, et que sa remplaçante, aussi dévouée soit-elle, ne réussisse pas à faire manger le bébé. Il suffit bien souvent dans ce cas de mettre à portée de l'enfant une pièce de lingerie de la mère pour que l'appétit revienne. Ce n'est pas là un effet magique, et seuls s'en étonneraient ceux qui méconnaîtraient l'odorat. Ce n'est pas n'importe quelle pièce de lingerie qui provoque la réaction décrite, c'est une pièce de lingerie portée par la mère, imprégnée de son odeur. Le nourrisson n'est pas encore fétichiste... mais il n'est pas exclu que l'odorat, ou son refoulement, aient un rôle à jouer dans le fétichisme.

Pour clore cette énumération, qui ne vise d'ailleurs à aucune exhaustivité, il faut encore citer la sensibilité mélo-arthro-kinétique, sens de position et sens du mouvement, qui va permettre au futur être humain autonome de se situer dans l'espace.

B) *DECOUVERTE DES LIMITES. LIMITE DES DECOUVERTES*

La peau isole le corps du monde extérieur...

Que découvre l'enfant au cours des explorations précédentes? La palpation, le contact avec sa peau constituent une véritable conquête de cette dernière jusqu'à ce qu'elle ait été entièrement explorée et qu'il n'y ait plus de terre inconnue. L'enfant apprend à sentir sa peau, et l'on est en droit de se demander si sentir sa peau n'est pas le premier pas pour se sentir bien dans sa peau. Ce sentiment d'unité du corps est lié à la découverte de l'enveloppe, de cette enveloppe qui marque pour l'enfant la limite entre lui et le monde ambiant. On comprend aisément la valeur privilégiée qui va être accordée aux orifices de cette enveloppe, qui permettent l'établissement de rapports entre le dedans et le dehors.

On vient donc de constater que l'exploration au niveau des téguments mène à la découverte des limites du corps. Cette conclusion peut être généralisée: toutes les découvertes acquises au cours de cette première phase du développement peuvent se résumer dans l'établissement d'une sorte de carte marquant les frontières de l'individu. Les mouvements ont appris au bébé que lorsque l'on passe trop près d'un meuble on se heurte, et ce trop-près va être apprécié à sa juste valeur. De même, ce sujet apprend que l'on peut saisir le hochet qui se trouve sur la couverture, mais non pas le lustre pendu au plafond. La nouvelle limite ainsi établie peut être comparée au rayon d'action des véhicules. En même temps s'établissent les performances: on peut soulever la corbeille à papiers, mais non pas le bureau sous lequel elle se trouve. Tous les sens ont ainsi révélé jusqu'où ils peuvent être efficaces. On entend jusqu'à telle distance, on voit jusqu'à telle autre. Quant à l'odorat, ainsi qu'on l'a dit, sa portée est très faible, et le goût, comme le toucher, exigent le contact.

...lequel va être « colonisé » par les sens.

Il ne serait pas difficile de traduire en chiffres ces différentes limites, mais ils ne sont pas indispensables à leur fixation. Les limites s'inscrivent dans l'homme comme une sorte de plan correcteur qui lui permet d'apprécier immédiatement et sans passer par le raisonnement, la mesure de ses aptitudes. Ce plan est le schéma corporel, inscrit dans le système nerveux. Ce schéma peut être exploré par l'examen neurologique. Ses troubles majeurs traduisent des perturbations neurologiques importantes, alors que des troubles plus subtils indiquent une autonomisation incomplète du sujet.

Les rapports
du corps à l'espace vont constituer le schéma corporel.

Il s'agit bien d'un schéma et non pas d'une carte rigide et constituée une fois pour toutes. Jusqu'à présent, il a surtout été question des découvertes de l'enfant. Mais il serait faux de croire qu'elles s'arrêtent à cet âge. Bien sûr, le travail de base, les acquisitions les plus massives se font au cours du développement psychomoteur précoce. Mais aussi longtemps que l'être humain participe à une vie active, ses acquisitions vont se poursuivre et les limites reculer de plus en plus. La formation professionnelle développe la force, l'adresse; la formation artistique permet d'acquérir une dextérité, une vélocité que l'artiste cherche constamment à dépasser. L'exemple le plus caractéristique, et qui fera le mieux comprendre ce recul des limites, est le domaine sportif. N'importe quel sport se prêterait à la démonstration. L'enfant apprend à courir, puis plus tard, durant sa scolarité, les cours d'éducation physique vont lui permettre de courir de plus en plus vite. Au début, les progrès seront relativement rapides et pourront se chiffrer en secondes. Si par la suite le sujet entre dans la compétition, les progrès ne porteront plus que sur des fractions de seconde. Si, allant encore plus loin, il veut s'attaquer à des records, il s'agira de dixièmes de seconde qu'il faudra rogner au cours de longs entraînements où aucun geste ne pourra plus être laissé au hasard. Finalement, une deuxième limite sera atteinte qui ne constituera plus seulement une découverte de limite, mais qui marquera la limite finale de la découverte possible.

Arrivé à ce point, il faut se poser la question de la connaissance définitive que l'individu peut avoir de lui-même. Se connaît-il entièrement? Sûrement pas. Certaines expériences ont pu, à tel moment de son développement, mettre en lumière des aptitudes qui sont ensuite retombées dans l'oubli. Même au niveau de la connaissance de l'enveloppe tégumentaire, il y a chez l'adulte une régression par rapport à l'enfant. Celui-ci a pu, parfois, se sentir complètement enveloppé. Mais l'adulte a perdu cette sensation. Il ne sent plus son enveloppe, il ne sent plus sa peau, sauf aux endroits « utiles ». Mais il n'a pas perdu la faculté de se redécouvrir. D'où la recherche de ces plaisirs qui lui permettent les retrouvailles avec toute sa surface: bains de mer ou de soleil, jeux qui consistent à se rouler nu ou pratiquement nu dans le sable, voire dans la neige. Ce sont là les plaisirs les plus recherchés, les plus attendus. Ils permettent de saisir le sens des vacances durant lesquelles l'être humain, engagé dans l'activité professionnelle quotidienne où il perdait une partie plus ou moins importante de son corps, va se retrouver entier, entièrement vivant. C'est là aussi que se révèle le véritable but de toutes les explorations dont il a été question jusqu'à présent: la recherche du plaisir.

C) *DE LA DECOUVERTE DU PLAISIR AU PLAISIR DE LA DECOUVERTE*

Situer le plaisir à l'origine d'une quelconque découverte, fût-elle celle du corps, ne saurait être admis sans quelque commentaire, et les premiers à crier à l'hérésie ou à la poésie seraient les religieux et les révolutionnaires, ainsi que leurs homologues pensants: les moralistes et les scientifiques. Le « primum vivere » qui devient un « d'abord survivre » ou « d'abord satisfaire les besoins » ne s'accommode pas de vaines considérations sur le plaisir. Qu'on soit d'abord sérieux, et qu'on ne s'imagine surtout pas que les déshérités de ce monde ont la tête à se distraire. Ils luttent pour construire un monde meilleur qui viendra demain, après-demain, mais surtout pas aujourd'hui. Le plaisir est toujours un futur, aussi certain, aussi convaincant que l'espoir. Chacun sait que les sous-développés, les mal-nourris, peu instruits, pas civilisés, les pauvres, quoi, n'ont jamais rien créé: il n'y a pas d'art aux Indes, il n'y a pas de musique ni de chants chez les esclaves nègres ou les péons sud-américains, il n'y a pas de vie intérieure dans les troupeaux à exterminer des ghettos, il n'y a surtout jamais d'amour ni de beauté dans ces catégories d'êtres qui n'ont pas encore atteint la dignité humaine, cette plénitude si bien illustrée par des abstracteurs de quintessence comme Hogart ou Cruikshank.

Que justement ces hommes qui pour l'instant ne survivent que d'espoir se reproduisent plus vite que ceux qui vivent dans l'abondance ne signifie certainement rien quant à leur rapport au plaisir, mais relève de phénomènes scientifiques que la recherche, par le truchement de ses économistes, biologistes, sociologues, physiologistes, finira bien par élucider.

Le plaisir est la prime
accordée à la satisfaction des besoins.

Que pour vivre il faille d'abord satisfaire aux besoins, personne ne cherche à le contester. Mais l'attitude de pseudo-savants, qui reprochent aux psychanalystes de méconnaître la réalité pour se fourvoyer et surtout fourvoyer les autres dans de vaines rêveries, montre qu'ils ne font que se défendre de façon projective contre un reproche qu'on pourrait leur retourner avec beaucoup plus de fondement. On objecte à ceux qui s'intéressent à la personnalité humaine de ne pas tenir compte de la réalité matérielle de l'organisme, alors que ce sont ceux justement qui s'intéressent à cet organisme qui méconnaissent une dimension essentielle: que la satisfaction des besoins, quels qu'ils soient, entraîne un plaisir. Et que c'est par le biais de ce plaisir que l'homme s'intéresse à ses besoins. Le plaisir existe en quelque sorte comme une prime attribuée à l'accomplissement des besoins.

Le plaisir est une expérience complexe par ses causes et ses effets, par ce qu'il implique dans l'actualité et par ce qu'il engage dans le futur. Aussi ne s'agira-t-il ici de saisir le plaisir qu'en tant qu'il participe à la découverte du corps.

L'état de plaisir
fonde la distinction entre le « bon » et le « mauvais ».

Les premiers plaisirs éprouvés par l'être humain sont ceux qui lui viennent d'une époque où il était objet passivement livré à la mère. Toutes les zones sensibles de son corps, peau, organes sensoriels, orifices étaient en quelque sorte « occupés » par la mère. La mère était représentée par une vaste et longue caresse. Chacun de ses gestes, destinés à satisfaire des besoins: alimentation, réchauffement, toilette, était source de plaisir. Et ces plaisirs, au début de la vie, duraient jusqu'à ce que le bébé repu, gorgé, soûlé de lait et d'amour, s'endorme. Mais son avidité, son aptitude au plaisir croissent rapidement, et le moment ne tarde guère où la mère s'éloigne avant que son enfant n'ait reçu sa ration de caresses. Il découvre l'état de non-plaisir, de déplaisir, et le manifeste par des cris. Il est certain qu'une première distinction s'établit: l'un des états est désirable, l'autre redoutable, et cette première différenciation va servir de base à des concepts que l'adulte traduira par « bon » et « mauvais ». Ces adjectifs vont être attribués à la mère et l'on parlera d'une « bonne mère » et d'une « mauvaise mère ». Il faut ici éviter une erreur que l'on découvre bien souvent sous la plume de certains « psychologues cliniciens ». On parle de bonnes mères et de mauvaises mères comme s'il s'agissait de personnes différentes. On charge les mauvaises mères de tous les péchés, on les rend notamment responsables de toutes les maladies mentales, de tous les troubles de l'adaptation, de toutes les difficultés que rencontrera plus tard l'être humain. Et par un mécanisme plus projectif que réfléchi, les psychiatres et psychologues retrouveront chez leurs clients les preuves de la « malignité », de la « toxicité », de la « perversité » des mères. En réalité, la bonne et la mauvaise mère sont une seule et même personne, la première étant la mère présente lorsque l'enfant la désire, et la seconde, la mère absente. Serait certainement beaucoup plus dangereuse pour l'avenir de l'enfant, une mère constamment à sa disposition, le maintenant dans une situation de satisfaction passive d'une part, et l'ancrant d'autre part dans la conviction qu'il est le seul être au monde existant pour sa mère, partant le seul être au monde en dehors de la mère. Pour cet enfant l'introduction, dans la relation à la mère, de l'intrus qu'est le père ne pourra avoir lieu qu'au prix de grandes difficultés, et c'est toute l'ouverture au monde extérieur qui sera obstruée.

La quête du plaisir
introduit l'être humain à la vie active.

L'absence de la mère donne lieu à des manifestations de déplaisir, mais en même temps elle fait apparaître un désir, le désir de retrouver les plaisirs qu'elle dispensait. Il y a deux façons de refaire l'expérience de ces plaisirs originels. La première, qui est la plus directe, est difficilement accessible à l'enfant. Elle consiste à trouver un substitut à la mère, substitut qui peut parfois se dessiner dans le partenaire amoureux, mais qui plus souvent sera réalisé par ces plaisirs passifs dont la vogue va croissant, plaisirs qui peuvent se résumer par une caresse totale touchant toute la surface cutanée: le bain sous toutes ses formes, qu'il soit d'eau ou de soleil, de boue ou de vapeur. Mais le bébé ne peut pas tout seul aller s'étendre sur une plage ou s'asseoir dans un sauna, aussi va-t-il inventer la deuxième forme de remplacement maternel: il va se substituer lui-même à la mère. Ses mains, ses pieds, sa langue, partent à la rencontre d'autres parties du corps, et le contact qui en résulte se développe peu à peu en retrouvailles des caresses de la mère. Toute la surface du corps devient un champ d'exploration où se délimitent progressivement des zones plus ou moins riches en sensations voluptueuses. Ces zones seront l'objet d'une prédilection, d'un investissement particulier. Mais un nouveau plaisir se développe: l'enfant qui se découvre est sorti de la phase d'objet passif. Ses mouvements se coordonnent, gagnent en précision et en efficacité, et le jeu musculaire, qui permet d'atteindre la satisfaction autoérotique, devient lui-même objet de reconnaissance et de plaisir. C'est ainsi que progressivement le corps tout entier, dans toutes ses parties et dans toutes ses fonctions, devient source de plaisir à mesure que ses différentes aptitudes se révèlent.

La main de l'enfant qui s'explore, dans sa fonction d'objet caressant, est nantie d'une double fonction. Elle effleure d'une part le ventre, les jambes et pourquoi pas le sexe de l'enfant, et les différentes parties effleurées retrouvent, ne fût-ce que sous forme illusoire, le plaisir que donnaient les caresses de la mère. Mais en même temps, cette main perçoit l'objet qu'elle caresse, et de l'éprouvé global ressenti par le même organisme à qui appartiennent à la fois la main caressante et le ventre caressé, une partie du plaisir restera définitivement affecté aux perceptions de la main caressante.

L'activité mène à la recherche de l'autre.

L'activité dans la recherche du plaisir qui avait succédé à la passivité primitive, va franchir un pas de plus en ne se bornant plus à des caresses autoérotiques, mais en passant à l'exploration et à la caresse d'autrui. L'adulte, premier objet de ces attentions de l'enfant, entre dans le jeu lorsqu'il n'est pas lui-même trop névrosé, et il manifeste sa joie ou son plaisir avec parfois une outrance qui n'est qu'une défense à laquelle l'enfant ne se trompe pas. Il découvre ainsi que certains gestes suscitent des réactions d'agrément. Il découvre en quelque sorte des zones privilégiées, des zones érogènes. Cette investigation n'est bien sûr pas complète dans l'enfance, mais elle est souvent beaucoup plus avancée qu'on ne le croit. On conçoit ainsi aisément comment le plaisir devient le moteur le plus important de l'exploration et de la découverte des corps. Mais le plaisir ne s'arrête pas à cette découverte et il n'est pas sans intérêt d'indiquer comment il va résider au cœur de toute forme de découverte et de recherche.

On pourrait emprunter un raccourci verbal. Le terme « découvrir », qui s'applique à la recherche scientifique, signifie initialement mettre à nu ce qui est voilé. Le même terme désigne la révélation des parties cachées du corps et des vérités cachées du champ de la science. Le langage indique ainsi le chemin que parcourra l'homme pour devenir curieux de connaissances après avoir été explorateur de son corps. On a vu tout à l'heure comment il évoluait de la passivité à l'activité et de son corps au corps de l'autre. L'apparition trop manifeste du plaisir ne va pas tarder à susciter de la part de l'adulte des conduites interdictrices. Et quand même ces conduites ne seraient-elles qu'allusives, peu contraignantes, l'enfant leur obéira, car il aura tôt fait de découvrir que le plaisir n'est pas sans danger. En effet, l'expérience du plaisir appelle le retour de cette expérience et le désir se constitue, s'objective, qui livre le désirant au bon vouloir de l'autre. L'enfant qui désire découvre qu'il est vulnérable et que si l'autre se refuse à lui, il est exposé à ce malaise du désir insatisfait qui est l'angoisse.

Du plaisir au travail en passant par le refoulement.

Le désir qui fait le sujet dépendant de l'autre va être chassé de la conscience du sujet: il sera refoulé dans l'inconscient. Un processus de revirement s'amorce. Le plaisir qui était connoté pour l'enfant de l'affect bon va peu à peu devenir mauvais, car il risque d'asservir le sujet, d'en faire son esclave. Il s'agit là d'une évolution fortement teintée et orientée par la civilisation occidentale: la liberté de l'homme se constitue au détriment de son plaisir et ses facultés, jusque-là engagées dans l'exploration et l'exploitation de nouvelles sources de plaisir physique, vont se trouver disponibles pour d'autres recherches. L'objet de plaisir subira une transmutation, et du corps propre ou étranger, il se déplacera à tout objet d'étude. C'est dans l'ingéniosité scientifique, dans la compétition professionnelle, que s'investissent les rejetons des premiers désirs conscients de l'homme. Et la passion dégagée par ces activités ne peut être comprise que par leur fonction substitutive. Aussi, chaque recherche, chaque projet seront-ils entourés d'un halo imaginaire qui soutiendra l'intérêt du sujet par un véritable escompte hédonique. De même, chaque découverte, chaque progrès, seront-ils vécus dans une joie qui est celle des retrouvailles, les retrouvailles avec le corps et notamment avec le corps de la mère. C'est un tel processus qui vient charger un objet indifférent d'une valeur et d'une signification quasi amoureuse, processus qu'on appelle érotisation et sans lequel toute activité humaine ne peut être que morne et monotone. Cette érotisation fonctionne dans toutes les relations humaines professionnelles, sociales, familiales et bien entendu, amoureuses. Toute conduite réelle s'accompagne d'un jeu d'harmoniques imaginaires, plus ou moins large selon la richesse de chaque personnalité. Et dans tout ce domaine imaginaire, le corps propre du sujet est constamment représenté. Il joue en sourdine le rôle relationnel qu'il pouvait remplir autrefois, avant que la forme de refoulement dont il est ici question ait fait son œuvre [1].

---

[1] Il existe en effet un autre refoulement appelé refoulement primaire par les psychanalystes et dont il ne saurait être traité ici; ce dont il s'agit dans le travail actuel correspond à peu près au refoulement secondaire en psychanalyse, mais qu'il a été nécessaire de présenter sans se référer à la théorie psychanalytique et métapsychologique.

L'image du corps
soutient la vie imaginaire du sujet.

Dans toutes les rêveries du sujet qui s'évade de son activité objective quotidienne, rêveries qui ne sauraient manquer mais qui sont fréquemment inavouées parce que considérées par le « rêveur » lui-même comme inavouables, le corps reprend vie sous forme de l'image du corps, facteur capital de la vie imaginaire, c'est-à-dire de la vie intérieure de chaque être humain, point nodal où s'insère ce qui a survécu de l'autoérotisme infantile, autoérotisme indispensable pour permettre à l'homme de continuer à vivre. Sans cet autoérotisme, l'être humain est livré à l'absurde et au désarroi.

La maladie
qui menace l'image du corps
se révèle comme la grande iconoclaste.

Une menace pèse sur ce lien secret entre l'homme et l'image de son corps. C'est la maladie qui risque à tout instant de venir ternir ou détruire cette image. C'est ce qui fait mieux comprendre la fréquence de toutes les craintes de maladies, que l'on désigne par nosophobies dans le langage psychiatrique. C'est aussi ce qui contribue largement au développement de l'angoisse en présence de toute maladie réelle, qu'elle concerne le sujet lui-même ou un quelconque malade de son entourage. La maladie compromet l'image secrète qui donne au sujet la force de vivre: elle est la grande iconoclaste.

Chapitre 3

L'EXPERIENCE DE LA MALADIE

C'est pourquoi je veux prendre mon corps entre mes dents, et faire bon marché de ma vie.

Job, 13, 14.

Tomber malade. Un piège quelconque s'ouvre-t-il brusquement sous les pas de l'homme pour provoquer sa chute? La maladie attend-elle sa victime à un tournant de l'existence pour s'abattre sur elle? Ou, au contraire, y a-t-il entre le malade et la maladie une sorte de connivence qui n'irait pas sans rappeler celle qui existe entre victime et agresseur en matière de criminologie? Il y a là un paradoxe choquant. Comment peut-on admettre une quelconque relation déterminée entre le propriétaire d'un coffre-fort et le malfaiteur qui le cambriole? Il est peu probable, en tout cas, qu'une telle relation puisse jamais être établie. Mais par contre, l'expérience de tous ceux qui ont la pratique de l'expertise médico-légale confirmerait qu'en matière de viol, par exemple, la personnalité de la victime n'est pas toujours étrangère au crime, sans qu'on puisse pour autant invoquer une facilitation aussi simpliste que la pure et simple provocation.

La maladie: chute et fatalité?

Les similitudes d'expression forcent à rapprocher la chute dans la maladie d'une autre chute: on tombe malade comme on tombe amoureux. Et là aussi, c'est à la destinée aveugle qu'on voudrait faire endosser la responsabilité du mal. On invoque le mal d'amour aussi bien pour expliquer des prouesses que pour justifier de petites ou grandes infractions aux lois. On sait pourtant que le processus d'énamoration n'est pas de ceux qui se développent en laissant leurs victimes entièrement passives. L'amant n'est pas une parcelle de limaille de fer attirée par n'importe quel aimant: il a choisi d'aimer, et toute passion est précédée d'une action préparatoire, quand bien même l'amoureux s'efforcerait-il de l'oublier afin de pouvoir se dire à chaque instant, ce n'est pas ma faute, c'est celle du hasard.

Et si la maladie n'était pas fortuite?

Il est évident que chaque médecin jetterait les hauts cris si l'on affirmait devant lui que le malade est responsable de sa maladie. Et pourtant, il sait bien qu'il existe des malades récalcitrants, omettant de prendre leurs médicaments ou négligeant de suivre leur régime. On leur trouvera, bien sûr, de nombreuses justifications rationnelles: le médicament est amer, le régime est pénible. Pourtant l'étude de tels cas amènerait de toute évidence un premier exemple de complicité entre le malade et la maladie.

Avant d'aborder la question de ce que représentent et de ce que signifient la maladie et les symptômes pour le malade, on pourrait résumer ce qui vient d'être dit par cette question préalable: « Qui tombe malade? » Est-il vrai que chaque bien portant est un malade qui s'ignore? A titre de comparaison, peut-on affirmer que chaque indifférent est un amoureux qui s'ignore? Il est bien plus probable qu'on ne tombe amoureux que lorsque l'on est prêt à aimer. De là à proposer que l'on ne tombe malade que lorsque l'on est prêt à égroter...

L'épidémiologie généralisée, c'est-à-dire ne s'appliquant pas seulement aux maladies infectieuses, ne permet pas encore de répondre dans tous les cas à la question: qui tombe malade. Mais les statistiques concernant les accidents, que ce soient les accidents du travail ou les accidents de la circulation, tendent à montrer que les victimes sont toujours les mêmes. La répartition des accidents est la même que celle de la fortune dans une société capitaliste ou de la propriété dans une société féodale: une petite minorité détient pratiquement toutes les richesses.

L'expérience du médecin lui permet aisément de confirmer de façon au moins approximative et empirique les statistiques concernant les accidents du travail en les généralisant à toute la pathologie: il y a, d'une part, les personnes qu'on ne verra qu'exceptionnellement à la consultation, le plus souvent à l'occasion d'un examen administratif. Et il y a, d'autre part, celles qui sont toujours malades ou qui ont toujours un malade dans la famille.

Ces remarques n'ont pas d'autre but que d'amener le médecin ou le futur médecin à découvrir une relation entre le malade et la maladie, relation qui n'apparaît pas dans l'étude clinique habituelle, mais qui ne va pas sans influencer l'évolution de l'affection. Négliger cet aspect de la pathologie amène le médecin à ne connaître que les effets physicochimiques des thérapeutiques biologiques ou chirurgicales, et à sous-estimer son rôle personnel et relationnel qui lui permettrait de s'insérer entre le malade et sa maladie.

Les considérations qui vont suivre concernant l'expérience de la maladie s'appliquent surtout aux situations dans lesquelles cette expérience garde une certaine fraîcheur. Pour le malade habitué des consultations, par contre, il ne s'agira plus que d'un rite à la signification depuis longtemps émoussée, mais dont on ne peut plus se passer.

A) DECOUVERTE DE LA MALADIE

Le symptôme n'est pas le même
pour le malade et pour le médecin.

Dans une première approche, on peut admettre que la maladie est un état radicalement différent de la santé. Ces deux états sont séparés par une frontière marquée par un signal: le symptôme inaugural. Ce symptôme est soit un phénomène nouveau, soit une modification d'un phénomène normal, notamment dans le sens d'un déficit. Il peut s'agir d'une paralysie, d'une sensation de faiblesse, d'un malaise. Dès à présent, il faut remarquer que la plupart des observations qui vont constituer des symptômes pour le médecin, ne sont pas enregistrées par le malade. Il ne perçoit pas plus un bruit cardiaque anormal qu'un hémogramme pathologique, une splénomégalie qu'un signe radiologique. L'un des phénomènes les plus fréquents et les plus caractéristiques qui vont entraîner la consultation est la douleur. A ce propos, il ne sera pas exceptionnel de rencontrer des malades venant annoncer au médecin qu'ils ont tel ou tel symptôme, voire telle ou telle maladie. Il pourra s'agir de maladies récidivantes avec lesquelles le patient se sera familiarisé au cours de poussées préalables. Mais le plus souvent il s'agira de posséder ou d'exhiber des connaissances médicales et le véritable symptôme qu'il faudra évaluer sera justement cette prétention dont la signification n'est pas univoque, mais toujours assez facile à déceler. On aura ainsi acquis une information importante qui indiquera, quelle que soit la maladie, l'une des fonctions que le malade entend lui faire jouer.

Prévalence de la douleur.

Le cas le plus fréquent reste néanmoins celui de la douleur. Le médecin se trouve en présence d'un être humain qui souffre. Mais il ne faut pas s'empresser d'ajouter: et qui demande à être débarrassé de sa souffrance. Ce serait là une réduction souvent inexacte. Certes, l'homme qui souffre veut être débarrassé de la douleur, mais celle-ci n'est pas toujours d'une intensité telle que tout autre sentiment disparaisse devant elle. Très souvent, la douleur est vécue comme justement le signal que quelque chose se passe à l'intérieur du corps, quelque chose d'inhabituel et par là même de menaçant.

Aussi l'un des accompagnants habituels de la douleur va-t-il être l'angoisse, dont on méconnaît trop souvent l'importance, et qui pourrait pourtant être rapidement cal mée par le médecin qui découvrirait alors combien l'intensité dramatique du tableau clinique diminue.

Chaque mode inaugural d'entrée dans la maladie donne lieu pour le malade à une expérience spécifique. Il n'est pas possible d'en dresser un inventaire complet, et il paraît préférable d'étudier avec quelques détails les réactions suscitées par la douleur considérée comme l'un des symptômes initiaux les plus fréquents et les plus caractéristiques. Il va de soi que l'on prendra ici la douleur dans son sens spécifique d'une sensation pénible et non dans le sens général de souffrance qui pourrait ne désigner qu'un état d'âme sans accompagnement de malaise physique localisé. Même en se limitant de cette façon, le terme de douleur n'a pas toute la précision que l'on pourrait souhaiter. Sans même tenir compte des variations de siège et d'étendue, les caractères et l'intensité de la douleur offrent une gamme infinie de sensations que la langue s'avère étonnamment pauvre à distinguer. On sait les difficultés qu'il y a lorsque le médecin qui rédige son observation veut décrire la douleur de son client. Lorsqu'il ne s'agit que des caractères, on dispose d'une série d'images qui permettent de cerner à peu près ce qu'éprouve le malade. Quand il peut dire qu'il ressent comme une piqûre, une brûlure, une coupure, la communication est assez satisfaisante. Mais dès qu'il s'agit d'images concernant des expériences qui ne peuvent être qu'imaginaires dans la plupart des cas, lorsqu'il utilisera des expressions comme broiement, écrasement, étirement, etc., il deviendra bien difficile de « se mettre à sa place ». La communication entre le malade et le médecin devient alors purement verbale et la véritable rupture qui se crée entre les deux personnages va évidemment nuire au succès de leur collaboration.

Plus difficile encore va être d'apprécier l'intensité de la douleur. Le plus souvent l'appréciation du malade est purement subjective, et l'on sait combien sont variables les réactions du sujet devant une douleur angineuse, une douleur abdominale ou des maux de tête. Mais il est d'autres douleurs où les réactions sont assez uniformes: il s'agit presque toujours dans ces cas de douleurs liées

à une maladie des nerfs sensitifs, comme dans une scia-
talgie ou une névralgie du trijumeau. Mais combien paraissent rares ces douleurs spécifiques par comparaison aux
autres algies, comme les sympathalgies et les algies vis-
cérales.

**L'expression de la douleur
ne laisse pas le médecin indifférent:
il s'identifie au malade.**

On a jusqu'à présent tenu compte des phénomènes douloureux en se limitant, ainsi qu'il est classique de le faire,
à l'observation du malade isolé, comme si ce dernier était
un objet ou en tout cas un être différent du médecin et ne
communiquant avec lui que par l'échange de signaux
conventionnels qui constitueraient le langage. Or, on a
constaté la pauvreté du langage concernant l'expression de
la douleur. Pourtant le médecin est rarement indifférent à
la douleur de son malade: c'est donc que quelque chose
a pu être communiqué autrement que par les mots. Si les
différentes langues s'avèrent relativement pauvres en mots
destinés à exprimer les variétés de douleurs, c'est peut-être
qu'elles n'en ont pas besoin et que quelque chose vient y
suppléer qui serait à la fois plus international et plus riche-
ment expressif. Cet autre signal dont dispose l'être humain
pour communiquer sa douleur, c'est la plainte qui s'exprime
sous forme de gémissements, de grognements ou d'onomatopées et à son point culminant, par le cri. A ce stimulus
auditif s'ajoute la mimique. Toutes ces expressions viennent
mettre en condition celui à qui se confie l'homme qui
souffre. Chaque langue possède des mots pour désigner
cet état de souffrance par identification: condoléance, sympathie, Mitleid. Le témoin de la souffrance la partage avec
celui qui souffre. C'est là une dimension nouvelle dans
l'appréciation de la douleur, dimension qui joue le plus
souvent à l'insu même du médecin, dimension difficile à
évaluer entre toutes et qui constitue pourtant très probablement le guide le plus utilisé sinon le plus précis dans
l'appréciation de la douleur du malade.

On verra l'importance de ce facteur dans deux exemples de douleurs.

a) Les algies des amputés

Algies du moignon, névrome d'amputation, fantôme douloureux: quels que soient leur siège et leur étendue, les amputations peuvent être la cause de douleurs particulièrement intolérables, induisant chez leur victime un comportement revendicateur, un harcèlement du médecin qui le force à participer au martyre de son malade. La sympathie, la souffrance partagée a été créée par la plainte qui a communiqué beaucoup plus que les mots qu'elle contenait, qui a transféré toute la charge d'angoisse, de terreur, d'insupportables fantasmes que les paroles ne faisaient que recouvrir. C'est parce que tout ceci a été transmis qu'on se laisse aller à multiplier les prescriptions d'antalgiques, à autoriser les stupéfiants, à créer des toxicomanies, à se livrer à des interventions chirurgicales répétées, poursuivant jusqu'aux circuits thalamocorticaux les voies de la douleur. Comment avoir la cruauté de rester objectif? Comment éviter l'envoûtement par la plainte? Celui qui subit l'enchantement ne voit plus le monde réel et ne sait pas de quoi sont faits les charmes qui l'asservissent. L'efficacité de la plainte vient de ce qu'elle ne parle pas à l'entendement, mais à la sensibilité. La tâche du médecin serait ici de s'arracher à ce « charme » de l'identification imaginaire, pour tenter de retrouver au-delà du cri son sens possible. Il faut s'efforcer de désenchanter la plainte, de la désincarner pour qu'elle redevienne verbe, pour que le message qu'elle véhicule se reconvertisse en paroles. Entendre la plainte évite d'en devenir le jouet, et ceci pour le plus grand bien du malade. Il existe des psychothérapeutes nés qui presque à leur insu, comme M. Jourdain faisait de la prose, comprennent ce que se plaindre veut dire, et en le révélant au malade le délivrent de son angoisse. Que transmet donc la plainte des amputés qui soit suffisamment fort pour amener nombre de médecins à aller plus loin sur le plan thérapeutique qu'eux-mêmes l'auraient souhaité? Elle communique l'horreur de ce qui a été enlevé, du vide, du manque, le sentiment atroce de se sentir incomplet, morcelé. On éprouve déjà de la compassion pour celui qui a perdu un être cher, mais combien plus puissant encore était le lien entre l'amputé et son membre coupé, combien plus douloureux l'arrachement, combien plus profonde l'identification dans la souffrance, le « Mitleid ». D'anciennes craintes de morcellement, de punition sadique, de castration, qui traînent dans tous les inconscients, viennent renforcer l'effet de la plainte. Il se trouve que dans l'amputation ces craintes sont devenues réalités, ce qui rend particulièrement difficile l'approche psychothérapique de ces malades qui échappent le plus souvent aux possibilités du psychothérapeute sans formation spécialisée.

b) Les douleurs de l'accouchement

Un autre exemple, moins difficile, mais combien plus important, va montrer comment il a été possible de dépasser le stade de la plainte jusqu'à la supprimer complètement en la rendant inutile. C'est l'exemple, actuellement bien connu, de l'accouchement sans douleur. Il n'y a pas encore si longtemps, l'accouchement était redouté. On se transmettait de mère en fille des conseils apeurés, visant à supporter avec le minimum de danger cette épreuve redoutable qu'était l'accouchement. Cette « information » n'était pas autre chose que la déformation d'un événement dont on avait été le témoin et même l'un des acteurs sans en comprendre l'évolution. On ne savait pas comment se passait l'accouchement, on n'avait aucune représentation précise des transformations des organes et de leur dynamique, et comme toujours, on comblait cette ignorance par la mythologie. Les mythes concernant l'accouchement n'étaient rien moins que rassurants. On parlait de douleurs atroces, « tu enfanteras dans la douleur », on glorifiait le courage des mères qui risquaient leur vie pour donner le jour à leur progéniture. Tout se passait dans une atmosphère de salle de torture. On décrivait les cris, le sang, les syncopes, les déchirures, l'épuisement qui accompagnaient inévitablement l'accouchement. Il serait certainement passionnant d'étudier du point de vue de la dynamique de groupe ce qui se passait au cours d'un accouchement d'autrefois. Un groupe de femmes: la parturiente, la sage-femme, quelques matrones du voisinage ou de la famille célébraient non pas un culte, mais un mystère réservé aux femmes, mystère dangereux où l'une d'elles risquait de laisser sa vie. Pour cette célébration, il fallait éliminer soigneusement les hommes. On les chassait, parfois même avec une agressivité non dissimulée qui leur signifiait qu'ils étaient cause de la souffrance des femmes et qu'ils ne pouvaient pas participer à cette réunion destinée justement à plus fermement les unir entre elles. Dans les cas un peu plus évolués, un seul homme était toléré, c'était le médecin, tout comme dans certains mystères, un prêtre homme officiait parmi un groupe de femmes. L'exclusion du mari, du mâle, s'est perpétuée cependant très longtemps et aujourd'hui encore on peut voir réalisée la caricature montrant un père torturé d'angoisse et fumant paquet de cigarettes sur paquet de cigarettes devant la porte d'une salle d'accouchement. Les mythes collectifs viennent renforcer les fantasmes individuels, les « dangers », en particulier, de l'accouchement, éveillaient une imagerie sadique telle qu'elle peut se développer chez l'enfant, images de coupure, de morcellement, de déchirement. Toutes les « théories sexuelles infantiles » concernant l'accouchement étaient ravivées. Il est peut-être bon de rappeler que l'enfant, aussi « innocent » paraisse-t-il aux parents, se rend compte de toute une série de faits concernant la sexualité et qu'à défaut d'explications et même outre ces explications que tout parent « moderne » se sent obligé de lui donner, il se forge des représentations personnelles, ses « théories » à lui et dans ces théories, la région anale aussi bien que la région génitale, les matières fécales, les urines, le sang, la chirurgie ou plutôt la vivisection jouent les principaux rôles. A défaut d'informations plus précises, c'étaient ces fantasmes qui revivaient avec intensité au moment de l'accouchement. Le résultat n'en est que trop connu: manque de coopération de la parturiente, efforts désordonnés, incompréhension de son rôle, prolongement de l'accouchement, voire même dystocie, et surtout, toujours la douleur

Les choses ont changé. Elles ont pu changer. Le médecin prépare l'accouchement, il explique ce qui se passe réellement au point de vue anatomique et physiologique, il ose aborder ce qui était considéré comme un sujet tabou, il autorise la future accouchée à en parler également, et par là même, il l'aide à exprimer ses craintes fantasmatiques, il lui en montre l'origine, l'irréalité, il l'en débarrasse. On devrait même dire qu'il l'exorcise. Et l'accouchement se transforme. Il devient facile, rapide: il est une collaboration avec le médecin, le père n'est plus exclu, il assiste à l'accouchement. La naissance d'un enfant devient une construction à laquelle chacun apporte sa pierre selon un plan préparé où chacun connaît sa tâche et l'effectue sans angoisse et sans perdre de vue le but qui est l'enfant, alors qu'autrefois l'enfant était une menace de ruine, de destruction, qu'il naissait pratiquement sur les décombres de la mère. Les transformations de ces dernières années ont amené une révolution en matière obstétricale. Pour la plus grande partie des jeunes mères, l'accouchement est démystifié. Leur attitude à son égard a été radicalement transformée. Mais ce ne sont pas seulement les mères que cette transformation atteint. Chaque médecin qui a pratiqué l'accouchement sans douleur, qui y a préparé des femmes, admettra sans hésitation que lui aussi a changé, que son attitude n'est plus la même, qu'il a découvert des possibilités nouvelles de collaboration avec ses accouchées. La relation avec elles s'est modifiée. L'accoucheur n'est plus simplement un agent technique ou un distributeur de médicaments, il a découvert un autre rôle, il enseigne ce qu'il sait, il conseille utilement et non plus de façon routinière, sans y croire. Un échange devient possible avec les parturientes qui ne sont plus considérées comme des malades, c'est-à-dire des êtres diminués, mais comme des égaux. Car l'expérience de l'accouchement sans douleur est immédiatement reportée pour leur plus grand bénéfice sur tous les patients. La médecine est devenue réellement et pleinement humaine. Une tâche capitale du médecin se révèle ici de façon éclatante. Il enseigne, il démystifie, il lutte contre l'ignorance et les fantasmagories qu'elle engendre. Il réduit la maladie à ses justes proportions, il la débarrasse de tout son cortège de craintes, d'angoisses, de dépits, de sentiments d'infériorité ou d'impuissance. Il traite non plus seulement la maladie, mais toutes ses résonances psychologiques et émotionnelles, supprimant ainsi toutes les circonstances qui ont pu favoriser son éclosion ou ralentir sa guérison.

On vient de voir comment l'étude clinique traditionnelle d'un symptôme s'est élargie. La relation entre le malade et le médecin s'est humanisée et a permis une véritable ouverture sur le monde. La fascination, aussi bien du malade que du médecin, par la maladie est dépassée. Cet élargissement de l'acte médical a montré au médecin qu'en surmontant sa propre angoisse il acquiert un niveau d'efficacité révolutionnaire par rapport aux techniques antérieures. Cette forme nouvelle donnée au rôle du médecin a fait apparaître une dimension de la maladie jusque-là méconnue: la dimension relationnelle. Si la psychologie médicale a un sens, c'est essentiellement celui de faire sortir la maladie de son isolement pour l'amener à cette épreuve de vérité qu'est la confrontation au groupe. La relation du malade au groupe sera largement traitée dans les chapitres suivants, mais dès à présent, il est devenu évident qu'il n'est plus possible d'étudier la maladie en se limitant à une psychologie individuelle. L'exemple de la douleur a prouvé l'importance des réactions intersubjectives du malade sur son entourage et réciproquement. Le groupe peut agir comme amplificateur ou comme atténuateur. Selon son comportement, l'entourage du malade va dramatiser les effets de la maladie ou, au contraire, les apaiser. Les remarques les plus banales peuvent déclencher des effets désastreux. Que les intentions de celui qui les a formulées puissent parfois être mises en cause est une autre histoire. Dire à un malade: « tu as mauvaise mine aujourd'hui » n'est évidemment pas rassurant. Cette phrase peut même effrayer certains bien-portants. Mais il s'agit alors de ceux, certainement plus nombreux qu'on ne croit, pour qui la maladie a une place préalable dans leurs pensées, pour qui la maladie est littéralement préparée et qui a ainsi une véritable fonction à remplir.

B) *PLACE DE LA MALADIE*

Il n'est pas rare
que la maladie s'insère dans l'histoire du sujet.

Certaines difficultés rencontrées quotidiennement dans l'exercice pratique de la médecine devraient permettre d'apporter un éclairage nouveau à cette place qu'occupe la maladie dans la vie du sujet. Dans toute anamnèse, on attache très légitimement une grande importance à la date d'apparition des symptômes. Or, plus souvent qu'on ne croit, cette date d'apparition est pratiquement impossible à déterminer. Mis à part les cas où le symptôme apparaît comme un coup de tonnerre dans un ciel serein ou les traumatismes dans lesquels l'heure de l'accident peut être connue avec précision, on va se heurter à des difficultés souvent insurmontables lorsqu'il s'agira de fixer le début de la maladie. Tout se passe comme si le malade ne comprenait pas la question, car il va répondre par la date d'interruption du travail ou la date d'hospitalisation. Ce sont là, évidemment, des moments facilement repérables. Il se peut aussi qu'après avoir indiqué une première date, le malade signale au cours de l'établissement de sa biographie, qu'en fait le symptôme existait déjà avant cette date, mais, ou bien il n'en n'avait pas tenu compte, ou bien il avait à cette date suivi un autre traitement qu'il avait omis de mentionner. Ces précisions sont souvent obtenues au cours d'examens répétitifs et il n'est pas rare que cette nouvelle information soit fournie au « patron » du service, au grand dam de l'externe, voire de l'interne. Ces difficultés rencontrées à fixer le début des troubles vont être décuplées lorsque l'on tentera de préciser les circonstances au cours desquelles les troubles ont fait leur apparition. Que faisait le malade lorsqu'il a ressenti son symptôme pour la première fois, quelles étaient à ce moment ses préoccupations, avait-il des soucis, s'était-il disputé avec sa femme, ses enfants ou ses parents, souffrait-il d'un chagrin d'amour? Là, le malade ne sait plus. Ou plus exactement, il ne veut pas savoir, et surtout il ne veut pas l'avouer à ce personnage inquisiteur, car le « que faisiez-vous lorsque vous êtes tombé malade» ne va pas sans rappeler le « que faisiez-vous le soir du crime ». Si l'examen du malade était mené de telle sorte qu'il ait le sentiment que le médecin veut lui arracher une sorte d'aveu, il adoptera une attitude défensive, comme s'il s'agissait de préserver un secret inavouable. Le médecin lui-même partage parfois ces conceptions, ce qui l'amènera à adopter à son insu des attitudes de juge d'instruction. Pourtant, un dialogue plus ouvert aurait permis d'obtenir du malade des informations précieuses, car lui-même aura remarqué certaines relations entre ses activités, sa situation, ses aspirations, ses déceptions et la survenue des symptômes. Mais en général, il aura rejeté l'idée que de telles relations puissent exister. Elles lui apparaîtront comme une incongruité stupide ou inquiétante, quelque chose à quoi il vaut mieux ne pas réfléchir, qui ne devrait pas exister. La réticence du patient à aborder certains domaines prouve bien qu'il préférerait rester dans l'ignorance et pouvoir continuer à ne pas croire à l'existence de certaines relations angoissantes entre sa vie privée et ses symptômes.

De telles affirmations ne sont pas seulement rejetées par les malades, elles font aussi sourire ou hausser les épaules à plus d'un médecin. Et cependant, la pratique psychosomatique apporte à profusion les exemples d'une relation entre l'apparition d'un symptôme et un événement extérieur. Rage de dents survenant lors de la nuit de noces, crise d'asthme déclenchée au cours d'un film présentant un incendie, écoulement mammaire apparaissant au spectacle d'un allaitement, poussée de recto-colites correspondant chronologiquement au départ d'une personne aimée, crise d'épilepsie accompagnant un déménagement, les exemples fourmillent de pareilles relations entre symptômes et événements même si les problèmes théoriques concernant de telles rencontres sont loin d'être résolus.

La relation chronologique n'est pas toujours aussi évidente entre l'événement déclenchant apparent et le début de la maladie que dans les cas précédents. Le rapprochement ne se fera plus entre symptôme et événement mais entre symptôme et souvenir, entre symptôme et pensée. On conçoit aisément qu'un malade dont un membre de la famille sera décédé d'une affection ayant commencé par des céphalées, évitera cette association d'idées lorsque lui-même aura des maux de tête. Mais ceci déterminera chez lui un besoin de rassurement. Il multipliera les consultations et les avis médicaux, risquant de devenir un malade exaspérant, alors que si le médecin avait su l'amener à exprimer sa préoccupation inavouée, il aurait fort bien pu le libérer de son angoisse. La crainte d'avoir une maladie mortelle comme tel membre de la famille, peut donc être source de réticence, car la pensée magique qui n'est jamais entièrement éteinte chez l'homme, conseille de ne pas parler de ce qu'on redoute afin de ne pas le provoquer. Les exemples ne manqueront pas. Crainte d'atteindre l'âge de la mort de l'un des parents, date anniversaire d'un échec ou d'une déception, période dépressive ayant précédé l'apparition du symptôme, ne sont pas rares. Mais il s'agit dans ces cas de personnes déjà préoccupées par la maladie. Chaque être humain pense plus ou moins que sa santé sera un jour compromise. Mais pour bon nombre, la crainte d'une éventuelle maladie occupe une place importante dans leurs réflexions. On connaît ces Cassandre familiales qui prédisent constamment des catastrophes. On connaît aussi ces hypocondriaques pour lesquels chaque geste constitue une menace pour leur santé. Il existe également ceux par lesquels la maladie est véritablement souhaitée, soit pour rompre la monotonie d'une vie, soit pour fuir les exigences quotidiennes. Tous ces cas indiquent qu'avant même son apparition, la maladie était considérée comme une possibilité, qu'elle était déjà représentée par une véritable angoisse préalable, que sa place était marquée.

Comprendre la fonction que peut remplir la maladie dans l'inconscient du malade rend nécessaire une plongée dans la pensée névrotique.

**Il existe fréquemment
un investissement névrotique de la maladie.**

Il ne s'agit pas d'entrer dans le détail de la psycho-
pathologie névrotique, mais de rappeler quelques traits
généraux de toute conduite névrotique. Dans cette optique,
on peut considérer la névrose comme la tentative de maintenir vivante une certaine partie du passé, et notamment du
monde infantile. La caractéristique essentielle de cette
période de l'existence humaine est sa non-autonomie. Chaque acte des enfants appelle le jugement des parents,
au point que bien souvent ce n'est plus le but de l'action
qui est recherché, mais la sanction parentale. Schématiquement, l'enfant qui dessine ne le fait pas par plaisir,
mais pour s'entendre dire par sa mère: « C'est bien. »
Le monde de l'enfant est ainsi tout entier limité, balisé,
par la parole des parents, grosse de nombreuses menaces,
mais en même temps rassurante. L'accès à l'âge adulte
exige que l'homme ait renoncé à ce que chacun de ses
gestes soit sanctionné par un « c'est bien » ou « c'est mal »,
mais aussi à ce qu'existe une présence bienveillante qui
lui aplanira les difficultés et pourvoira à ses besoins et ses
désirs, parfois même en les prévenant, comme le faisait la
mère. Etre adulte, c'est accepter que le monde ne soit ni
amical, ni hostile et que la place de chaque être humain
n'y soit pas préparée, qu'elle n'existe que dans la mesure
où lui-même la crée. C'est comme toujours dans le domaine
de l'amour que ces conceptions vont s'illustrer le plus aisément. La poésie veut que deux êtres prédestinés l'un à
l'autre mûrissent lentement et se préparent au jour de la
rencontre qu'une providence bienveillante ne saurait manquer d'organiser. Cette présentation de l'amour a beaucoup
de charme, mais elle n'est pourtant qu'un fantasme, elle est
un rêve, et le sujet qui voudrait à tout prix en faire une
réalité aurait bel et bien une conduite névrotique. Etre
adulte en matière d'amour, c'est reconnaître que n'importe
quel homme peut aimer n'importe quelle femme et réciproquement. Ceci implique une réduction de la dimension
narcissique de l'amour, car la soi-disante conception poé-

tique n'est pas autre chose que l'affirmation qu'il existe dans le monde une personne conforme à l'image même que le sujet s'était faite du partenaire amoureux.

L'investissement névrotique de la maladie procède de mécanismes analogues qui viennent charger la maladie d'une signification imaginaire. Il se peut, sans que cette condition soit nécessaire, que les parents aient eu l'habitude de menacer l'enfant d'une quelconque maladie. Les exemples ne manqueraient pas: « Si tu ne manges pas bien, tu tomberas malade ». « Si tu sors sans ton manteau, tu vas t'enrhumer. » La maladie apparaît comme la punition de la désobéissance. Il n'est pas indispensable que les parents aient littéralement exprimé la relation entre maladie et punition. Il y a toujours suffisamment de menaces parentales non accomplies pour que tout désagrément vienne prendre dans l'esprit de l'enfant une signification primitive. L'être humain dispose toujours d'un sentiment de culpabilité qui ne demande qu'à se justifier. La maladie trouve donc un terrain de choix pour être affublée d'une signification. Elle devient non seulement la sanction, mais le signe même de la faute. On pourrait se dire que c'est là charger la maladie d'une dimension déplaisante de plus. Mais il semble bien que de nombreuses personnes préfèrent croire à une signification quasi morale de la maladie, donc à une sorte de justice immanente, qui aurait au moins le mérite de leur prouver qu'un juge, substitut parental, est là pour donner un sens à leur vie, plutôt que d'être livrés à eux-mêmes et guettés par l'insupportable découverte de la solitude radicale qui déboucherait sur l'angoisse de l'absurde.

On peut donc aisément retrouver les germes infantiles de cette conception, très répandue, de la maladie comme signe de la faute. Que la faute en question soit fréquemment d'ordre sexuel n'est pas fait pour étonner, la culpabilité sexuelle étant l'une des bases de la morale. Il n'y a pas si longtemps encore, certaines maladies dont l'étiologie n'avait pas encore été découverte à l'époque, étaient désignées comme conséquences de la masturbation. D'autres significations peuvent être attribuées à la maladie. Même lorsque le malade ne trouve pas de faute à se reprocher (« ce n'est pas ma faute »), il peut ne pas renoncer à donner un sens à la maladie. Elle pourra fort bien être considérée comme un échec, comme un signe de faiblesse morale. Tout va se passer comme s'il était indispensable pour le sujet que la maladie ait un sens et plus précisément, un sens qui le concernerait, dont il serait le responsable.

Cet investissement
détermine des conduites de dissimulation
de la part du malade.

En fait, il n'en est pas convaincu. Le serait-il qu'il faudrait le considérer comme délirant. Il s'agit plutôt d'une sorte de crainte, d'une possibilité qu'on ne peut pas entièrement rejeter. Un de ces « je sais bien, mais quand même », décrits par O. Mannoni[1]. Et ce doute suffit à induire un comportement de coupable, ou tout au moins d'inculpé. D'abord: « N'avouez jamais ». C'est bien ce qui se passe lorsque le malade s'efforce de cacher certaines circonstances de sa vie ayant accompagné ou précédé l'éclosion de la maladie, ainsi qu'on l'a rappelé plus haut. La suite logique de cette conduite est le rejet de la responsabilité sur autrui. « Ce n'est ma faute, c'est celle de l'autre ». D'où la recherche des « responsables » qui donne souvent à la maladie un petit côté judiciaire qui ne pourra qu'aller se renforçant au fur et à mesure que la maladie deviendra davantage affaire sociale et que l'individu en sera en quelque sorte dépossédé. Même étant un mal, la maladie était son bien. Ce n'est là qu'une indication, mais il est très probable que cette prise en charge de la maladie par la société contribue à maintenir l'homme dans cette dépendance signalée plus haut, la société prenant la relève de la tutelle parentale. Il ne s'agit pas de mettre en cause l'une des plus belles conquêtes sociales, à savoir l'égalité de tous devant la maladie, et le même droit aux soins, il s'agit au contraire d'éviter que

[1] O. Mannoni, *Je sais bien, mais quand même...* Temps Modernes 1964, 212, 1262-1286.

cette conquête soit menacée faute d'éducation du public...
et du médecin.

**Si la maladie est une « faute »,
il importe d'en rejeter la responsabilité sur autrui.**

Chaque médecin praticien sait l'importance attachée par
ses malades à la recherche du « responsable ». Il s'agit
souvent d'obtenir un légitime dédommagement. Mais parfois, il s'agit surtout d'être dégagé de la responsabilité
morale. Ce n'est pas par hasard que les feuilles de Sécurité
Sociale demandent expressément de préciser si la maladie
est suite de guerre, d'un accident du travail, d'un accident
de la route ou s'il s'agit d'une maladie professionnelle.
Ce n'est qu'à regret, semble-t-il, qu'on admette l'existence
d'une maladie sans responsable, la maladie banale, malgré
sa fréquence, faisant un peu figure de parent pauvre.
Une infirmité est source de souffrance et de désagréments,
mais elle devient un titre de gloire si elle a été acquise,
par exemple, au service de la patrie.

Avant d'aller plus loin, il faut souligner un paradoxe
apparent, même s'il n'est pas aisé à résoudre. On vient de
voir que le souci de donner un sens à la maladie peut être
considéré comme un trait névrotique, la maladie n'ayant
pas en soi de sens autre que celui d'un événement malheureux. Or, plus haut on avait insisté sur le lien qui
pouvait exister entre la maladie et certains événements de la
vie du sujet. Il s'agit là d'une des difficultés de la médecine
psychosomatique. La maladie peut s'insérer comme événement signifiant intégré dans la biographie particulière d'un
individu. Mais cette signifiance est profondément inconsciente. Alors que le sens redouté, celui d'une faute, est
inavoué, voire inavouable, caché, mais non pas inconscient.
Il s'agit là d'un sens moral. Tout au plus peut-on se poser la
question d'une relation entre ces deux sens. On peut se
demander s'il ne s'agit pas pour le malade de se donner
**le change, ou de le donner au médecin, afin de l'aiguiller
sur une fausse piste, de lui faire croire à un sens possible,
accessible à la conscience, et ceci afin de ne pas avoir**

accès à une vérité infiniment plus redoutable et plus angoissante, celle justement de l'inconscient, qui menacerait le sujet dans ses fondements apparemment les plus solides.

C'est là que se retrouve ce qui était resté en suspens à la fin du chapitre précédent, mais qui a été cerné de plus en plus près: la relation de l'homme à son corps. Ce corps, objet de soins, de plaisir et d'amour, bel objet qu'on est fier d'exhiber, vient d'apparaître comme menacé, périssable, caduc. C'est cette menace, rappelée par l'angoisse, qu'on s'efforce de ne jamais regarder en face, en se noyant dans le travail, le plaisir, mais aussi en consacrant tous ses efforts aux soins, ou mieux, à la prévention de la maladie. Cette menace qu'on ne veut pas voir est la tache sur le miroir narcissique. On affecte de croire que c'est l'individu lui-même qui détient la responsabilité de ce point vulnérable. Ce sont ses fautes, ses erreurs, ses péchés, ou mieux encore, ceux des autres qui le rendent fragile.

Toutes ces conduites
sont des exorcismes de la mort.

Tout, plutôt que d'admettre cet Autre implacable devant lequel il ne peut rien et qui est la Mort inéluctable.

L'expérience de la maladie est la rencontre avec cette ombre entre l'homme et son corps, l'ombre de la mort. En faire la sanction d'un acte, d'une conduite, d'une pensée c'est encore tenter de l'exorciser, de l'amenuiser, d'avoir en une certaine mesure barre sur elle, c'est refuser de la reconnaître comme maître absolu. Toute une dimension fantasmatique de la médecine apparaît ici. La médecine ne protège pas contre la mort.

Le sens de la maladie est habituellement décrit comme un memento mori, et l'on affirme souvent que là gît la différence entre névrose et troubles psychiques en général et maladie « vraie ». Il apparaît maintenant que la maladie elle-même dans son ensemble peut être utilisée comme un symptôme névrotique, l'ultime écran, l'ultime parade contre la mort, le leurre d'une lutte possible contre elle.

Chapitre 4

L'AUTO-OBSERVATION

Mon lavement d'aujourd'hui a-t-il bien opéré?
(Malade imaginaire, I, 3.)

La maladie expose à un non-su angoissant.

La maladie vient rompre les rassurantes habitudes de l'être humain. Quel que soit son degré de culture, il se passe en lui quelque chose qu'il ne comprend pas; même s'il a au sujet des maladies une information théorique, l'expérience vécue constitue une nouveauté inquiétante du fait qu'on ne connaît pas la suite, qu'on ne sait pas ce qui va se passer, qu'on est confronté à l'inconnu. Pour parer à cette brèche dans la connaissance routinière, le sujet essaiera de savoir, et l'on devine ici l'importance des paroles du médecin, qui pourra à son insu rassurer ou au contraire alimenter les craintes de son malade. Aussi vaudrait-il mieux que cela ne se passe pas à son insu, et qu'il sache ce qu'il fait en comprenant ce qui pousse le malade à le harceler de questions. Mais les renseignements objectifs qu'il pourra lui donner seront bien rarement apaisants. Ce n'est pas tellement un cours théorique sur sa maladie que recherche le malade, que des explications sur ce qui va lui arriver à lui-même du fait de sa maladie. Et si l'avenir immédiat lui paraît angoissant, c'est en fonction de ses propres imaginations. Plutôt que de supporter cet avenir comme une question angoissante, il l'a meublé avec le matériel qui lui paraissait le plus adéquat à figurer la maladie. Ce matériel sera évidemment inquiétant, voire effrayant. Mais il semble bien que l'être humain préfère une représentation même désagréable du futur qu'une question sans réponse. D'où viennent ces fantaisies, sur quel substrat s'édifient-elles? C'est à cela qu'il faut tenter de répondre pour ensuite appliquer ces résultats à l'homme malade.

Dans sa recherche d'une information rassurante,
le malade rencontre d'abord
l'épouvante et l'horreur.

Le film d'épouvante attire davantage les foules que le film « intellectuel ». La monstruosité sous toutes ses formes exerce une fascination ambivalente sur l'être humain. L'horreur déclenche une mimique spécifique où l'on décèle bien sûr le dégoût, mais aussi un inavouable attrait. L'atrocité fait partie de l'inventaire humain et la réprobation généralisée que suscite son évocation prouve bien qu'il ne s'agit jamais d'un phénomène exceptionnel, mais au contraire, d'une manifestation qui concerne chaque être humain. La majorité des hommes condamne toute forme d'atrocité, une petite minorité s'y livre, tous y pensent. Dès l'enfance, le petit d'homme est baigné dans une atmosphère qui fait une large part à l'horreur. Depuis que la psychanalyse a attiré l'attention sur l'importance des premières acquisitions, on a regardé de plus près la littérature traditionnelle servie à l'enfant. Et l'on a découvert la méchanceté, la cruauté contenues dans les contes de fées. Il n'en est aucun qui ne contienne sa ration d'empoisonnement, d'asservissement, de dévoration, de tortures en tout genre. Les ogres dévorent toujours les petits poucets, les marâtres poignardent ou font poignarder leurs belles-filles trop belles lorsqu'elles ne les livrent pas aux plus affreux reptiles, la Comtesse de Ségur ne cache pas son faible pour le fouet, et le doux Andersen lui-même n'échappe pas à la règle, lui qui fait éprouver à sa petite sirène des sensations de coupure à chaque pas pour prix de la perte de sa queue, dans une curieuse castration à rebours. C'est lui encore qui inflige à la petite-fille-qui-marchait-sur-le-pain cette torture évoquant le syndrome de Cotard, de sentir son corps éternellement dépérir d'inanition sans pouvoir mourir. L'énumération de ces moralistes pour nursery pourrait être indéfiniment prolongée, mais on ne saurait passer sous silence le bon Wilhelm Busch qui ne rate pas une occasion de geler ou brûler, découper ou écraser ses héros. La palme revient toutefois à un nommé Hoffmann, psychiatre de son état, qui écrivit à l'usage des petits enfants allemands un Struwelpeter dont les nombreuses rééditions n'ont pas fini de donner un support imagé aux terreurs enfantines, en leur offrant un tailleur sur mesure qui taille les pouces de ceux qui les sucent, tout en enterrant avec une soupière en guise de pierre tombale ceux qui ne mangent pas leur soupe.

L'appétit pour les histoires d'épouvante à défaut de soupe, se maintient bien au-delà de la période officiellement attribuée à l'enfance. Les bandes dessinées prennent la relève des contes de fées et les dépassent de loin en horreur, même si la plupart ont perdu toute poésie. On pourra douter du degré de maturité adulte de leurs lecteurs, mais non pas de leur nombre.

Contes et dessins ne sont pas les seuls aliments offerts à l'imagination cruelle de l'enfant. Les paroles des parents, même des plus affectueux, véhiculent de façon si usuelle et si familière les mêmes menaces, qu'on ne les discerne même plus. Qui oserait dire à une mère qui cajole son enfant et accompagne ses caresses de mots comme « je te mangerai », « je vais te croquer », que l'enfant pourrait prendre ces mots au pied de la lettre? Ce sont néanmoins les parents qui constituent la seule référence de vérité. Comment l'enfant va-t-il construire son propre langage si les mots apparaissent tout à coup comme dénués de sens?

On peut n'admettre que difficilement de telles considérations concernant des expressions affectueuses. Par contre, on reconnaîtra plus facilement les images effrayantes transmises par les menaces éducatives les plus habituelles. Naguère encore, on prédisait à l'enfant désobéissant qu'il serait emporté par l'un des nombreux personnages légendaires créés à cet effet: père Fouettard, Croquemitaine,

Grand Lustucru, loup garou, etc. Chaque région trouvera à placer ici son propre folklore. Ce qui devait advenir aux enfants ainsi enlevés n'était pas précisé. On se contentait d'allusions qui ne pouvaient qu'augmenter la mesure de l'épouvante. On voudrait également croire que d'autres menaces ne sont plus qu'un souvenir historique: notamment toutes celles qui déclenchaient la curiosité sexuelle de l'enfant. Se touchait-il le sexe, qu'il allait tomber malade, devenir fou ou disparaître en enfer. Le plus simple d'ailleurs consistait à le menacer de le lui couper. Cherchait-il à apercevoir la nudité des adultes? On lui prédisait la cécité. Faisait-il des grimaces, que son visage allait rester déformé pour toujours. Actuellement, toutes ces menaces ont pris des formes plus subtiles. De même que les symptômes névrotiques évoluent avec le temps et la mode, de même les formes d'intimidation utilisées par les éducateurs changent-elles avec le niveau d'information psychologique de ceux-ci. Mais le fond reste toujours le même. Si l'on n'empêche plus les enfants de sucer leur pouce parce qu'il s'agit d'un plaisir solitaire, on le leur interdit au nom de l'orthodontie et on leur affirme toujours qu'ils ne grandiront pas s'ils ne mangent pas leur soupe et que maman ne les aimera plus s'ils ne disent pas bonjour à la dame. Comme si l'on ne savait pas que la privation d'amour maternel est pour l'enfant l'équivalent d'une condamnation à mort.

Ce fonds de terreur traduit l'existence,
dans l'inconscient, de pulsions sadiques.

Comment les parents ont-ils pu user d'un tel sadisme à l'égard de ceux qu'ils croient aimer le plus? C'est là que va se dévoiler le fond même sur lequel s'ancrent toutes les images d'épouvante. Lorsqu'une mère déclare qu'elle voudrait manger son enfant, elle ne fait que donner la parole à des pulsions inconscientes de dévoration ou de cannibalisme qui ont existé chez elle comme chez tout être humain, à un moment de son évolution. Ce sont ces pulsions que l'observation des petits enfants ou la psychanalyse d'enfants plus agés et d'adultes, ont repérées sous le nom de pulsions sadique orale, sadique anale ou sous forme de tendances destructrice ou agressive. Toutes ces tendances ont connu leurs phases d'activité dans la préhistoire de chaque individu. Elles ont été transformées et intégrées dans la personnalité au cours de l'évolution, mais l'inconscient conserve leur trace à l'état pur. Cet inconscient n'est pas accessible sauf à certains moments où il s'entrebâille pour laisser échapper des idées ou des désirs qui sidèrent le sujet, car il ne saurait s'y reconnaître. C'est à ce fonds de pulsions agressives et destructrices que répond le plaisir éprouvé aux images d'horreur et de terreur, à condition que l'on soit sûr qu'il s'agisse bien d'images, car la moindre ébauche de passage à la réalité va permettre à l'angoisse de s'engouffrer et de dominer l'esprit du sujet. C'est ce qui se passe dans la maladie.

Il conviendrait de situer ici le rôle imaginaire prêté au médecin par l'enfant. Ce personnage s'inscrit dans la suite des êtres de légende évoqués plus haut, mais son rôle ne se borne pas à celui du croquemitaine. Le lecteur voudra bien se reporter ici au chapitre consacré à l'image du médecin.

On vient d'évoquer les images qui assaillent l'être humain lorsqu'il se trouve livré à l'angoisse, comme c'est le cas du malade. Celui-ci va tenter de lutter contre ces fantômes en essayant d'acquérir un peu de vérité sur son état, même si cette quête n'aboutit qu'à remplacer ces premières images par d'autres. Ce n'est pas la première fois qu'apparaît ce phénomène. On utilise des représentations effrayantes afin d'avoir en quelque sorte des motifs de peur. Ceci paraît plus tolérable que la confrontation avec l'angoisse dont on dit habituellement qu'elle est sans objet alors qu'en fait son objet est inconnu, voire innommable, comme le sont souvent les forces de l'inconscient.

L'être humain dispose ainsi d'une réserve toujours accessible d'épouvantails dont il compte ne se servir que pour son plaisir. On veut bien se faire peur à condition que ce soit sans danger. Vienne une situation de danger véritable comme celle qui est très réellement constituée par la maladie, ces images deviennent fort inopportunes. Seulement, elles constituent un précédent. Devant l'angoisse, angoisse des enfants comme angoisse des parents, née de l'appréhension de pulsions agressives, les images sadiques des contes de fées, du folklore, des menaces parentales constituaient un dérivatif, un déplacement permettant de tirer une satisfaction des pulsions agressives fondamentales, sans en réaliser les effets destructeurs. De même le malade va-t-il tenter de colmater l'angoisse née de la découverte de la maladie, en la meublant de tous les rassurements possibles. Les informations recueillies auprès du médecin et dans l'entourage vont être les premières utilisées. Mais elles ne sont jamais suffisantes. L'enfant malade ose parfois poser à sa mère la question: « Maman, as-tu déjà eu cette maladie? » Une réponse sans angoisse de la mère peut alors calmer ses inquiétudes. L'adulte n'a plus cette ressource. Le médecin pourrait l'aider utilement dans sa recherche de sécurité. Encore faudrait-il qu'il connaisse les craintes inavouées de son malade et qu'il soit informé de la façon d'y répondre. C'est là l'un des buts essentiels de l 'enseignement de la psychologie médicale.

Les mythes sont les bouchons rassurants
qui obturent les questions sans réponse.

A défaut de tous ces encouragements, le malade va se construire ses propres théories et arguments et tenter de les appliquer à sa maladie. Il va procéder à un véritable travail d'auto-observation qui sera, bien sûr, beaucoup plus mythologique que scientifique. L'étude de ces constructions imaginaires va constituer en quelque sorte un modèle qui devrait servir au médecin à procéder à une véritable éducation du public s'il voulait en obtenir une meilleure coopération.

Pour édifier ces théories, le malade va puiser à toutes les sources d'information qui lui sont accessibles, expériences personnelles, souvenirs de conversations, lectures para ou pseudo-médicales surtout, dont une certaine presse l'abreuvera largement et jusqu'à des paroles de son médecin qu'il va interpréter à sa guise. Etant donné qu'il ne s'agit ici que d'un modèle, on choisira arbitrairement certains éléments qui s'offrent le plus facilement à son observation. Le propre organisme est pour le malade un objet plein de mystères, une machine dont il ne connaît pas le fonctionnement. Ce qu'il peut en connaître le plus aisément est ce qui entre dans cette machine et ce qui en sort, ce qui pourrait aboutir, grâce à une information scientifique, à une psychologie de l'alimentation et de l'excrétion, mais qui, faute de cette information, devient une mythologie.

A) *MYTHOLOGIE DE L'ALIMENTATION*

**L'alimentation est ritualisée,
soumise à des lois.**

La nourriture est l'une des préoccupations fondamentales de l'homme. Elle conditionne son existence. Pour la plus grande partie de l'humanité, assurer sa nourriture reste le principal problème. Les groupes les plus favorisés ont également traversé des périodes de leur histoire, pas toujours très éloignées, où il fallait d'abord manger. Il n'est donc pas étonnant que l'alimentation conserve une place de choix dans les intérêts humains, qu'elle ait conditionné et conditionne encore l'histoire de l'homme et qu'elle reste un thème dominant de ses conversations. Elle n'est pas seulement un centre d'intérêt pour l'individu, les collectivités sont concernées par elle, et c'est probablement ainsi qu'elle est venue s'inscrire dans toutes les législations religieuses. Ce rappel était nécessaire pour souligner l'importante dimension non objective, voire magique, qui entoure tout ce qui a rapport avec l'alimentation. Un autre facteur contribue à la complexité des réactions, entourant le manger et le boire: c'est le plaisir. Et comme toujours lorsqu'il s'agit de son plaisir, l'homme adopte des conduites protectrices et défensives. Il ne mange pas n'importe quoi, il se cache parfois pour manger, non seulement pour que le voisin ne lui dérobe pas sa nourriture, mais encore parce que ses traditions, ses bonnes manières ou ses règles religieuses le lui imposent. Il faut qu'il ait atteint un niveau de haute culture pour que la nourriture échappe à la sphère des besoins, pour atteindre, avec la gastronomie, le domaine des arts.

En ce qui concerne le malade, c'est bien des besoins alimentaires qu'il s'agira. L'hygiène alimentaire n'a pas obligatoirement avec la gastronomie ces rapports de bon voisinage auxquels voudraient prétendre certains diététiciens. Et les conversations des malades roulent davantage sur les régimes que sur la haute cuisine.

Si le goût pour les régimes est ancien, il n'a jamais connu une telle vogue qu'aujourd'hui. Le malade imaginaire ne serait plus considéré comme un original, mais il trouverait à profusion des interlocuteurs compréhensifs. Les régimes se portent, comme le new-look ou la mini-jupe, comme Saint-Germain et Saint-Trop', comme les cheveux longs et le L.S.D. Les régimes ont leurs adeptes à qui il importe peu que leurs dogmes soient fréquemment contradictoires et le plus souvent dénués de tout fondement scientifique. L'essentiel est d'avoir la foi, foi dans le régime amaigrissant, foi dans le régime hypocholestérolémiant, hypervitaminé, etc. Tous ces régimes ont leurs variantes, leurs degrés, leurs explications fantaisistes, tous ont en commun de couvrir d'opprobre et de menace l'amateur de bonne chère en se délectant d'avance de sa fin misérable. Le point ultime des régimes est marqué par la cure de jeûne. Certaines cliniques se sont spécialisées dans ces cures où il s'agit de distraire l'abstinent afin qu'il ne pense pas trop aux frustrations qu'il subit. Il faut également le réalimenter avec toutes les précautions d'usage chez les dénutris. Ceci met en évidence une dimension généralement méconnue de tous ces régimes: la dimension éthique. En ne mangeant pas de graisse, on diminue son cholestérol, mais en mangeant moins qu'on en aurait envie, on domine ses instincts, on triomphe de la nature, on est plus humain, on est meilleur.

Les aliments
sont classés selon des couples d'opposition:
forts-faibles, bons-mauvais, végétaux-carnés.

On découvre ainsi que l'un des facteurs qui dictent le régime alimentaire n'est pas seulement la valeur biologique, physiologique, énergétique de tel aliment, mais la vertu qui peut y être attachée. On en arrive à une classification des aliments par couple d'opposition, bon et mauvais, ces épithètes étant entendues au sens moral et non au sens gustatif. Cette bi-partition de ce qui se mange se recoupe avec d'autres couples d'opposition et notamment le régime carné et le régime végétarien. La tradition populaire représente le mangeur de viande comme un pycnique pléthorique et grossier, associant volontiers les plaisirs de la chair aux plaisirs de la chère et consommant de préférence la serveuse au dessert. Alors que le végétarien, longiligne et pâle, a l'esprit tourné vers des appétits plus métaphysiques. C'est aux végétariens qu'on décerne les épithètes de nobles et de dignes. Lorsqu'on veut éviter une hiérarchisation de valeur, on dira que le carnivore est tourné vers l'action et le végétarien vers la méditation. Qu'on le veuille ou non, et même sans tenir compte d'une quelconque préférence, on applique à l'alimentation les règles de la pensée magique qui veut qu'on s'empare des qualités de l'objet consommé, fût-il épinard ou ennemi. On arrive ainsi à distinguer des aliments forts et des aliments faibles. Et c'est pourquoi les mères qui désirent des enfants bien portants leur font absorber lesdits aliments en raison de leur vertu. Les épinards sont le prototype de ces légumes qui font du bien, surtout à Popeye, mais que les enfants n'apprécient pas toujours. On peut présumer que de nombreuses petites guerres familiales n'auraient pas lieu si les mères de famille n'infligeaient pas à leurs enfants, en vertu de principes moraux, la consommation d'aliments qui ne sont pas à leur goût. On pourrait passer en revue tous les produits usuels et rencontrer, comme pour les régimes, les défenseurs de chacun d'eux.
Au-delà de leur valeur nutritive, les aliments forts, pour continuer l'application des règles de la pensée magique,

ont souvent une véritable valeur initiatique. Ce sont souvent des aliments d'adultes, et mieux encore, d'adultes mâles. En premier lieu, il faut citer le vin, et ceci surtout en France où il est boisson nationale. Quand on est un homme, il faut boire du vin et les moqueries accablent l'alcoolique repenti qui boit son eau minérale ou son jus de fruits devant ses anciens camarades de libation. Il n'est pas jusqu'à la femme de l'alcoolique, sa première victime, qui ne sacrifie à la mythologie nationale. Il n'est pas rare, en effet, de voir une telle femme, ses ecchymoses à peine guéries de la dernière explication avec l'ivrogne, venir se plaindre au médecin que depuis qu'il ne boit plus, son mari n'est plus un homme. Il n'est pas nécessaire de faire le procès de l'alcoolisme, et en particulier de l'alcoolisme infantile, mais il est bon de signaler au passage l'une de ses sources psychologiques. On retrouvera le vin au chevet du malade, souvent sous forme de champagne ou, à défaut, de mousseux, car il sera alternativement cardiotonique ou vasodilatateur, analeptique ou hypnagogue. On voit ainsi tout l'investissement imaginaire de l'aliment « fort », lequel a toujours un certain aspect ambivalent. Tout ce qui est fort a un petit côté dangereux et ne convient qu'aux forts, mais serait néfaste aux faibles.

Dans les spéculations du malade sélectionnant ses ingesta, d'autres critères encore, pas toujours très conscients, vont caractériser « la force ». On dit d'une moutarde qu'elle est forte. On le dit aussi de certaines épices, on le dit de fromages. On retrouve la dimension initiatique: il faut surmonter une irritation linguale ou franchir une barrière créée par une odeur nauséabonde. Et du fait de l'effort à fournir, on escompte en revanche une augmentation de la résistance à la maladie ou à toute autre épreuve.

Certains aliments
détiennent des vertus spécifiques.

A côté de ces aliments parés de vertus morales ou magiques, en fonction d'une classification très générale, certains produits se voient attribuer des effets spécifiques.

Il s'agit essentiellement de produits d'origine animale dont les vertus particulières sont affirmées par une tradition qui remonte parfois à l'antiquité. C'est le cas notamment de la rate qui n'est évidemment pas un aliment courant, du moins pour l'être humain, mais qui est la source de la « bile noire », de la mélancolie, du « spleen ». Et la « Milzkrankheit » ne désigne pas, dans l'allemand familier, une maladie de la rate, mais la dépression nerveuse. C'est pourquoi, on évitera de faire manger de cet organe à ceux dont le moral est bas. Un autre organe, la cervelle, préoccupe également les diététiciens amateurs, et surtout les mères de famille. La cervelle est le siège de l'intelligence; lorsqu'on est un peu plus informé, on sait qu'elle contient du phosphore. Ce serait donc un aliment de choix pour les enfants. Or, justement, on redoute souvent la consommation de cervelle à qui l'on reproche paradoxalement de nuire au développement intellectuel.

Parmi les aliments à action spécifique, il existe une gamme particulière qui sont des produits soi-disant aphrodisiaques. Derrière le prétexte de rendre la vigueur, la jeunesse, le dynamisme, etc, c'est en fait une visée de renforcement de la puissance sexuelle qui se dévoile, et tous les aliments « forts » ou initiatiques, dans la mesure même où ils étaient, partiellement au moins, réservés à l'homme, auraient tous dû être nommés des aliments puissants, car c'était cette puissance que l'on escomptait de leur ingestion. De l'os à moelle à l'aileron de requin, en passant par le piment rouge et le poulet froid, la liste de ces armes secrètes est inépuisable, bien que leur nombre même soit la preuve de leur inefficacité.

Reste à mentionner un dernier « aliment » qui eut son heure de vogue, à l'époque en particulier où le vampirisme médical se manifestait par la surenchère dans la prescription de sangsues. Il s'agit du sang que les citadins anémiés ou épuisés par les plaisirs de la belle époque venaient boire aux abattoirs. Ce sang continue à exercer un attrait ambivalent que reflète bien l'attitude des empiriques de l'époque, partagés entre la saignée et ce qui n'était pas encore la transfusion, mais l'absorption du sang *per os*.

L'évocation pêle-mêle de toutes ces considérations possibles sur l'alimentation, d'origine folklorique ou superstitieuse était destinée surtout à montrer les éléments dont dispose chaque malade pour établir sa propre hygiène alimentaire, le plus souvent à l'insu du médecin. Il va procéder de même pour ses propres sous-produits.

B) *MYTHOLOGIE DES EXCRETIONS*

Si la voie de l'alimentation est jugée jusqu'à présent unique et n'emprunte que la bouche, il n'en va pas de même de l'excrétion à laquelle tous les orifices corporels peuvent se prêter. Le malade va donc avoir beaucoup plus de facilité pour observer ses excreta que ses ingesta. On a vu qu'il existait quelques réserves, imposées par la bienséance, aux conversations et aux conduites alimentaires. Combien l'ostracisme est-il plus violent encore pour tout ce qui sort du corps. C'est donc en secret qu'on s'y consacrera. Il est toutefois des situations qui viennent lever l'interdit et on ne se privera pas d'en profiter.

Tout le domaine de l'analité
est marqué par l'ambivalence.

Les considérations sur les selles, par exemple, se voient interdire l'entrée des endroits où l'on cause, ce qui ne les empêche pas de forcer la porte dans trois cas au moins: l'humour scatologique, les considérations sur les nourrissons, les soins des malades. Personne n'osera reprocher à de jeunes mères d'échanger des informations sur l'abondance et la couleur, la consistance et l'odeur des selles de leur nouveau-né. Ces observations fécales sont d'ailleurs nécessaires pour savoir si le bébé fonctionne bien, et le malade s'applique cette règle, sans toutefois être à même de savoir où passe la limite de l'imaginaire. Les médecins sont les victimes habituelles de ces préoccupés de l'intestin. La majorité de ces malades vient grossir le chœur des constipés

où se retrouvent hypochondriaques et déprimés, obsession-
nels et paranoïaques. Plutôt que de détailler les mille et
une façons de s'intéresser à ses selles, on essaiera de
comprendre l'éventuelle signification de ces préoccupations
qui dépassent de loin ce que nécessite l'observation médicale. On tiendra compte, tout d'abord, de l'interdit qui
frappe le discours sur la défécation. Il peut paraître choquant de douter du bien-fondé de cet interdit. Ceci ne
devrait pas empêcher d'en rechercher les véritables motifs.
Dire « cela ne se fait pas » ne saurait suffire. Ça sent
mauvais, bien sûr. Certains fromages aussi. Ils ne sont
pourtant pas bannis de la même façon. C'est sale. Mais
c'est là un jugement culturel, acquis avec le développement.
Il est faux de croire qu'il y ait une répugnance spontanée
de l'être humain pour l'excrément. Il suffit d'observer les
petits enfants pour se convaincre d'une véritable tendance
coprophile. Il faut toute la vigilance des éducateurs pour
empêcher l'enfant de jouer et de se barbouiller avec les
produits de son intestin. On pourrait se dire alors que
c'est le désir de plaire aux parents ou la crainte de leurs
menaces qui amènent l'enfant à se détourner de ce qui
aurait pour lui des attraits certains. Mais cela n'expliquerait
en rien l'origine de cet attrait ni sa persistance chez
l'adulte fût-ce sous forme latente. C'est l'humour scatologique qui va mettre sur la voie d'une explication possible.
La fonction de l'humour est souvent d'offrir une issue à ce
que l'on doit taire. Lorsqu'on désire critiquer quelque
chose, un gouvernement ou une personne, l'allusion humoristique est une méthode bien connue pour éviter les
représailles. Mais c'est bien un signe qu'on a abordé un
domaine dangereux. Il en va de même de l'humour érotique
et de l'humour scatologique. Que tout ce qui concerne la
sexualité entraîne une part d'angoisse est bien connu.
C'est moins évident pour ce qui relève du domaine anal.
Il existe un érotisme anal qui naît très tôt et qui s'intègre
par la suite à la sexualité, même la plus raffinée. La dimension de plaisir ne peut donc pas être niée, même si on la
cache. L'exonération fécale s'accompagne d'une satisfaction
dont beaucoup de personnes sont conscientes, mais qu'un

petit nombre seulement expriment, et encore sous forme
de boutades. Toutes ces précautions traduisent l'appréhension d'un danger lié au domaine de l'analité. Le fond
de cette crainte est d'ordre inconscient. Il ne pourrait être
révélé que par l'approche psychanalytique de certains fantasmes agressifs relevant de ce qui a été décrit comme stade
anal. Mais on peut en retrouver les symptômes dans la vie
consciente. C'est ainsi que l'insulte utilise fréquemment
un matériel anal. Le juron par excellence, le gros mot
national que Cambronne utilisa peut-être, mais qu'il n'a
sûrement pas inventé, illustre bien la fonction agressive et
belliqueuse de l'étron. La suprême injure consiste à inviter
l'adversaire à venir prodiguer ses hommages au postérieur
de son antagoniste, ce qu'exprimait de la façon la plus
radicale Goetz von Berlichingen. Une nuance plus sexuée
dévoile également la charge agressive attachée à ce malheureux sphincter. Il suffit de voir la réaction de beaucoup
d'hommes lorsqu'on les accuse de s'en être servi à des fins
érotiques.

Ce ne sont là que les séquelles lointaines de pulsions
anales qui ont subi le refoulement en même temps d'ailleurs
qu'un certain déplacement. Si l'anus est le principal intéressé
dans les insultes précédentes, c'est qu'il est à la fois un
lieu vulnérable et aussi désirable, même si cela n'est
pas toujours évident dans la normosexualité. Mais on peut
comparer la « dangerosité » de cet organe à celle d'un canon
qui n'est pas redoutable en soi, mais par ses projectiles.
Par l'anus s'échappent des gaz dont l'évocation même plonge
celui qui les émet, les entend ou en parle, au plus profond
de la honte. Les vents humains constituent probablement
l'un des sujets les plus tabous qui soient. Quant aux
matières fécales elles sont désignées par les cinq lettres bien
connues. L'enfant utilise encore leur pouvoir agressif contre
les parents dans l'encoprésie. Tout ceci s'ajoute à leur odeur,
au fait qu'elles sont le produit d'un métabolisme mystérieux
où l'on a tôt fait de voir le résultat de la décomposition,
de la pourriture qui menace toute matière vivante. C'est
pourquoi elles sont toutes désignées pour être l'image même
de la maladie qui détruit l'intérieur du corps, et c'est

pourquoi aussi, il faut que ce mal, cette horreur, cette ordure soient évacués pour que la maladie s'en aille.

Ce qui légitime les soucis des constipés. La pathologie apporte d'ailleurs une justification aux préoccupations de ceux qui désirent que « ça sorte ». On connaît la résolution en « crise » de certaines maladies, crises marquées par une débâcle urinaire et sudorale qui accompagne la chute thermique. De cette conséquence de l'amélioration, l'imagination populaire a fait la cause de la guérison.

Le même souci concerne l'évacuation du pus ainsi que les expectorations. « Il faut que ça sorte ». Une autre forme d'évacuation a passé au second plan après avoir eu son heure de célébrité. Il s'agit de l'éternuement. Il est incontestable que les éternuements s'accompagnent d'un sentiment de soulagement et que, par contre, l'éternuement qui ne vient pas provoque un malaise. Il fut un temps où l'éternuement était favorisé et même cultivé par la « prise ». Le tabac à priser ne se vend plus guère, mais il n'a pas entièrement disparu et il s'est trouvé de nombreux poètes pour chanter le soulagement ainsi obtenu, l'éclaircissement de la pensée, l'euphorie post-sternutatoire.

Si dans certains cas, la mythologie du malade va dans le même sens que les connaissances médicales, il n'en est pas toujours ainsi. Il est une issue dont il n'a pas été question jusqu'à présent, à savoir les règles. L'attente des règles, lorsqu'elles ne viennent pas à la date prévue, peut faire se poser la question de la grossesse. Mais lorsque celle-ci est exclue, cette attente s'accompagne de toute une série de malaises, notamment de sensations de ballonnement, de gonflement, qui sont interprétés comme des manifestations du sang cherchant une issue. Les conséquences sont habituellement sans gravité lorsqu'il s'agit d'une femme adulte. Mais trop souvent, ce sont les mères d'adolescentes qui viennent solliciter le médecin parce que leur fille, en âge d'être pubère, n'a pas encore de menstruations ou qu'elle ne les a que de façon très irrégulière. Alors que le rôle du médecin serait d'informer ces mères sur de petites variations sans conséquence pour le développement ultérieur de leur fille, certains cèdent parfois devant l'angoisse des mères et prescrivent des cycles artificiels, qui eux, peuvent compromettre considérablement l'équilibre hormonal de ces jeunes filles.

Le survol de la mythologie des émonctoires est ainsi déterminé. Il est intéressant de mentionner encore que l'on trouve dans le Talmud une liste des émonctoires bienfaisants pour l'homme, ceux qui viennent d'être cités plus haut, et que cette liste se termine par le rêve.

Avant de clore ce chapitre on étudiera comment le malade applique sa mythologie de l'alimentation et de l'excrétion à un domaine particulièrement intéressant pour lui et le médecin: les prescriptions médicales.

C) *MYTHOLOGIE APPLIQUEE A LA MEDICATION*

La pensée magique
attachée à l'alimentation
s'applique aussi à la médication.

Les médicaments qui sont en grande partie absorbés par voie orale ne constituent en fait qu'une variante de l'alimentation. Avec une différence toutefois: le consommateur ne sait rien des produits contenus dans le remède. Le nom d'un légume, d'une viande évoque toute une série d'images représentant l'histoire du produit comestible. Par contre, une désignation chimique n'évoque que de grandes usines pleines de tubes, de cornues, et dans lesquelles des ouvriers habillés en infirmiers mettent en comprimés, ampoules ou suppositoires des poudres multicolores. On verra plus bas que certains produits pourtant ont, grâce à la presse de vulgarisation, acquis quelque notoriété et sont déjà entrés dans le monde des légendes et des mythes. Mais la plupart du temps, le consommateur forcé du médicament va en être réduit à des considérations sur le goût ou sur la voie d'administration de la drogue.

Les scènes de sadisme de parents faisant ingurgiter à leurs enfants de l'huile de foie de morue ont pratiquement entièrement disparu. Il faut les évoquer pour mémoire d'une époque où le médicament avait fréquemment mauvais goût ou était amer et exigeait un effort pour être avalé. On retrouvait là ce qui avait été dit à propos des aliments forts ou initiatiques. L'absorption était une preuve de courage et de virilité. Qui sait, d'ailleurs, si cet effort n'avait pas une valeur thérapeutique. Aujourd'hui, les progrès de l'industrie pharmaceutique ont pratiquement supprimé tous les désagréments gustatifs des médicaments et les ont au contraire même, rendus attrayants, en faisant des boissons sucrées, parfumées et pétillantes. Ce n'est qu'à la suite de fausses manœuvres, comme par exemple ouvrir une capsule destinée à être avalée fermée, qu'on peut retrouver les médicaments amers d'autrefois.

A défaut d'héroïsme buccal, la voie parentérale conserve toute sa valeur. Les piqûres sont toujours redoutées par certains et certaines injections sont effectivement douloureuses. Il n'est pas rare d'entendre un malade demander des traitements pénibles, soit pour témoigner des efforts qu'il est prêt à faire pour guérir, soit au contraire pour exhiber la gravité de sa maladie. Quoique cela puisse paraître étonnant, la maladie est parfois un sujet de fierté, surtout lorsqu'elle paraît exceptionnelle. Du même coup, c'est sa victime qui devient exceptionnelle. On sera fier de dire: « mon médecin n'avait jamais vu un cas comme cela », ou mieux encore: « trois professeurs réunis n'ont pas trouvé le diagnostic de ma maladie. » Ou bien: « le chirurgien a déclaré que j'étais le plus gros calcul de sa carrière ». La complexité ou la difficulté du traitement viennent alimenter cette même fierté infantile, sans rien perdre de leur valeur magique.

On a vu l'importance de l'investissement anal en étudiant les problèmes liés à l'excrétion. Or, de nombreux médicaments peuvent être administrés par voie rectale. Si ce mode d'introduction ne fait habituellement pas difficulté à l'Occidental qui a, dès l'enfance, été familiarisé avec des suppositoires par une mère soucieuse d'évacuation intestinale régulière, il n'en va pas de même pour d'autres cultures. C'est ainsi que le médecin fera bien d'user de précautions avant de prescrire un médicament par voie rectale à un Méditerranéen. Il risque en effet de provoquer des réactions violentes chez des sujets considérant une telle voie comme injurieuse.

L'information et la publicité
conditionnent en partie
les réactions du malade au médicament.

Il n'est pas tout à fait exact d'affirmer que le malade ne sait rien des médicaments. La presse se charge de l'informer des découvertes médicales et des progrès de la thérapeutique, et surtout, les médicaments sont toujours accompagnés d'une notice dont les effets propres sont parfois, à tort, imputés au médicament lui-même.

Il fut un temps, au début de l'hormonologie, où l'on attribua à ces drogues des effets miraculeux de régénérescence et de rajeunissement. Les greffes de testicules de singes eurent leur heure de gloire célébrée par la littérature journalistique et par la caricature. On sait l'énorme intérêt suscité par les recherches sur les greffes d'organes. Il s'agit dans ce cas de substituer un organe humain lésé par un organe prélevé sur un autre organisme. Il y a là une voie capitale pour la médecine future, mais lorsque périodiquement, la presse s'empare de traitements à base d'hormones naturelles, de cellules fraîches, il ne s'agit nullement de ces recherches, mais d'une relance de fantasmes participant de l'île du Dr Moreau et de l'incorporation des vertus ennemies par le cannibale. Aussi les hormones d'origine animale sont-elles nimbées de la même considération ambivalente que les viandes en général, et on retrouve le couple alimentation carnée-alimentation végétarienne dans l'opposition imaginaire entre hormones et vitamines. Dès leur début, les hormones furent liées à de fantaisistes retrouvailles de la puissance sexuelle. Donner des hormones, c'est donc toujours en quelque sorte, réveiller un peu les suidés assoupis au cœur de l'homme, alors que des vitamines ont un petit relent idyllique de soleil, de chlorophylle, de fruits, de légumes et de fleurs.

Certains aliments étaient chargés de qualités spécifiques.

On les retrouve telles quelles dans les médicaments. La notice informera le malade que le produit contient du sang de jument, du foie de porc, du cerveau de poisson, etc. Mais la toxicité des notices est à chercher ailleurs. Ce n'est pas tant la composition des médicaments qui inquiétera le malade, sauf lorsqu'il y verra mentionné des produits toxiques. Il n'est pas rare que des malades inquiets fassent remarquer à leur médecin: « vous m'avez prescrit un médicament contenant de la strychnine, est-ce que ce n'est pas dangereux? » — On pourrait dans cette phrase remplacer strychnine par arseniate, sulfate, etc. Le mal ici n'est pas grand, puisqu'il ne tient qu'à une information sur les dosages. Combien plus grands sont les ravages provoqués par les « indications », au sens médical du terme. Tel reconstituant banal sera recommandé dans sa notice explicative pour l'artériosclérose, la sénescence ou d'autres états particulièrement redoutés. Il faut savoir l'usage que le malade va faire de ces informations et on aura parfois bien du mal à le convaincre qu'il n'est nullement artérioscléreux ni sénile. Certains médicaments même contenaient des notices mentionnant des diagnostics encore plus impressionnants: sclérose en plaques, angine de poitrine, artérite, dépression nerveuse, ou des maladies à noms propres, effrayantes par le champ libre qu'elles laissaient à l'imagination. La réaction de panique ou de dépression qui pouvait suivre de telles lectures était souvent attribuée à des effets secondaires du médicament. Les laboratoires ont compris, souvent avant le médecin, l'inconvénient de pareilles notices et depuis quelques années, leur contenu a tendance à devenir plus sobre et plus rassurant. Il semble bien que les impératifs commerciaux ont reconnu avant la science médicale le bien-fondé de la vérité psychologique.

DEUXIÈME PARTIE

LE MALADE ET LE GROUPE

Chapitre 5

ADAPTATION ET READAPTATION

La vie de l'individu, ou plus précisément le temps de sa vie, est découpé en une foule de situations successives dont l'empilement doit construire son existence. Ces situations sont en général des activités et des tâches qui le lient à la société, constituant ainsi autant de liens qui l'attachent à autrui. Pris dans ce réseau, le sujet est identifié à sa fonction, allant jusqu'à se confondre avec elle. L'un des premiers effets de la maladie est de rompre ces liens et d'isoler l'individu par rapport au groupe. On retrouve ce rôle de grand iconoclaste tenu par la maladie. L'homme ne peut plus se reconnaître dans les images qu'autrui se faisait de lui, et pour se retrouver lui-même, il lui faudra souvent accomplir un important recul pour revenir au point où il s'était laissé remplacer par des images. Ce n'est qu'après ce retour en arrière que la maladie pourra être assumée par ce qu'on appellera ici l'adaptation à la maladie. Il faudra ensuite parcourir le chemin inverse pour retrouver une place dans le groupe: se poseront alors tous les problèmes de la réadaptation.

Au début, se rompt un lien ou plutôt la foule de liens qui constituaient l'individu comme nœud. Mais le groupe n'est pas un tissu inerte. La perte d'une maille ne crée pas un trou. Le tissu se resserre un peu et continue à vivre. L'individu, lui, est rapidement oublié.

A) *LA REGRESSION*

a) *Chez l'adulte*

Député, chef d'orphéon ou joueur de football, l'individu n'a d'intérêt pour le groupe que par sa présence. Tombe-t-il malade que le groupe formule des souhaits de prompt rétablissement... et nomme un remplaçant. Certes, plus la spécialisation du sujet sera développée, plus il sera difficile de trouver ce remplaçant. Mais on finira par le dénicher. Aussi bien sur le plan professionnel que sur le plan social, la brèche est colmatée. Même au niveau familial, la maladie va empêcher le sujet de tenir son rôle. Il se trouve désemparé, vidé de toute utilité et de tout sens. Les premiers jours il peut encore bercer l'illusion que l'on pense constamment à lui, qu'il est indispensable et qu'on attend son retour avec impatience, mais cette illusion sera vite dissipée. Il va se trouver seul exposé aux angoisses de la maladie, solitude encore aggravée par la faiblesse physique et l'asthénie psychique qui sont de fréquents accompagnants de l'état morbide.

La régression
est la caractéristique psychologique la plus générale
liée à toute forme de maladie.

Abandonné par le groupe et par son propre corps, l'être humain, qu'il le veuille ou non, est obligé de se rattacher à son passé, et ce retour en arrière constitue la régression, trait commun à pratiquement chaque état de maladie. Cet aspect de la psychologie du malade devrait être constamment présent à l'esprit du médecin car il est déterminant dans les relations que son client va établir avec lui. Le malade a, en quelque sorte, « lâché » les positions qu'il occupait dans tous les domaines de l'activité humaine. Il ne se conduit plus en adulte, et se comportera, à son insu d'ailleurs, en enfant par rapport à son entourage. Il va donc être amené à placer le médecin dans une position parentale, avec toutes les variantes que peut connaître ce lien selon les personnalités en jeu.

Quelques formes cliniques de régression:
la conduite infantile...

Il n'est pas possible de dresser un catalogue de toutes les **attitudes et conduites régressives des malades.** Quelques-unes pourtant méritent d'être signalées, car elles risquent de compromettre la bonne coopération entre malade et médecin. Elles risquent également de rendre le malade difficilement supportable à son entourage familial.

Une attitude fréquente est celle de « l'enfant gâté ». Aussi longtemps que le sujet est pris dans ses activités habituelles, ses tendances égoïstes sont, en partie au moins, compensées. Privé de son insertion sociale, un tel sujet va pouvoir donner libre cours à l'intérêt qu'il se porte à lui-même. Il deviendra tyran domestique, exigeant que toute la famille se mette à son service, ne supportant pas que l'accomplissement de ses désirs soit contrarié ou simplement différé. Revendicateur et boudeur, il lassera les meilleures volontés, créant autour de lui un climat hostile auquel l'entourage répondra par les mêmes attitudes. Si le médecin ne réussit pas à rompre le cercle vicieux qui menace de s'installer, il faudra parfois avoir recours à la séparation du malade de son entourage par un changement de milieu: transfert dans les services hospitaliers ou dans les maisons de convalescence.

la réaction dépressive...

Une autre forme clinique de la régression est la réaction dépressive. Le malade ressasse ce qu'il considère comme une déchéance. Il se complaît dans une contemplation douloureuse de soi-même. On lui reproche de se laisser aller. Un nouveau cercle vicieux se crée autour des thèmes d'incapacité, voire d'indignité ou d'incurabilité. Cette association à n'importe quelle maladie d'une véritable dépression réactionnelle, n'exige pas forcément le recours au psychiatre, mais peut rendre nécessaire l'association d'un traitement thymoleptique, ce qui ne va pas toujours sans poser des problèmes de compatibilité médicamenteuse.

L'attitude persécutive.

Une dernière attitude mérite d'être signalée. Elle peut dériver des précédentes, mais également apparaître spontanément. C'est la position que l'on pourrait dire paranoïaque. Le malade, pour se défendre contre le sentiment d'être responsable de sa maladie, rejette la faute sur autrui. Parfois sa maladie entrera dans la rubrique des « affections causées par des tiers ». Il peut s'agir d'accidents du travail ou de la circulation, de suites de guerre, de maladies professionnelles; dans ces cas il pourra s'en donner à cœur joie et devenir un revendicateur processif, perdant de vue sa guérison au profit de la recherche d'illusoires compensations matérielles. Mais ces situations ne sont pas les plus fréquentes et le paranoïaque sera obligé de se rabattre sur son entourage, l'accusant de ne pas faire suffisamment d'efforts pour l'aider dans sa lutte contre la maladie, voire de chercher à lui nuire en appliquant mal les soins ou les régimes. Et surtout, il s'en prendra à son médecin à qui il reprochera un manque de compétence ou un manque d'intérêt, n'hésitant pas à le soupçonner de réserver ses traitements les plus efficaces à des malades mieux situés ou plus riches que lui.

b) *Chez l'enfant*

La régression prend chez l'enfant des proportions plus graves que chez l'adulte, et compromettant plus directement même les fonctions biologiques. Cette affirmation peut paraître étonnante au premier abord, l'enfant n'ayant aucune des responsabilités professionnelles et sociales de l'adulte et restant, bien portant ou malade, un enfant au sein de sa famille. Il n'est donc pas menacé d'oubli ni de rejet. Par contre, la maladie vient compromettre des acquisitions plus précieuses et plus difficilement obtenues qu'une position sociale ou une situation professionnelle. Il s'agit des conquêtes de l'organisme par rapport au milieu, des débuts de l'indépendance somatique. Selon l'âge de l'enfant, la maladie va remettre en question l'apprentissage de la

marche ou des mouvements des bras, le contrôle sphinctérien ou les débuts de la parole.

**La régression chez l'enfant
est déterminée par le retour à la passivité.**

L'enfant malade n'est plus maître de son corps. D'autres
le prennent en charge. On le lave, on l'habille, on le
nourrit. On lui inflige aussi des traitements plus ou moins
pénibles, piqûres, interventions chirurgicales, lavements,
pansements. On le caresse aussi, parfois. Tous ces traitements sont subis et ramènent l'enfant à un état de passivité
auquel le développement était justement en train de l'arracher. La suppression, partielle au moins, du mouvement
par le repos au lit vient entraver, freiner les tendances
à l'activité et à l'action, imposant à l'enfant des frustrations
auxquelles il ne peut réagir que par l'agressivité et l'angoisse. Il revient, et c'est là le propre de la régression, à un
stade antérieur à celui qu'il occupait lors de l'installation
de la maladie. Mais chez l'enfant apparaît plus nettement
le trait essentiel de la régression qui est d'être une véritable
névrose réactionnelle. Chez l'adulte apparaissaient essentiellement des modifications caractérielles ou des exacer-
bations de certains aspects du caractère antérieur. Chez
l'enfant, des troubles du caractère et du comportement
vont également apparaître. Il s'agira le plus souvent de
désobéissance, d'oppositionnisme, de colère. On verra également surgir l'impatience, l'exigence, la revendication.
L'enfant deviendra lui aussi boudeur, grognon, voire grossier. Mais on sait combien fréquemment de tels troubles de
caractères ne sont pas autre chose que des équivalents de
symptômes névrotiques.

**Dans les cas les plus graves,
on assiste à l'apparition
de symptômes névrotiques.**

La perte du contrôle sphinctérien lorsque celui-ci avait
déjà été acquis, le retour à un parler bébé, accuseront

encore le caractère névrotique de la régression. Et s'il devait rester des doutes sur le sens profond de ce retour en arrière, de ce repli sur des positions dépassées, on pourra rencontrer des symptômes francs de névrose essentiellement à type de phobie ou d'angoisse. L'enfant devient la proie de cauchemars ou de terreurs nocturnes, d'angoisses apparemment immotivées, s'accompagnant d'illusions visuelles. On sait que les malades et surtout les enfants malades voient parfois s'animer les objets immobiles de la pièce qu'ils occupent. Des figures grimaçantes apparaissent sur les papiers peints, des monstres se cachent dans les rideaux, les proportions de la pièce elle-même varient et les murs et le plafond se mettent à bouger. On aurait tort d'attribuer ces signes aux angoisses apparemment légitimes devant la maladie ou devant les traitements pénibles. C'est là une rationalisation habituelle qui amène à méconnaître la véritable signification de ces comportements, empêchant ainsi d'y porter remède. Il s'agit très réellement d'un état névrotique imposé à l'enfant, non par une quelconque peur qu'il éprouverait de la maladie, car cette peur si elle existe parfois est le résultat d'une contamination de l'adulte, mais par la passivité obligatoire que lui inflige la maladie. Il se découvre à la fois à la merci d'autrui et incapable d'exercer son activité qui est l'exutoire habituel de tendances agressives. Ces tendances qui ne sont plus métabolisées dans un sens constructif ne s'intègrent plus à la personnalité du sujet, et donnent naissance aux différents symptômes anxieux décrits plus haut.

Au degré le plus élevé, cet état névrotique amène l'enfant à renoncer à toute manifestation de défense. Il tombe dans un véritable marasme psychique, avec apathie, indifférence apparente, voire pseudo-affaiblissement intellectuel. Cette passivité totale qui est l'une des formes prises par l'hospitalisme chez le jeune enfant, s'accompagne d'une diminution des défenses biologiques et peut constituer une complication grave de n'importe quelle affection strictement organique. L'existence de telles réactions impose une hygiène mentale de l'enfant malade. Il faut veiller à ce qu'il ne perde pas ses acquisitions, et lui permettre au contraire, malgré l'état de la maladie et les éventuelles limitations motrices qu'il impose, de continuer ses progrès, soit par le jeu, soit par le dialogue, soit par de petits exercices intellectuels. Il sera toujours possible d'adapter à chaque cas de maladie d'enfant des exercices appropriés répondant à son besoin d'activité et d'acquisition.

B) *ADAPTATION*

a) *Durant la phase aiguë*

Parler d'adaptation à la maladie implique l'acceptation de la maladie et de ses séquelles, c'est-à-dire l'acceptation de la blessure narcissique qu'elle comporte, et le dépassement de conceptions comme celles de la maladie-sanction ou de la maladie-échec. Une foule de facteurs conditionnent l'adaptation du sujet à la maladie, comme elle conditionne d'ailleurs l'adaptation à toute situation. Personnalité et âge du sujet, culture et formation professionnelle, situation sociale et constellation familiale, nature médicale ou chirurgicale de la maladie, état aigu ou chronique. L'adaptation ne sera pas non plus la même aux différentes phases de la maladie. Si l'adaptation aux phases aiguës n'est souvent qu'un masque, parfois élégant, il n'en va plus tout à fait de même pour les phases longues, surtout lorsque celles-ci ne se situent plus dans des périodes dangereuses. C'est pourquoi on étudiera également l'adaptation du sujet à la convalescence, phase importante sur le chemin de la réinsertion sociale.

L'une des formes d'adaptation à la maladie consiste …à la nier. Plutôt que de s'exposer à l'échec, à la blessure narcissique que constitue la maladie et à l'angoisse qu'elle peut susciter, l'individu préfère contester la maladie, et surtout la cacher, comme si elle était toujours un peu honteuse. Il s'astreint à continuer son travail, s'exposant par sa faiblesse soit aux accidents du travail, soit aux erreurs pouvant compromettre sa situation. Il affichera une gaieté de mauvais aloi, voudra prouver son dynamisme, ne réussissant en fait qu'à aggraver son état, comme si la dénégation de la maladie le menait malgré tout à des comportements autopunitifs aussi graves que ceux de la réaction dépressive. Il faut évidemment que l'entourage du malade soit relativement indifférent, voire négligent pour pouvoir méconnaître son état. Il faut même admettre une certaine complicité dans la ou plutôt les peurs évoquées par la maladie. Il faut que le milieu souffre des mêmes représentations imaginaires que le malade pour ainsi mettre en œuvre les défenses les plus illusoires contre la maladie, dont la politique de l'autruche. Il existe d'autres formes de contestation de la maladie. Un chef d'entreprise, par exemple, cloué dans son lit par une affection aiguë, pourra fort bien ne rien céder de ses prérogatives et continuer à dicter ses décisions en exigeant des comptes rendus précis.

Ce n'est pas là un apanage de l'homme, car la maîtresse de maison malade, pourra malgré la maladie, exercer une tyrannie sur son entourage, réclamant ce dévouement accru que l'on doit aux malades.

Le médecin aura fort à faire dans de tels cas pour imposer sa volonté. Il devra user de son autorité, mais surtout découvrir derrière ces manifestations d'un dynamisme exubérant les traces de l'angoisse causale, ces sujets apparemment si sûrs d'eux-mêmes ont surtout le besoin constant de vérifier l'intégrité de leur pouvoir: la moindre faille, le moindre signe d'affaiblissement les précipite dans le désarroi. Ils s'effondrent comme un château de cartes et risquent de s'abandonner à une réaction dépressive grave, renforcée encore par l'attitude du milieu, enfin débarrassé de son tyran et tout prêt à lui décocher le coup de pied de l'âne. L'autorité du médecin aura l'avantage ici d'être rassurante et protectrice. Si le médecin apparaît comme un personnage suffisamment puissant, le malade lui cédera volontiers, sachant que ce même personnage puissant qui aura su lui imposer sa loi pourra également le réinvestir dans sa propre puissance lorsque le moment sera venu.

Les exemples précédents montrent surtout qu'une « adaptation », au sens de la préservation d'une insertion sociale est toujours illusoire durant la période aiguë. On y retrouve le sceau de la régression. La primauté absolue accordée aux soins ne laisse pas de place à une activité aussi astreignante que la profession. Il n'en sera plus de même passée la phase aiguë.

b) *La convalescence*

La convalescence est-elle une phase ultime de la maladie ou un dédommagement de cette dernière?

Le patient s'achemine vers la guérison. Les plaies se cicatrisent, la douleur s'estompe, les troubles métaboliques s'équilibrent, les séquelles se consolident. Le malade n'exige plus de soins. Mais il n'est pas encore en état de reprendre sa place habituelle dans la vie sociale. Une période de transition doit s'interposer entre l'état de maladie et l'état de guérison: c'est la période de convalescence. Elle peut fort bien se dérouler au domicile du malade. Il commence à sortir, à reprendre contact avec ses relations, exécute de menus travaux. Il rétablit progressivement un rythme de veille-sommeil adulte, alors que la maladie l'avait fait régresser à un rythme de nourrisson. Personne ne conteste la nécessité médicale d'une convalescence. Les feuilles de sortie de nombreux hôpitaux comportent même une rubrique à compléter par le médecin pour mentionner la durée approximative de la convalescence proposée, ainsi que la date présumée de la reprise du travail. La convalescence est un droit imprescriptible du malade. Mais s'agit-il bien d'un droit? Envisager sous cet angle la période qui se situe entre la maladie et la vie normale lui donne d'emblée un petit aspect juridique gros de tous les germes de la revendication. Il convient à tout moment de se rappeler que la convalescence n'est pas un droit au repos donné par la maladie, mais la dernière étape évolutive de la maladie elle-même, liée aux processus pathologiques, et non pas aux aspects sociaux de la régression. Une forme actuelle de la convalescence est le séjour en maison de repos qui peut prendre différentes dénominations: habituellement cure de repos, ou post-cure. La caractéristique de tels séjours est toujours de séparer le patient et du milieu familial et du milieu social pour le mettre en contact avec d'autres malades qui comme lui sont en train de franchir progressivement les derniers degrés qui les séparent de l'existence normale. C'est du moins là le rôle assigné officiellement par le médecin à ces cures. C'est souvent aussi la fonction qu'elles réalisent. Mais cela n'est pas toujours le cas. Il n'est pas rare de voir le malade revenir de sa cure sans amélioration. Parfois même, il y a aggravation.

Il devient nécessaire d'étudier les réactions du malade à la convalescence si l'on veut comprendre son mode d'action. On s'attachera surtout à l'étude des réactions intempestives qui entravent le progrès du patient et que le médecin doit tenter d'éviter. La convalescence et les cures de repos ne sont pas toujours considérées aussi logiquement qu'on aurait pu l'escompter. Il faut essayer de comprendre ce que la cure peut représenter pour les différentes personnes qu'elle concerne: le patient, sa famille et le médecin.

De la cure de repos aux congés supplémentaires.

On a vu déjà que la convalescence était parfois, sans aucune arrière-pensée, considérée comme un droit. « A combien de jours de repos ma maladie me donne-t-elle droit? » On perd de vue que la convalescence est une étape de la maladie pour en faire un congé supplémentaire devant dédommager des ennuis imposés par la maladie qui devient l'équivalent d'une fatigue, d'un effort imposé par l'activité professionnelle. Devant une telle attitude la réaction du médecin risque d'être celle du refus offusqué: il lui paraît incongru qu'on puisse chercher à tirer profit de la maladie. Or, un refus ne peut le plus souvent qu'affermir le malade dans sa revendication. Il sera tout prêt à déclarer qu'on n'a pas tenu compte de ses droits, qu'on lui a fait du tort. Il va, pour démontrer la légitimité de sa demande, renforcer ses symptômes, s'observer afin d'en découvrir de nouveaux, et sera rapidement convaincu qu'on le soigne mal, peut-être parce qu'on réserve les meilleurs soins à d'autres. L'amertume peut se borner à un ressassement morose des injustices subies. Mais parfois la revendication s'appuiera sur certaines instances destinées à « protéger » les malades contre les médecins. Si pour l'instant, dans la plupart des pays d'Europe, les choses se limitent au cycle des expertises, on voit poindre les conduites de revendication dirigées contre les médecins, et les attaques pour fautes professionnelles se multiplient. Tout ceci serait aisément évité si le médecin apprenait à entendre son malade.

La cure de repos est parfois un soulagement...
pour le médecin.

La cure de repos a, aux yeux de la famille, la même signification que pour le malade, celle d'une prime à la maladie. Tout le groupe familial participe parfois à cette véritable récompense et la cure de repos devient une occasion de vacances. Il n'est pas exceptionnel même de voir mari et femme demander ensemble une cure de repos qui devient manifestement un supplément aux congés payés. Quel est enfin, pour le médecin, la signification de la convalescence? Une telle question peut surprendre: le médecin sait que la convalescence est une phase de la maladie. Il faut néanmoins dénoncer une certaine tendance qui peut influencer la décision du médecin lorsqu'il prescrit une cure de repos. Il ne s'agit pas d'éventuels certificats de complaisance, ils sont plus rares que d'aucuns le prétendent dans le but de dénigrer l'ensemble du corps médical. C'est d'une autre signification, moins consciente celle-là, qu'il s'agit. Le départ en convalescence d'un malade difficile n'ayant pas évolué comme on l'avait souhaité, ne témoignant pas suffisamment de reconnaissance, constitue pour le médecin un véritable soulagement. Il prend parfois conscience qu'il souhaite le départ du malade, parfois aussi il provoque le départ en maison de repos sous certains prétextes rationalisés: changement d'air, changement de milieu, détente, séparation du milieu familial, etc. En réalité, il se débarrasse d'un malade qui constitue une source d'irritation, de mécontentement, voire de culpabilité.

Une confusion aux conséquences déplorables:
cures thermales et cures de repos.

Il est indispensable que la signification de la convalescence soit connue de tous, aussi bien des médecins que des
malades. Ceci aura l'avantage de supprimer les effets
intempestifs qui ont été signalés, en particulier les revendications. Ce ne sont malheureusement pas là les seuls
inconvénients de telles cures. Il ne s'agit pas ici de contester les avantages réels ni l'absolue nécessité d'une convalescence dans de nombreux cas. Ceci ne doit pas empêcher
de mettre en lumière les inconvénients des cures de repos
afin d'y porter remède en dénonçant certaines confusions.
Il faut distinguer d'abord cure thermale et cure de repos
aux fins de convalescence. La cure thermale au sujet de
laquelle on peut avoir des conceptions doctrinales différentes
est un acte thérapeutique, destiné à améliorer ou à guérir
une maladie en cours, même si cette maladie est de longue
durée ou chronique. Que ces cures thermales aient été
également considérées comme des vacances payées auxquelles participe la famille entière, qu'elles aient donné lieu
à des revendications est certain. Des mesures de contrôle
ont déjà été prises et il n'y a là qu'un problème secondaire.
Le plus souvent, surtout lorsque le traitement thermal est
astreignant, il n'y a pas de doute dans l'esprit du malade
qu'il s'agit bien d'un acte thérapeutique. Il est probable que
l'on pourrait, durant ces cures thermales, mettre en évidence
tous les signes de la régression habituellement constatée
lors de l'état de maladie. La conséquence en est qu'après
une cure thermale le médecin aura souvent la surprise
de s'entendre réclamer par son malade un congé de repos
qui, par pudeur, ne sera pas appelé convalescence, mais qui
dans l'esprit des malades assurerait les mêmes fonctions.
On est donc ramené au problème de la convalescence
stricto sensu. S'il a paru nécessaire de souligner la différence
entre cure thermale et cure de repos, bien qu'elle paraisse
évidente, c'est qu'aux yeux des instances sociales chargées
de l'attribution de ces cures, la différence n'est pas toujours
aussi nette qu'on le souhaiterait. On a parfois la surprise

lorsqu'on demande une cure de repos pour un malade sortant de l'hôpital, encore affaibli, d'obtenir des réponses dans le genre: « Il n'y a pas de place vacante en maison de repos. Le malade a été inscrit pour une convalescence dans trois mois ». Ceci implique qu'il reprendra son travail pendant trois mois après lesquels il effectuera sa convalescence. On voit combien des problèmes matériels comme celui du nombre de lits ou de places ont pu amener des prises de position administratives en opposition absolue avec le but recherché. Il apparaît à certains moments que la conception de la convalescence comme prime à la maladie ne vient pas d'une attitude revendicatrice du malade, mais d'une certaine rigidité administrative amenant à des dispositions ridicules. Si ce fait très peu psychologique en lui-même a été mentionné ici, c'est parce qu'il doit être connu et combattu si l'on veut éviter au malade toute une série de déceptions. Un médecin ne pouvant pas accepter que la convalescence d'une maladie survienne trois mois après une reprise du travail risque de paraître malveillant à l'égard du patient en manifestant sa désapprobation.

L'Univers des cures.

D'autres inconvénients de ces cures de repos sont liés à la psychologie des groupes qui se créent dans les établissements de convalescence. Les malades qui s'y rencontrent sont fréquemment désœuvrés et le climat est éminemment propice à une exacerbation des angoisses et des mythes suscités par l'état de maladie. Il n'est pas rare que les curistes redoublent de précautions, recherchent tous les moyens de prévention possible contre une rechute que rien ne permettrait objectivement de redouter. L'ambiance ainsi créée est un véritable bouillon de culture pour hypocondriaques. Arrivé convalescent, c'est-à-dire terminant une maladie réelle, le sujet risque de repartir malade imaginaire. Ce n'est là qu'un des dangers des plus évidents et par là même des plus faciles à éviter. Plus subtile est la constitution de groupes établissant des liens profonds, à peine conscients, entre leurs membres, même si ces liens se cachent parfois derrrière une hostilité apparente. Ces petites sociétés se développent conformément aux lois de la névrose familiale. Elles sont coupées en partie du monde réel, du monde du travail. Les convalescents peuvent avoir l'impression d'être rejetés, ils n'ont plus les mêmes raisons que le malade de ne pas participer aux activités sociales et bien qu'ils tiennent à leur cure de repos, ils se sentent brimés de voir différer leur réinsertion. Ces communautés n'étant qu'exceptionnellement mixtes, la séparation des partenaires sexuels favorise l'établissement de liens où l'homosexualité latente est l'un des moteurs les plus puissants sans jamais affleurer à la conscience du sujet. Les méfaits de cette véritable névrose de groupe sont d'une part l'aggravation de la désinsertion sociofamiliale et d'autre part, la création d'un état de besoin. Tout comme le toxicomane, le sujet contaminé par certaines ambiances de cure éprouve le besoin de s'y replonger périodiquement. Il n'est pas rare de rencontrer des malades ayant bénéficié successivement de plusieurs cures de repos pendant plusieurs années, et l'une des motivations profondes de ces demandes insistantes est à rechercher dans ces toxicomanies.

Ce ne sont certainement pas là les seuls problèmes posés par les cures de repos. Mais il en est un qu'il faut souligner pour terminer, c'est celui de l'alcoolisme. On donne à boire du vin aux convalescents, de même d'ailleurs qu'aux tuberculeux en sanatorium. Trop d'attitudes passionnelles sont liées aux problèmes de l'alcoolisme pour qu'il soit possible de l'aborder brièvement. Il est à peu près certain qu'il s'agit d'une monstruosité sur le plan de l'hygiène. Mais si une alcoolisation minime et associée aux repas peut être considérée comme une exigence nationale, il en va différemment de l'absence de contrôle qui permet aux convalescents de s'intoxiquer consciencieusement pour meubler leur oisiveté. On a vu que le convalescent sortait parfois malade imaginaire de sa cure de repos. Il peut en sortir alcoolique. Tous ces problèmes redoubleront d'acuité lorsque sera venu pour le sujet le moment de reprendre sa place dans le groupe familial et dans le milieu socioprofessionnel.

C) *READAPTATION*

**Les progrès de la médecine créent
une nouvelle catégorie de travailleurs:
le diminué physique.**

Les progrès de la médecine permettent à un nombre toujours croissant de malades de retrouver une capacité de travail. Mais cette capacité est souvent diminuée. On a créé, pour désigner cette nouvelle catégorie de travailleurs, le terme de « diminué physique ». La presse, et pas seulement la presse à sensation, publie fréquemment des confessions ou des biographies du style: « J'étais un alcoolique — j'étais une prostituée — je suis un oligophrène, » etc. On attend encore les aveux du lampiste amputé: « Je suis un diminué physique ». Une telle œuvre serait riche de révélations, mais il n'est pas certain que le monde ait envie de les connaître. Le médecin, lui, ne peut y échapper. De par sa fonction, il est voué aux « diminués physiques ». La dimension sociale de la fonction du médecin se développe prodigieusement, et avec elle la nécessité de sa formation psychologique. Le médecin sera notamment appelé à donner son avis à chaque niveau de la réorientation ou du reclassement professionnel.

**La « réhabilitation »
vise à réinsérer l'ancien malade.**

La reprise du travail pose des problèmes très différents selon que celui qui recommence à travailler est ou non diminué par rapport à sa capacité de travail antérieure. S'il n'y a pas de diminution physique, de séquelles irréversibles et fixées par la maladie, les problèmes sont infiniment plus simples et plus faciles à résoudre que dans le cas contraire. Il faudrait pouvoir entrer dans les détails de chaque cas. Les difficultés ne sont pas les mêmes selon qu'il s'agit de maladie ou d'accident. On ne pourra donc souligner ici que certains aspects très généraux de la reprise du travail en tenant essentiellement compte du facteur psychologique. Ce n'est pas la réadaptation pure et simple qui pose de tels problèmes, mais le reclassement professionnel, ou pour emprunter un terme exporté d'abord dans les pays anglo-saxons, puis réimporté en France après quelques modifications de sens: la réhabilitation. Dans les pays anglo-saxons ce terme signifie rendre à nouveau habile, c'est-à-dire rendre à nouveau apte à exercer sa profession. Mais en France, on ne peut pas éviter que ce terme comporte quelque réminiscence judiciaire. Il implique une déchéance préalable. La maladie devient donc l'équivalent d'un délit, voire d'un crime. Et il est vrai que les employeurs boudent aussi bien les diminués physiques que les délinquants qui sortent de prison. Selon qu'il s'agit d'amputés, d'affaiblis, d'aveugles, de sourds, les problèmes seront différents. Mais quel que soit l'état de l'ancien malade, il exigera habituellement, au moins au début, un travail léger. Selon les théories sociales en vigueur, ce travail moindre entraîne une perte de salaire que doit compenser une rente d'invalidité partielle. On évite d'approfondir la notion de travail léger. Lorsqu'on y regarde de près, on découvre que ces emplois privilégiés sont davantage inspirés par la charité que par la nécessité. Ou alors on charge celui à qui est octroyé un travail léger de toutes les corvées fastidieuses, souvent plus pénibles qu'un travail normal: courses et livraisons diverses, nettoyage, manutention, etc., toutes ces occupations subalternes continuant à maintenir l'ancien malade en dehors du groupe des travailleurs.

D'autres problèmes naissent lorsque après une absence assez longue un ouvrier ou un employé désire reprendre son ancienne place. Un conflit avec le remplaçant est inévitable. Soit qu'on déplace le remplaçant, soit qu'on déplace le premier occupant, l'un d'eux se sentira brimé au profit de l'autre. Le milieu du travail n'est pas non plus habitué à faciliter le retour de l'ancien malade qui va se trouver en butte à des moqueries, à des appréciations péjoratives sur son rendement, à des allusions blessantes à sa maladie ou au comportement de sa famille durant son absence. Plus d'une réaction dépressive, voire délirante, a pu être constatée après une reprise du travail dans de mauvaises conditions d'ambiance: le sujet reclassé se sent inférieur aux autres ou persécuté par eux.

Mais elle ne va pas toujours sans grincements
qui entraînent déchéance sociale
et troubles psychiques.

Toutes ces difficultés viennent aggraver la désadaptation
déjà amorcée par les différentes étapes de la maladie.
Le malade était coupé de son entourage professionnel
habituel, à son retour cet entourage paraît le rejeter.
Les tendances revendicatrices sont renforcées: toutes les
conditions à l'éclosion d'une névrose de rente se trouvent
réunies. Le plus souvent les exigences de ce sujet ne pourront pas être satisfaites. Il deviendra un individu aigri,
convaincu qu'il est victime d'une injustice. Son amertume
peut prendre un aspect passionnel qui le mène à négliger
ses intérêts réels les plus immédiats au profit de son désir de
justice. Rejeté par ses camarades de travail, obstiné dans
ses exigences, il refusera toute proposition de reclassement,
car il aura chaque fois la sensation d'être lésé dans ses
droits. La déchéance sociale le guette, son caractère aigri
lui aliène toutes les sympathies, même les membres de sa
famille l'abandonnent. L'alcoolisme vient encore accélérer
cette décadence. Ce tableau mélodramatique n'est évidemment pas celui qui se réalise le plus souvent, sans pour cela
être une création imaginaire. Il a l'avantage de souligner
la plupart des difficultés auxquelles se heurte le reclassement social. Ces difficultés posent des problèmes qui sont
loin d'être résolus. L'insuffisance de l'articulation médico-
sociale est flagrante. Le prolongement indispensable de toute
psychologie médicale qui se veut efficace est la prise en
considération de tels problèmes psychosociologiques. On ne
peut ici que dresser un bilan négatif dans l'espoir que la
connaissance des lacunes permettra plus rapidement de les
combler. Actuellement, le nombre des travailleurs sociaux
est trop faible et la promotion de ceux qui ont une formation suffisante à cet aspect du « case-work » qu'est le
reclassement professionnel est dérisoire. Les mesures prises
par les pouvoirs publics pour résoudre ces problèmes sont
encore trop souvent d'application difficile et incomplète.

D) *COMPENSATION ET SURCOMPENSATION*

La réadaptation dont il a été question jusqu'à présent concernait la reprise par l'ancien malade de sa place dans le groupe. Il s'agissait surtout de problèmes demandant l'intervention soit de travailleurs sociaux, soit des pouvoirs publics. Le médecin ne peut plus agir seul à pareille échelle. Il ne peut qu'être le conseiller disposant d'équipes de travail. L'inévitable danger lié aux grandes concentrations humaines: la perte du contact inter-individuel, ne pourra pas toujours être évité. Il faut revenir au niveau du sujet qui reprend sa place dans le groupe social pour découvrir de nouvelles réactions dont il n'a pas été question jusqu'à présent, mais qui doivent être connues du médecin. Il s'agit des réactions de compensation et de surcompensation. Ce sont des comportements inspirés au sujet par le désir de faire oublier sa maladie. Ces comportements se situent à la limite de la névrose, et parfois la franchissent. Loin de dégager l'individu de ses séquelles ou de ses infirmités, ils les renforcent à ses yeux. Sa conduite n'est plus libre, il perd toute disponibilité, il est fasciné par son état, il en souffre. Le médecin doit comprendre cette souffrance qui porte en elle sa propre dénégation. Ce sujet qui veut absolument paraître normal ne concédera jamais qu'il lutte pour le paraître. Il appartient pourtant au médecin de le soulager et de l'aider dans ses efforts.

Certains malades « compensent »,
par un surcroît de travail,
l'infirmité dont ils ont honte.

La réaction de compensation consiste surtout à faire oublier l'infirmité ou le déficit physique. On retrouve ici un mécanisme déjà rencontré. L'ancien malade qui souffre des séquelles de sa maladie est-il un diminué ou a-t-il une infirmité? C'est-à-dire est-il diminué dans tout son être, dans toute sa personnalité ou bien l'infirmité est-elle un parasite, un corps étranger qui tout en le handicapant ne fait pas partie de lui-même, ne diminue en rien sa valeur intrinsèque? Lorsque surgit une tendance à la compensation le sujet juge que l'infirmité est dévalorisante sur le plan personnel. Il fait corps avec elle et pour la faire passer inaperçue, il faut que lui-même s'efface. Il faut être comme les autres et l'infirme n'est plus comme les autres. Il est moins que les autres. Pour supporter une telle représentation de soi, il faut amener les autres, le groupe, à une attitude de rassurement perpétuel. Il faut qu'à chaque instant on puisse éprouver que le groupe vous juge normal. Sur le plan du travail, les réactions de compensation entraînent une augmentation du rendement, un accroissement de l'efficacité. L'infirmité ne permet pas toujours de se maintenir par exemple au niveau de la productivité des autres. Pour y atteindre, il va falloir créer des méthodes de travail nouvelles, adaptées au but poursuivi. Ces sujets passent rapidement maîtres dans l'organisation du travail et il est probable qu'on découvrirait, dans l'histoire des techniques et dans l'étude des gestes du travail, d'efficaces perfectionnements introduits par des « diminués physiques ». La relation qui peut exister entre ces personnes et leur travail n'est certainement pas banale. Le travail ne devient plus seulement le moyen de gagner sa vie, il devient une fin en soi. Sa réussite est la condition nécessaire à la vie. Il se produit une véritable obsessionalisation. Le travail devient une préoccupation permanente. Le moindre détail est examiné, repensé avec minutie. Cette conduite, lorsqu'elle est couronnée de succès, entraîne une véritable passion, une érotisation du travail. Le but recherché est fréquemment atteint. Ces personnes sont des employés modèles qui, bien entendu, ne se font pas oublier, mais réussissent à faire passer totalement inaperçue leur infirmité, voire à la faire ignorer. Comme ces sujets ne sont jamais entièrement sûrs d'avoir réussi, ils sont parfois portés à croire que leur entourage et que l'employeur sont particulièrement bienveillants à leur égard. Ils se sentent liés par la reconnaissance et une note de dévouement masochiste peut apparaître en même temps que s'ébauche une relation maître-esclave entre patron et employé infirme. Cette même ambivalence peut se retrouver dans les relations familiales de l'infirme.

Au-delà de la compensation,
la surcompensation devient un véritable exhibitionnisme
de l'infirmité.

Il arrive que la réaction de compensation soit dépassée. Le sujet ne désire plus passer inaperçu en faisant comme les autres. Il désire au contraire, se faire remarquer en faisant mieux que les autres. C'est à une telle attitude qu'on peut appliquer le terme de surcompensation dont l'usage n'est pas absolument défini. Cette surcompensation peut prendre différentes formes, soit qu'il s'agisse de réussir mieux que les autres, soit qu'il s'agisse de réussir mieux justement dans le domaine marqué par l'infirmité. On conçoit que les déboires sont fréquents dans une telle recherche. Chaque médecin trouvera aisément dans ses souvenirs des exemples caractéristiques. Une jeune fille était hospitalisée pour, d'une part des crises d'asthme, d'autre part une maladie de Friedreich. En établissant sa biographie, on découvrit qu'elle avait tout d'abord voulu être chanteuse, puis danseuse. L'asthme avait évidemment rendu impossible la première de ces vocations et le Friedreich la seconde. Les cours de diction et les écoles de comédiens sont envahis par les bègues et les porteurs de toutes sortes de troubles de la parole. On a vu également des malades atteints de choréoathétose ou de malformations vouloir monter sur les planches. Certains d'ailleurs ont réussi dans des professions pour lesquelles ils n'étaient apparemment pas faits. Chacun connaît de grands comédiens affligés qui d'une gibbosité, qui d'une laideur particulière, qui de séquelles d'aphasie. Dans le domaine du sport, il n'est pas exceptionnel non plus de découvrir des réactions de surcompensation. C'est surtout dans les sports d'adresse et en particulier dans les différentes formes de tir que les prouesses d'infirmes viennent surcompenser une virilité peut-être difficile à exercer. La compensation et la surcompensation traduisent souvent le sentiment de dévalorisation virile des infirmes. On veut se rassurer sur sa propre valeur, non seulement en réalisant mieux que les autres son travail professionnel, mais aussi en ayant plus de succès auprès de l'autre sexe. L'une des formes de la surcompensation devient ainsi le donjuanisme ou la nymphomanie. De tels exemples d'infirmes à la carrière amoureuse très chargée sont bien connus tant dans la littérature et l'histoire que dans la réalité. Aussi bien dans la compétition sexuelle que dans le travail professionnel, les échecs de la surcompensation sont plus fréquents que les succès. L'expertise des délinquants sexuels montre la relative fréquence parmi eux d'infirmes: sourds-muets, amputés, épileptiques, etc. Il n'est pas rare qu'un examen approfondi mette en évidence la surcompensation. Un jeune exhibitionniste sourd disait: « Elles se moquent de moi parce que je suis sourd, mais elles veulent toutes venir voir mon pénis quand je m'exhibe ».

Parfois pourtant
elle permet à une sublimation de réussir.

La composante névrotique de la surcompensation est évidente. La mauvaise appréciation de la réalité entraîne de fréquents échecs. Il convient pourtant de mentionner une forme de surcompensation qui permet au sujet de dépasser le conflit névrotique créé par l'infirmité: c'est le cas de ceux qui, victimes d'une maladie ou d'une infirmité, dépassent leurs propres limitations et aident ceux qui souffrent du même état qu'eux. C'est ainsi que Louis Braille, aveugle lui-même, inventa l'écriture pour aveugles qui s'est avérée si efficace. C'est le cas aussi de certaines vocations ou certaines orientations médicales, comme par exemple celui d'étudiants atteints de tuberculose et devenant phtisiologues. Le point le plus important mis en évidence par ces surcompensations réussies, véritables sublimations, est la connaissance psychologique de certaines infirmités qui permet d'aider plus efficacement ceux qui en souffrent.

E) *LA FIN DU TRAVAIL*

La vie humaine est centrée sur le travail, comme si ce dernier ne devait jamais s'arrêter. Il est pourtant des circonstances où le travail cesse. Qu'advient-il alors de l'homme? On peut rapporter ici l'enseignement d'une expérience clinique. Dans le but d'obtenir une information aussi complète que possible sur la personnalité du malade, il avait été demandé à quelques services hospitaliers de réserver, dans les observations, un chapitre aux activités extraprofessionnelles et aux loisirs. Les activités extraprofessionnelles se révélèrent être habituellement une deuxième profession, par exemple l'employé de chemin de fer qui, rentré chez lui, cultive quelques ares de céréales ou conduit le tracteur de la coopérative agricole. Quant aux loisirs, ils s'avérèrent inexistants dans l'écrasante majorité des cas. La découverte des « loisirs » n'est pas très ancienne. A une époque où la semaine de travail durait 60 heures et plus, il n'était pas question de faire autre chose en dehors du travail que dormir. L'automation, l'augmentation du rendement, la saturation des marchés entraîneront inévitablement une réduction des heures de travail. L'être humain devra apprendre à ne plus être exclusivement l'homme productif. Or, il semble particulièrement mal préparé à cette phase du « ne plus rien faire ». Il suffit de voir le sort qu'il réserve à ceux que leur âge élimine du monde du travail. Après avoir offert au retraité ou au pensionné une montre ou un fauteuil, symboles de ce qui lui reste à faire, on l'oublie. Charge pour sa famille, le vieillard est placé dans des asiles où il attend la mort, la hâtant parfois par son suicide. Il y aurait là un exemple à étudier de cette « efficacité symbolique » signalée dans la mort « vaudou ». L'homme condamné par le sorcier vit dans un monde pour lequel il est mort. Et ce mort en sursis ne peut plus que mourir. Il en va de même du vieillard dans les sociétés occidentales.

La solution n'est pas chose facile. Tout au long de ce chapitre on a vu l'incidence de problèmes sociaux ou psychosociaux. Ils suscitent chez le médecin un sentiment de lassitude ou de désintérêt. Mais s'il se détourne ainsi de ces problèmes, c'est surtout en raison de son impuissance ou de son incompétence. Pourtant si le rôle du médecin est de protéger la vie, il lui faudra s'engager dans toutes ces situations.

La médecine sociale
est appelée à un développement considérable...

L'aliénation radicale de l'homme dans la production-consommation est la plus grave des menaces qui pèsent sur l'existence humaine. Esclave de toutes les propagandes politiques et des slogans publicitaires, l'homme se voit proposer une caricature de lui-même à laquelle il s'identifie. Si jamais perdre son âme ou son ombre ont eu un sens, c'est dans la condition imposée à l'homme par la civilisation qu'on pourrait qualifier de civilisation du représentant. Représentant de commerce, mais représentant aussi en modèle de vie, en idéal du moi pour reprendre l'expression freudienne. Jusque dans ses plaisirs, l'homme est soumis aux impératifs de produire-consommer-imiter. Il est dépossédé de son intimité la plus radicale, de sa jouissance même, par une presse orchestrée qui lui révèle la supériorité de la jouissance de l'autre sur la sienne propre, et qui en même temps l'incite à acheter les instruments, produits en série, de cette jouissance.

La maladie mentale était jusqu'à présent reconnue comme une aliénation du sujet à telle partie de son passé. Une maladie nouvelle est en train de se créer, maladie sociale, où l'individu s'aliène par identification à un idéal stéréotypé. Etre soi-même, avoir sa propre personnalité différenciée devient une menace pour la société. On finit par se sentir coupable de cette différence, on devient névrosé d'être soi-même. Chaque être humain devient un territoire à conquérir par l'industrie, et c'est cette néo-colonisation qui vient constituer cette sociopathie contemporaine.

...à condition que
le médecin accepte les engagements
qu'elle implique.

Plutôt que de lui trouver un nom, il appartient au médecin aussi longtemps qu'il saura résister aux pressions qui voudraient en faire un instrument de cette civilisation nouvelle, de dénoncer cette menace qui veut transformer la vie de l'homme en une série de besoins artificiels que la production pourra à la fois créer et satisfaire. Satisfaire des besoins n'est pas vivre, mais survivre. La fonction du médecin étant de préserver la vie humaine, il ne fera qu'obéir à sa vocation en luttant pour qu'elle ne se réduise pas à une survie.

Chapitre 6

LE CERCLE DE FAMILLE

Si le milieu professionnel et le groupe social en général ont tôt fait d'oublier le malade, il n'en va pas de même de l'entourage immédiat. Le malade est maintenu au sein de sa famille et retrouve avec elle une intimité que ses activités professionnelles et ses obligations sociales avaient en partie supplantée. En même temps, cette famille va assister à toutes les phases de la maladie, va participer au suspense créé par les éventuelles complications ou les hésitations médicales, elle partagera les angoisses du malade et sympathisera avec lui, au sens étymologique du terme.

A) *REACTIONS GENERALES DU GROUPE FAMILIAL*

Le malade devient le centre d'intérêt principal.

La réaction la plus générale, la plus traditionnelle et de ce fait, la plus conventionnelle aussi, est la concentration de l'intérêt sur le malade. Ce dernier impose à son entourage toute une série de charges nouvelles. Celles-ci, dans les cas bénins, peuvent se limiter à l'application du traitement et à la prise de la température. Mais fréquemment, il s'agira d'introduire des règles d'hygiène plus ou moins complexes comme un régime alimentaire. Un tel régime, qu'il soit sans sel, sans graisse ou sans sucre, perturbe profondément la routine culinaire et pour peu que l'on ait affaire à un milieu ou à une maîtresse de maison particulièrement méticuleuse, voire légèrement obsessionnelle, le régime sera appliqué de façon excessivement scrupuleuse et sa rigidité pourra même dépasser les intentions médicales.

Ce qui entraîne parfois un excès de soins.

Cette façon d'appliquer les prescriptions crée une atmosphère de contrainte pénible, aussi bien pour le malade que pour son entourage, dont le médecin sera souvent tenu pour responsable. Il faut souligner dès à présent qu'il y a là une véritable surenchère de la participation thérapeutique familiale, qui traduit de la part de certaines personnes de l'entourage un goût immodéré pour le traitement des malades. C'est dans les relations familiales antérieures qu'il faudra retrouver la signification de cette tendance, car elle est loin d'être sans importance dans les relations nouées autour du malade.

Le malade est dépossédé de son corps,...

D'autres réactions doivent être connues du médecin. Dans certains cas graves ou lorsque le malade est très abattu ou fatigué, il n'est plus capable d'assumer lui-même ses soins corporels. L'entourage prend en charge jusqu'à la toilette ou le contrôle des évacuations. De tels soins ne présentent peut-être pas de difficultés particulières lorsqu'il s'agit d'un enfant (mais ils favorisent la régression). Par contre, lorsqu'il s'agit d'un adulte, ces tâches peuvent susciter des réactions affectives profondes. On est amené à surmonter sa propre pudeur, voire ses craintes ou ses dégoûts, et surtout la pudeur du malade qui peut se sentir très amoindri d'avoir à s'abandonner aux mains de sa famille.

...et parfois de son esprit.

Il va parfois être nécessaire également non seulement de s'occuper du corps du malade, mais encore de protéger son esprit. Il va falloir lui « éviter les émotions ». La pathologie de l'émotion est loin d'être entièrement connue sur le plan médical. A plus forte raison va-t-elle échapper au milieu familial qui, comme chaque fois que l'on se trouve devant l'inconnu, réagira en compensant l'ignorance par l'imagination. On débouche une fois de plus sur le fond mythologique. Si l'évitement des émotions est tout à fait légitime chez un cardiaque par exemple, il devient plus hypothétique dans d'autres affections et notamment durant la grossesse. On sait la tendance de nombreuses personnes à imputer à une émotion durant la grossesse toutes les difficultés ultérieures de l'enfant. On comprend également les motifs: il s'agit de ramener à une origine extérieure une situation dont on se sent vaguement coupable. En outre, le souci d'éviter les émotions risque d'entraîner une atmosphère de cachotterie, infiniment plus néfaste pour le malade qui peut penser qu'on lui cache quelque chose concernant son état. On aura donc atteint exactement le résultat opposé à celui qu'on recherchait.

Un corollaire de la concentration de l'intérêt sur le malade est le désintérêt pour les occupations habituelles. Les obligations professionnelles sont bâclées, les soins apportés au ménage ou aux autres membres de la famille sont négligés, on sacrifie tout pour le malade, ce qui s'exprime souvent par cette invitation adressée au médecin: « N'hésitez pas à prescrire des médicaments, même s'ils ne sont pas remboursés par la Sécurité Sociale. »

L'excès de précautions
finit par rendre le malade intolérable.

Une telle situation ne peut pas être tolérée bien longtemps, et c'est alors qu'on verra apparaître un renversement des attitudes. On commence à trouver que la maladie dure trop longtemps, que le malade se laisse aller, qu'il ne fait pas tous les efforts possibles pour guérir plus vite. On s'en prend également au médecin. Et lorsque l'espoir d'une guérison s'amenuise, on demande à Dieu d'abréger les souffrances du patient. Si les prières tardent à être exaucées, on se tournera vers le médecin pour lui reprocher de torturer le malade, de lui infliger des traitements douloureux et pénibles alors qu'il vaudrait mieux le laisser mourir en paix. C'est dans de telles conditions que l'on pose parfois la question de l'euthanasie, mais une telle question ne saurait embarrasser le médecin.

Certaines des réactions qui viennent d'être décrites ont un caractère outrancier. Elles dépassent la saine logique ou le simple bon-sens et révèlent des tendances méconnues, des relations qui, sans la maladie, seraient restées latentes. Des conflits et des tensions apparaissent, faisant éclater au jour le drame de certaines structures familiales. Devant la fréquence de telles relations, le médecin est obligé de reconnaître l'importance de cette pathologie particulière que l'on a appelée la névrose familiale.

B) *LA NEVROSE FAMILIALE*

Devenir adulte est la tâche imposée à l'homme, mais il ne s'agit pas d'un but précis. Pour être adulte, il ne suffit pas d'être capable de telle performance bien délimitée, de gagner de l'argent, d'engendrer des enfants. Il y a cent façons ou plutôt cent degrés divers d'être adulte. Etre adulte n'est jamais qu'être plus ou moins adulte. Il ne s'agit pas d'un tout ou rien, mais d'une distance parcourue qui peut être plus ou moins grande pour chacun. Cette distance est celle qui sépare l'homme de l'enfant et qui se mesure à l'autonomie, à l'indépendance affective et morale atteinte par l'être humain. L'adulte est celui dont le jugement ou la conscience ne dépendent plus d'un quelconque satisfecit accordé par un parent ou une autorité substituée. Il est aussi celui qui ne se leurre pas de ces vains espoirs créés par le mythe d'un univers bienveillant, soucieux d'apporter à chaque individu ce dont il pourrait un jour avoir besoin. Le melon n'est pas divisé en côtes pour être mangé en famille, et l'appareil génital de l'homme n'est pas la clef unique d'une unique serrure femelle qui grandit quelque part et dont la providence assurera la rencontre.

La névrose familiale crée un véritable micro-climat préservant un monde de l'enfance.

Les attraits de ce monde imaginaire, Disneyland pour adultes, dont il s'agit de se dégager, sont autrement puissants qu'une désespérante vérité et l'on conçoit que l'on n'y accède jamais tout à fait. Ce développement complet n'est d'ailleurs lui-même qu'une de ces illusions qu'il faudra abandonner en cours de route. Devenir adulte ne se superpose donc nullement à un quelconque fantasme de devenir plus fort, plus grand, plus aimé, plus puissant. Devenir adulte, c'est peut-être renoncer à ce plus, et admettre qu'il y aura toujours un moins, un vide qui ne sera pas comblé, une limite qui ne sera pas franchie. Ce vide, cette limite marquent la place de l'autre, mais d'un autre qui ne serait plus un substitut parental. On pourrait, très schématiquement, décrire les types de dépendance de l'enfant par rapport aux parents comme parasitaire (pour le bébé ou le petit enfant) ou autoritaire (pour le grand enfant ou l'adolescent). Il s'agit toujours d'une relation hiérarchisée, avec un supérieur et un subalterne, et cette relation est étayée par le besoin vital qu'a le subalterne, l'enfant, des supérieurs, les parents. Chez l'adulte, les relations sont devenues égalitaires. Elles résultent d'un choix bilatéral, elles peuvent être rompues, remplacées. Elles ne sont plus de l'ordre du besoin naturel, mais du choix culturel.

Cet infantilisme est la source la plus fréquente des conflits conjugaux.

L'évolution habituelle du sujet se situe quelque part entre ces deux extrêmes. L'enfant, les aspirations infantiles, ne disparaissent jamais tout à fait. Car le monde de l'enfance, pour hiérarchisé qu'il soit, comporte tant de compensations qu'on ne l'abandonne qu'à regret. Et les relations établies par l'enfant devenu grand resteront marquées de la nostalgie d'un monde de sécurité et de tendresse. L'enfant devient grand, se marie, fonde un foyer. Et les interminables difficultés des couples sont dues le plus souvent à cette confusion des deux mondes: celui de l'adulte et celui de l'enfant. On attend de l'épouse qu'elle soit un peu maternelle, de l'époux qu'il soit à l'image du père. Et ces images que l'on veut imposer à l'autre sont ressenties comme des gabarits qui limitent le développement de sa personnalité. La vie en couple s'apprend. Beaucoup de médecins, d'ailleurs, s'occupent de tels enseignements, organisés par des « écoles de mariage » de différentes tendances. Trop souvent, de belles âmes dépensent des trésors de bonne volonté là où la moindre formation psychologique eut mieux fait. Cette formation devrait commencer par interroger sur les motifs de ces dévouements à la bonne marche des autres couples...

L'apprentissage de la vie en couple ne réussit pas toujours. Parfois, le divorce vient mettre fin aux hostilités. Mais pas toujours. Non pas que les protagonistes, liés comme le rappelle le « No hay quien nos desate ? » des Caprichos, continuent à s'entredéchirer, mais qu'au contraire, ils y trouvent leur compte. Que chacun trouve dans le couple la satisfaction, évidemment inconsciente, d'une aspiration infantile: ainsi seront créées les conditions de la névrose familiale. Les relations entre époux sont calquées sur les relations vécues dans l'enfance, et pour chacun des conjoints la recherche se poursuit d'un autre qui prendrait la place de l'objet qu'on n'accepte pas d'avoir définitivement perdu. Cette névrose familiale va être la mise en scène d'une répétition de l'enfance. Ceci implique la nécessité d'une protection à l'égard du groupe social et la constitution de liens bien particuliers à l'intérieur du cercle névrotique.

Le monde de l'enfance ne se protège
qu'au prix d'une ségrégation.

La famille névrotique se constitue dans une isolation par rapport au groupe. Elle s'enferme dans un cercle magique, véritable château fort imaginaire qui délimite un dedans et un dehors. Les gens du dehors sont différents de ceux du dedans, et il n'est pas exceptionnel de rencontrer des personnes suffisamment conscientes de leur appartenance à un tel cercle familial, pour reconnaître qu'elles emploient des termes différents pour désigner les encerclés et ceux de l'extérieur. Si le plus souvent, on se contente de parler des « autres » et de « nous », on peut rencontrer d'autres désignations. C'est ainsi qu'un malade avait pris l'habitude dans l'enfance avec ses frères et sœurs, de désigner le milieu extérieur au groupe familial par les « vraies gens ». On pourrait multiplier les signes de différenciation créés par la névrose familiale pour distinguer ceux qu'elle concerne. Cette différence n'est pas purement formelle. Elle implique une différence de valeur morale, l'intérieur du cercle magique étant reconnu comme bon et l'extérieur comme mauvais. D'où une double morale qui se résume en « fais aux autres ce que tu ne ferais pas aux tiens ».

Les « autres » sont différents.

Il ne s'agit pourtant pas dans cette double morale d'une quelconque hypocrisie ou d'une agressivité à l'égard d'autrui. Il s'agit simplement d'une attitude névrotique qui, par le sentiment d'infériorité qu'elle entraîne, amène le sujet à se sentir menacé par les autres. C'est donc, dans son esprit, par un juste retour des choses qu'il adoptera une attitude revendicatrice ou vindicative. Il est bien rare d'ailleurs que cette attitude se traduise par un comportement actif.

Ils sont méchants.

Le plus souvent on se contentera très passivement de se réjouir du malheur des autres. Cette « Schadenfreude » est très caractéristique de la névrose familiale et elle contribue largement à approfondir la séparation avec le monde ambiant.

Il faut se cacher d'eux.

Inversement, s'il arrive un malheur quelconque à l'un des membres d'une telle famille, l'hostilité à l'égard de l'entourage augmentera, car elle prêtera à cet entourage cette même Schadenfreude dont elle était coutumière. Pour éviter d'offrir ce genre de satisfactions aux « ennemis », il s'agira de cacher ce qui se passe dans la famille. Le souci du secret est une autre caractéristique importante de la névrose familiale. D'où le dicton: laver son linge sale en famille.

Les relations à l'intérieur du cercle sont loin d'être simples. On a vu que c'est la persistance de liens infantiles, ou visant à reconstituer des situations de l'enfance, qui président à la constitution de névroses familiales. D'autre part, le confinement à l'intérieur du cercle magique renforce l'intimité des liens. On est aux petits soins l'un pour l'autre, soucieux de satisfaire les moindres désirs et même de les prévenir. La plus légère plainte déclenche commentaires, préoccupations et soucis, et l'on assiste ainsi à une dramatisation, à une amplification des plus minimes difficultés.

Il serait artificiel de croire que toute l'agressivité est réservée à ceux qui se trouvent hors du cercle et toute l'affection à l'intérieur. Dans la mesure même où les liens entre les membres du groupe sont une répétition ou un prolongement des relations infantiles, elles ne peuvent pas être exclusivement tendres ou cordiales. Elles sont obligatoirement ambivalentes et l'hostilité dirigée contre l'extérieur est en partie liée à une tentative de déplacement de l'agressivité ressentie à l'égard des membres du groupe eux-mêmes. La surenchère du dévouement en cas de maladie n'est donc pas seulement liée au sentiment positif à l'égard du malade. Elle constitue également une dénégation des sentiments hostiles bien réellement présents.

Le médecin
fait partie de ces « autres ».

C'est justement en raison des cas de maladie qu'il était nécessaire d'exposer certains mécanismes de la névrose familiale. Le médecin comprendra mieux ainsi les réactions de certaines familles à son égard. Tout ce qui vient d'être dit y trouve son application. Le médecin, comme personnage extérieur au groupe est tout désigné pour susciter sa méfiance qui peut se traduire par le recours à un second médecin à l'insu du premier dans un but de vérification ou de recherches d'arguments supplémentaires à la méfiance dans d'éventuelles contradictions entre les deux médecins. Ce qui a été dit plus haut du « secret de famille » va également rendre plus difficile la tâche du médecin à qui on cachera plus farouchement que jamais d'éventuels antécédents pathologiques considérés comme honteux ou comme susceptibles d'engendrer la Schadenfreude. Enfin, les réactions d'hyperprotection du malade vont se donner libre cours pour faire place bien souvent, en fonction de l'ambivalence des sentiments, à cette hostilité profonde qui fait souhaiter par tous les moyens la fin des souffrances du malade, sous forme de solution finale et définitive de ses maux ou de ceux que par identification, forme usuelle de lien dans la névrose familiale, on éprouve pour lui.

C) *RÉACTION PARTICULIÈRE SELON LE MALADE*

Il s'est agi jusqu'à présent du comportement familial en présence de n'importe quel malade. On peut pousser plus loin l'étude de ces réactions en tenant compte cette fois de la place particulière du malade au sein de la famille, en se bornant, bien entendu, à ses constituants habituels, à savoir père, mère et enfants. Ces réactions spéciales dépendent de deux sources essentielles, d'une part la nature des liens affectifs existant entre le malade et les autres membres de la famille et d'autre part, les perturbations matérielles créées au sein du groupe familial par la maladie.

a) *Réactions à la maladie du père:*
Changements matériels.

Le père est l'agent de relation avec le groupe social dans son ensemble, et surtout, c'est sur lui que repose la charge de subvenir matériellement aux besoins du ménage. Ce schéma est peut-être moins exact qu'il ne l'était autrefois, grâce aux acquisitions sociales. Avant l'existence d'un système d'Assurances Sociales valables, la maladie du père représentait la ruine et la misère d'un foyer. Actuellement, une telle maladie entraîne une réduction importante des gains, mais non plus leur suppression. Les conséquences de l'amoindrissement budgétaire peuvent être très nombreuses. Une personne qui jusque-là ne se livrait pas à une occupation rémunérée peut être obligée de travailler, par exemple la mère ou un enfant en cours d'apprentissage ou d'études. Ce n'est évidemment qu'en cas de maladie prolongée que des réorganisations aussi importantes du foyer peuvent devenir nécessaires. Sans perturber aussi gravement l'équilibre familial, la maladie du père peut néanmoins modifier considérablement l'atmosphère de la maison. L'emploi du temps peut être bouleversé, le rythme qui marquait l'alternance des heures de travail et de repos n'est plus aussi net. Les loisirs également sont désorganisés, soit qu'auparavant le père s'en occupait, soit que sa maladie empêche de poursuivre les distractions habituelles. Tout ceci détermine un ensemble d'actions et de réactions en chaîne dont le retentissement peut être très profond. Parfois aussi, et il est bon de ne pas méconnaître cette possibilité, les conséquences de la maladie semblent presque favorables. L'affection peut ne pas être grave et ne pas créer d'inquiétude profonde. Dans ces conditions, la maladie du père ne constitue plus un événement pénible. Sa présence au foyer crée une ambiance de vacances. Il peut s'occuper, se livrer à de petits travaux, mais surtout, étant donné que son état ne lui permet pas de se fatiguer, il recherche des distractions, des jeux et l'inévitable régression due à la maladie entraîne une régression collective de tout le milieu familial.

Changements affectifs.

Il s'est agi jusqu'à présent de réactions du groupe familial à des problèmes d'ordre surtout matériel, liés à la présence ou à l'absence, à l'accomplissement ou au non-accomplissement de tâches professionnelles ou sociales. Mais l'état de maladie entraîne des modifications plus subtiles dans les relations interindividuelles préexistantes. On peut s'attendre à ce que la maladie du père de famille perturbe, ou tout au moins transforme, les relations avec la mère de famille. Pour elle, la maladie du mari entraîne une modification nouvelle: les relations sexuelles sont compromises par la maladie. Ou bien elles sont totalement interrompues ou au moins diminuées. Pour cette raison entre autres, il est bien rare qu'une femme ne réagisse pas à la maladie de son mari. Il convient d'étudier d'abord la réaction qui paraît la plus logique, la plus compréhensible, la plus féminine. Et on verra au cours de la description se profiler, se dessiner une autre réaction point par point opposée à la première, et qui méritera ensuite de retenir l'attention.

Comportement de la femme « féminine».

C'est tout d'abord un sentiment de malaise difficilement explicable, difficilement exprimable même. Mélange de crainte et d'angoisse, de mauvaise humeur. La femme elle-même se plaint de se laisser aller à des crises de larmes incoercibles, non justifiées par l'état du malade qui peut fort bien ne pas être inquiétant, ni par les difficultés matérielles. On ne peut même pas évoquer une éventuelle frustration sexuelle, car très souvent on aura la surprise, si l'on sait obtenir des informations suffisantes, de constater que justement à ce moment, la femme refuse les rapports avec son mari malade. Ce sont de véritables réactions de dégoût qui se font jour, entraînant un comportement franchement hostile, méchant. Tout l'entourage souffre de telles réactions, mais c'est essentiellement le malade qui est visé. On lui cherche querelle. Tout ce qu'il affirme est systématiquement contredit. Toutes les demandes sont refusées, même les plus légitimes. Non seulement les rapports sexuels, mais les désirs les plus anodins, les plus impersonnels: obtenir un livre, une boisson fraîche, une modification de l'éclairage ou du chauffage se heurteront au « non » de l'épouse qui se fait toute rejet. Le refus peut aller si loin que le malade est littéralement « oublié ». Il devient la victime d'actes manqués en série: on néglige de lui donner ses médicaments, de prendre sa température, de débrancher le calorifère ou de fermer la fenêtre. Parfois même, on s'aperçoit qu'on a oublié de lui servir son repas. On omet d'avertir son employeur ou les amis susceptibles de lui rendre visite, ou d'informer le malade que des camarades ou des collègues ont pris de ses nouvelles. On pourrait croire que ce comportement ne fait qu'illustrer des conflits conjugaux préexistants chez des époux qui ne faisaient plus que se tolérer. Le surcroît de travail occasionné par la maladie rendrait alors insupportable des relations qu'aucune affection ne soutenait plus. Or, il n'en est rien. Il s'agit au contraire de couples unis, souvent amoureux. Et la femme qui se livre à ce jeu hostile à l'égard du malade ne satisfait aucune vengeance. Elle souffre au contraire de son comportement, ce qui explique en partie ses réactions d'angoisse et ses crises de larmes.

C'est plus profondément qu'il faut chercher l'explication de ces conduites. Ce refus de l'homme en tant que malade n'est pas tant le rejet d'une personne que d'un de ses avatars: « Ce n'est pas à ce personnage faible et exigeant des soins que je me suis liée. Ce n'est pas lui qui peut m'accorder l'aide et la protection qu'il m'a promises. Je suis attachée à un homme qui prend soin de moi, peut me défendre, me satisfait sexuellement et est capable de me donner des enfants. Je ne veux pas d'un mari lui-même aussi faible qu'un enfant. » C'est à peu près ce thème que développe la femme déçue, blessée dans son amour-propre par la maladie du mari. Car c'est bien d'une blessure d'amour-propre qu'il s'agit; elle a lié son existence à un être qu'elle aimait et dont elle était fière et satisfaite. Or cet objet s'avère fragile, impotent. Elle a fait un mauvais choix, l'objet la trompe, la blesse. Elle devient la proie du désarroi: il n'y a plus de protection, il ne reste plus que l'amertume, la rancune. Il n'est pas rare d'obtenir chez ces femmes la confession de rêves ou de fantasmes de mort du mari alors que la bénignité de la maladie ne justifie en rien de telles imaginations. Ce n'est pas une crainte qui s'exprime dans ces rêves, mais l'image de la déchéance de cet homme, coupable d'avoir entraîné la perte ou la baisse de l'estime de soi. On objectera qu'une telle femme, incapable de se dévouer, n'aime pas son mari ou tout au moins qu'elle n'est qu'une enfant refusant de faire la part de la réalité. Il se peut, mais il ne s'agit nullement d'un désir conscient de ne pas soigner le malade, voire de s'en débarrasser. C'est pourquoi les blessures d'amour-propre qui motivent un tel comportement ne se traduisent qu'en mauvaises querelles, en angoisses, en actes manqués et en rêves, c'est-à-dire en véritables symptômes d'un conflit névrotique. Il ne s'agit ici que d'un schéma un peu caricatural, mais ce comportement peut s'observer à l'état pur. En connaître les aspects les plus grossiers permettra de le déceler sous des manifestations plus discrètes et d'éviter les erreurs d'interprétation auxquelles il expose, de parer aux conflits qu'il peut engendrer. Un mari peut ne rien comprendre à un comportement hostile aussi inhabituel chez sa femme et chercher à se l'expliquer sans y parvenir. Aplanir un conflit naissant ne doit pas être considéré comme étranger au rôle du médecin qui aura fait davantage progresser la guérison par une telle intervention que par la prescription de nouvelles drogues destinées à combattre une anxiété dont il aurait méconnu l'origine.

...et de la femme « maternelle ».

Le comportement féminin qui vient d'être décrit se situe à l'un des pôles de la relation amoureuse. A l'autre extrémité on rencontre un type d'amour très différent que l'on pourrait appeler amour maternel. Là, tout n'est que dévouement, prévenance, attentions, petits soins. Le malade est gâté, dorloté. On lui confectionne ses plats préférés, on le lave, on lui dresse un lit de parade, on l'aère, on le réchauffe. On s'efforce de le distraire. On est à son égard plus complaisante que jamais, on se prête à ses fantaisies. Une telle femme saura toujours montrer au malade un visage gai, le rassurer, le réconforter. Devant ce tableau, on ne peut qu'admirer une union aussi parfaite, un amour aussi oblatif.

En y regardant de plus près toutefois, on pourrait bien déceler quelques fausses notes dans cette harmonie. On découvre qu'habituellement, c'est-à-dire en dehors de la situation de maladie, l'union du ménage n'est pas aussi satisfaisante, que les époux sont plutôt indifférents l'un à l'autre, qu'ils ont peu d'intérêts communs, que leur vie est routinière, un peu poussiéreuse; que l'épouse est plutôt frigide et que parfois l'époux n'est pas un modèle de fidélité. Il ne s'agit pas là du même amour que dans le cas précédent. Et ces relations qui paraissent plus « normales » durant la maladie, recouvrent en fait une dysharmonie habituelle. Lorsqu'on essaie de comprendre ce qui se passe réellement chez ces épouses toutes dévouées à leur mari malade, on s'aperçoit qu'elles le préfèrent malade, parce qu'à ce moment c'est à elles qu'incombe le premier rôle dans le groupe familial. Ce sont elles qui exercent une puissance incontestée: elles le font d'ailleurs également lorsque le mari est en bonne santé, mais d'une façon moins officielle, avec un reste de mauvaise conscience, alors que maintenant c'est non seulement leur droit, mais encore leur devoir. Elles n'encourent plus la réprobation, mais sont couvertes d'éloges. Les choses vont parfois au point que l'épouse entreprend un travail rémunéré, assurant l'entretien du ménage. Les rôles sont renversés. L'épouse ayant pris à son compte la puissance maritale, se déclare satisfaite. La tâche du médecin est, dans ces cas, très différente de ce qu'elle était précédemment. Il trouve dans l'épouse du deuxième type une collaboratrice de choix, une infirmière zélée, mais qui risque de vouloir trop prolonger l'état de maladie. Il faudra accueillir avec prudence certaines propositions émanant, non du malade lui-même, mais de sa femme: n'y aurait-il pas lieu de prolonger sa convalescence, de l'envoyer en maison de repos, en cure thermale? Si sur le plan conscient, c'est l'intérêt du malade qui dicte ces demandes, dans l'inconscient agit le désir de garder le plus longtemps possible le rôle de chef de famille, d'être l'homme.

Il s'agit, il faut le répéter, de tableaux caricaturaux. Ils n'en représentent pas moins deux facettes du comportement de la femme. Les deux tendances, maternelle-dominatrice et féminine-protégée existent, à des degrés variables, en toute femme. Si le médecin savait les reconnaître, il pourrait les doser pour s'en faire des auxiliaires efficaces dans sa tâche thérapeutique, en même temps qu'il pourrait éliminer le rôle de tendances néfastes au traitement du malade. Ces images ne prétendent pas représenter les seuls comportements féminins possibles en cas de maladie du mari. Elle ne tiennent pas compte de situations particulières, de problèmes matériels. Mais elles illustrent des tendances fondamentales que le médecin devra apprendre à discerner. Peu importe que l'on affecte ces tendances de l'épithète de « normal » ou de « névrotique », elles existent et adressent au médecin une demande à laquelle il n'a pas le droit de rester sourd.

Comportement des enfants.

Les réactions des enfants à la maladie du père sont habituellement moins évidentes pour le médecin que les réactions de la mère, aussi n'aura-t-il que rarement à en tenir compte. Si l'on néglige les constellations familiales dissociées ou conflictuelles, la maladie, c'est-à-dire l'affaiblissement de l'autorité paternelle constitue toujours une forme de libération et les effets de cette diminution de tutelle peuvent se manifester dans différentes directions. Pour l'adolescent, la tentation de vivre en dehors du foyer sera plus forte, le désir de s'affirmer, d'acquérir son indépendance se développera. Privé parfois brusquement du frein paternel, modérateur et régulateur, il risque de se mettre dans des situations pénibles ou délicates. Mais ces problèmes sont trop banals pour mériter d'être abordés ici. Dans d'autres cas, surtout lorsqu'il s'agit de garçons, la maladie du père fournit la possibilité imaginaire de prendre sa place, aussi bien comme chef de famille qu'en tant que celui qui rapporte l'argent pour vivre. Le médecin aura parfois à donner son avis au sujet de certains « dévouements » de mauvais aloi. Le jeune homme qui propose d'interrompre ses études ou son apprentissage pour gagner tout de suite l'argent du

ménage est peut-être plein d'abnégation et n'a en vue que de
venir en aide à sa famille. Mais dans le fond de lui-même,
il est peut-être mû par le désir de supplanter le père. Etant
donné qu'il s'agit là d'un désir infantile qui ne saurait être
une motivation valable pour un engagement adulte, il n'y
aura lieu d'accepter de tels « sacrifices » qu'après avoir
soigneusement étudié leur signification et leurs justifications.

b) *Réactions à la maladie de la mère*

D'avoir exposé avec quelques détails les réactions suscitées
par la maladie du père permet de passer plus rapidement
sur les réactions aux maladies des autres membres de la
famille. La maladie de la mère engendre des perturbations
plus visibles au niveau de la vie familiale quotidienne
que la maladie du père. L'entretien du ménage, la cuisine,
les enfants, pâtissent de l'absence de la mère de famille.
Comme il ne s'agit pas ici de faire l'apologie de la femme
au foyer, il est inutile d'entrer dans les détails. Mais les
travaux domestiques exigent d'être accomplis. Il faudra donc
qu'à défaut de la mère, une autre personne s'en charge.
Lorsque le père ou les aînés des enfants peuvent les
assurer, il se crée un équilibre provisoire qui, si la maladie
n'est pas trop longue, peut se maintenir jusqu'à ce que la
mère reprenne sa place. Lorsque la famille est suffisamment
aisée pour avoir recours à la collaboration d'une femme de
ménage ou d'une bonne à tout faire, le problème est plus
facilement résolu. Mais c'est lorsqu'il faut avoir recours
à l'aide bénévole que les choses risquent de se compliquer.
La présence dans le ménage d'une « aide aux mères »
n'est qu'un moindre mal. Le médecin entendra bien sûr
périodiquement des plaintes concernant telle auxiliaire qui
aura remplacé la mère absente jusque dans le lit conjugal,
mais ces faits sont aussi fréquents lorsque la mère est en
bonne santé que lorsqu'elle est malade. C'est lorsque la
maladie de la mère introduit au foyer une personne bénévole appartenant à la famille (belle-mère, tante, grand-
mère, etc.) que naissent les complications les plus graves,

car le lien n'est plus celui d'une prestation de travail en échange de gages, mais une relation affective: on fait le travail par affection et on estime en retour mériter de la reconnaissance. Cela donne des droits à l'auxiliaire bénévole et la charge à son insu de l'hostilité de tout le groupe dans lequel elle a été introduite par la force des choses. D'où conflits. Quant aux problèmes affectifs soulevés à l'intérieur du groupe familial au sens restreint par la maladie de la mère, ils sont bien moindres que ceux suscités par le père malade. Il est probable que l'homme considérant tradition-nellement la femme comme plus faible que lui, ne soit pas tenté de lui faire grief de sa maladie, sauf au cas où il aurait épousé une « mère », c'est-à-dire surtout une infirmière ou une servante, ce qui est, bien sûr, loin d'être rare.

c) *Réactions à la maladie d'un enfant*

Il reste pour terminer ce chapitre des réactions du groupe à envisager certaines perturbations provoquées par la ma-ladie d'un enfant. Elles sont d'ailleurs plus rares. Il est plus difficile de respecter la subdivision adoptée pour les adultes. En effet, un enfant malade ne peut guère introduire de per-turbations matérielles si ce n'est indirectement. On conçoit bien sûr qu'il puisse engendrer un surcroît de travail pour la mère. Mais ce que l'on constatera le plus souvent est une réaction de surprotection excessive chez la mère qui s'inté-resse à l'enfant malade de façon presque exclusive au détri-ment des autres enfants et du mari. Tout ce qui n'est pas l'enfant malade est négligé. Une telle réaction qui n'aurait qu'une gravité limitée en cas de maladie brève, se voit malheureusement surtout lorsqu'il s'agit d'affections de longue durée, en particulier d'affections congénitales comme une arriération mentale grave ou une affection dégénérative du système nerveux. On voit ainsi des mères consacrant tout leur temps à un petit mongolien, à un paraplégique ou un myopathe sans le moindre espoir d'amélioration, en sacrifiant le bien-être de tout le reste de la famille. Il y a probablement une série de motivations inconscientes à un tel comportement. Le fait, d'abord, conscient celui-là, que le petit malade a davantage besoin de sa mère que l'enfant normal. Il est plus faible, plus dépendant. Par là même, il appartient davantage à la mère, il est plus entièrement « sa » chose. Mais un autre motif intervient également: c'est le sentiment de culpabilité. On a vu que c'est fréquemment dans des affections congénitales de l'enfant qu'un tel comportement maternel se développe. La mère se sent responsable de n'avoir pas mieux « réussi » l'enfant. C'est là une blessure d'amour-propre intolérable qui explique la lutte acharnée, même contre tout espoir, pour obtenir une amélioration. Ces mères sont rapidement hostiles aux médecins qu'elles accusent d'incompétence, voire même de malveillance. On voit tous les conflits qui pourraient naître si le médecin n'avait pas conscience des motivations inavouées et méconnues de la mère. D'autre part la mère éprouve le besoin de se faire pardonner par l'enfant lui-même les souffrances qu'elle se reproche de lui avoir infligées en n'en faisant pas un enfant bien portant. Il peut ainsi se créer un véritable couple tératologique mère-enfant infirme, petit groupe dont les deux membres sont solidement enchaînés l'un à l'autre et chargés d'hostilité et de haine à l'égard de l'entourage. Cette haine à l'égard de l'entourage est une réaction fréquente à tout sentiment de culpabilité: on essaie de rendre les autres responsables de son malheur, et dans le cas présent, le rejet de la faute sur autrui prend une expression privilégiée: la femme accuse le mari et réciproquement. On recherche dans les antécédents ou l'hérédité de chacun la preuve de sa culpabilité. On retrouve de lointains ascendants psychopathiques, alcooliques, syphilitiques, délinquants. On se reproche mutuellement des péchés de jeunesse, d'hypothétiques excès sexuels ou même d'anciennes émotions, des traumatismes, des privations infligés par l'autre. Et immanquablement dans une telle conjoncture, les parents, beaux-parents, grands-parents s'en mêlent, attisent le conflit, aggravent les tensions qui ne se résolvent bien souvent qu'en désastre.

Le médecin qui assisterait sans intervenir à une telle

situation s'en rendrait complice. Il s'agit d'un exemple particulièrement simple, à motivations inconscientes faciles à saisir, faciles à faire comprendre. En quelques phrases le médecin peut rassurer la mère, la justifier si besoin était aux yeux de son entourage et rétablir l'équilibre dans un foyer qui sans lui eût été dangereusement compromis. Encore faut-il que le médecin reconnaisse qu'une telle intervention fait partie de sa tâche.

d) *Cas du vieillard*

Il se peut qu'une famille ait un vieillard à sa charge. La glorification de la vieillesse qu'on rencontre dans toutes les civilisations, dans toutes les littératures, le fréquent rappel des devoirs à l'égard des vieillards sont une preuve suffisante de la tendance spontanée à les oublier, les négliger, voire les mépriser. Le fait qu'un vieillard tombe malade ne surprend personne. D'ailleurs, n'est-ce pas son état habituel, la vieillesse n'est-elle pas une maladie? Tout au plus profitera-t-on de cette occasion pour envisager la fin du vieillard et se partager par anticipation ses dépouilles. Enfin, pour couronner le tout, on peut rappeler ce comportement rencontré parfois dans certains milieux. On ne s'adresse plus à Dieu ou au médecin pour abréger les souffrances, on n'hésite pas à dire au malade lui-même: « Grand-père, tu n'es plus bon à rien, ta maladie ne peut pas guérir tu ferais mieux de disparaître. » Il n'est pas rare que, dans de telles conditions, un malade soit amené à un suicide qui mériterait plutôt le nom d'assassinat.

Chapitre 7

A L'HOPITAL

Wie er räuspert und wie er spuckt,
Das habt ihr ihm glücklich abgeguckt...!

(Wallensteins Lager, cité par Freud dans Massen-psychologie und Ichanalyse.)

L'état du malade exige des soins qui ne peuvent plus être prodigués à domicile et le médecin traitant a décidé que l'hospitalisation était nécessaire. Le malade va donc être séparé de son milieu familial et de son médecin habituel pour être livré à un milieu que très souvent il redoute et au sujet duquel il entretient une série de préjugés plus ou moins mythiques. Ces conditions ajoutées à la sensibilité particulière et à la diminution de la résistance créées par la maladie déterminent une appréhension qui mériterait d'être reconnue et calmée, ce qui n'est pas toujours le cas.

Le thème de la déshumanisation des hôpitaux est périodiquement dénoncé par la presse et particulièrement la presse à sensation friande de scandales. De tels témoignages ne sont pas toujours objectifs, mais ils exigent que l'on s'intéresse quelque peu à cette vie du malade à l'hôpital.

A) *LA VIE DU MALADE HOSPITALISE*

Apitoyer le public sur les pénibles conditions de vie des malades à l'hôpital est une corde que l'on ne fait jamais vibrer en vain lorsque l'on est à court d'information sensationnelle. Aussi longtemps que ce genre d'information reste classé entre le premier chagrin d'amour de l'idole du moment et les soucis ménagers de la dernière princesse venue, le mal n'est pas grand; mais lorsque le malade se souvient de ce qu'il a pu lire, il va redouter de voir confirmées sur sa propre personne les horreurs qu'on a dénoncées. Mais s'agit-il toujours d'exagération? Il est probable que les conditions d'hospitalisation laissent parfois à désirer. On accuse habituellement les « grands services » mais ils ne sont pas les seuls à ne pas offrir toujours au malade le meilleur climat, et si dans certains services secondaires, le malade est moins anonyme, il s'y trouve parfois plus abandonné.

L'hospitalisation entraîne une uniformisation.

A l'entrée de certains services hospitaliers, le malade perd son identité. Il est placé dans une salle avec un nombre variable d'autres malades. Il existe aujourd'hui encore des salles de 20 à 30 malades et plus. Dans ces salles ce sont les meubles, donc les lits, qui sont stables, alors que les malades changent. Aussi, pour qu'il n'y ait pas de confusion, on désignera dans le jargon courant du personnel soignant, le malade par le numéro de son lit. Cette première blessure d'amour-propre entraîne rapidement la perte des caractéristiques personnelles les plus fines. Le malade effacera sa personnalité pour s'uniformiser et se fondre dans la masse; seuls les caractères les plus marqués conservent leur originalité. Il est bien certain que cette réaction n'est ni demandée ni favorisée par les médecins ou le personnel qui, au contraire, apprécient de pouvoir s'entretenir durant quelques instants au cours de la visite par exemple, avec des sujets qui ne sont pas terrorisés devant eux, mais c'est là une réaction spontanée, liée aux représentations préalables du malade. Cette uniformisation, ce camouflage de la personnalité est d'autant plus marqué qu'il s'agit de malades moins évolués qui constituent souvent la plus grande partie de la clientèle hospitalière. Chez certains de ces sujets appartenant parfois à des minorités étrangères, la peur infligée par l'hospitalisation va jusqu'à entraîner de véritables réticences. Tout se passe comme s'il s'agissait de cacher au médecin ce qui a rapport avec la vie privée et personnelle.

La crainte d'être l'objet d'expériences est fréquente.

L'une des craintes les plus habituelles est d'être pris comme cobaye. Le sujet est convaincu qu'on va faire sur lui des expériences ou essayer de nouveaux médicaments. Cette crainte dégénère parfois en panique contagieuse: tout un service refuse brusquement les traitements parce que le bruit a circulé qu'on essayait une nouvelle drogue à laquelle on prête immédiatement les plus fâcheuses conséquences.

Dans la réalité, il est certain qu'on utilise dans les grands services hospitaliers des médicaments avant leur commercialisation. Mais le malade ne sait pas toutes les précautions qui ont été prises avant que le médicament n'arrive à ce stade. Cette ignorance qui concerne non seulement les médicaments mais également les examens et les soins, est l'une des causes majeures de la crainte, et il serait facile de rassurer les malades. Le silence ou les réponses évasives sont malheureusement une réalité fréquente. Le malade a ainsi le sentiment qu'on dispose de lui, qu'il n'est plus maître de sa personne, qu'il n'est plus qu'un objet sans volonté. Il se rend compte qu'on ne s'intéresse pas à lui en tant qu'être humain, mais à sa maladie. Il va jusqu'à croire, et certains médecins se comportent parfois comme s'ils voulaient l'ancrer dans cette conviction, que sa personne est en trop dans le service où ne devraient se trouver que des organes malades. Que tout ce qui n'est pas l'organe malade passe aussi inaperçu que possible. Ces médecins s'intéressent davantage à eux-mêmes, c'est-à-dire à leurs propres travaux qu'au malade.

Enfin, le sujet hospitalisé souffre de la promiscuité des grandes salles. C'est là une banalité qu'il est néanmoins nécessaire de rappeler. Il est blessant d'avoir à subir des soins en public, d'être exposé nu au regard des autres, même si ces autres sont suffisamment préoccupés par leur propre état pour ne pas consacrer beaucoup d'intérêt à ce qui se passe dans le lit du voisin. A ceci s'ajoute que les malades traditionnellement désignés comme « pusillanimes » dans les questions d'internat, redoutent les traitements un peu douloureux. Ceux-là risquent d'être donnés en spectacle et de provoquer les rires par leurs plaintes, leurs cris ou leurs mimiques.

Par contre,
les malades « livrés aux étudiants »
bénéficient de ces contacts humains personnalisés.

La presse s'émeut souvent de la condition des malades livrés aux étudiants dans des services ayant des fonctions d'enseignement. On parle de l'effraction de la personnalité, du piétinement de la pudeur des malades livrés à des apprentis-médecins maladroits et sans tact. C'est là une exagération certaine. Il n'est pas un chef de service, pas un assistant, pas un interne qui n'ait conscience de la sensibilité du malade. La « présentation », même lorsqu'il s'agit d'affections concernant l'intimité la plus secrète du malade, comme dans des cas gynécologiques par exemple, est toujours menée avec le plus grand souci de préserver sa dignité. Une présentation bien menée est vécue par le malade comme une marque de l'intérêt qu'on lui porte et de l'importance qu'on attache à ses symptômes, et nullement comme un spectacle où il aurait à tenir un emploi pénible. Il est bien rare, d'ailleurs, qu'un malade se plaigne de cet aspect particulier de l'hospitalisation. Le plus souvent même, les malades apprécient cette sorte de collaboration qui s'établit entre eux et les médecins ou les étudiants. Les relations entre étudiants et malades notamment sont presque toujours excellentes, les étudiants offrant aux malades leur sympathie souvent reconnaissante et le malade jouant volontiers son rôle d'auxiliaire de l'enseignement.

Certains critiques vont jusqu'à faire des hôpitaux
des univers concentrationnaires.

Il n'en reste pas moins vrai que l'hospitalisation est une
épreuve et tout ce qui a été dit de la perte de l'identité
et de la disposition de soi amène la constitution de ce qu'on
pourrait appeler un microcosme concentrationnaire. Ce
terme peut paraître choquant. Comment ose-t-on susciter des
associations d'images aussi inadmissibles entre des camps
de mort et des institutions qui n'ont comme seul but que de
préserver la vie? C'est que l'expérience concentrationnaire
ne s'est pas arrêtée avec la fin de la deuxième guerre
mondiale. Partout où existent des régimes totalitaires, partout où existent des personnes déplacées, des camps de
concentration continuent à s'ouvrir. Dans chacun d'entre eux
travaillent des médecins. Il est vrai que leur activité soulage
le sort des concentrationnaires, mais il suffit qu'il y ait eu,
et on ose espérer que ce passé n'est pas qu'un euphémisme,
des médecins dûment nantis de diplômes par des facultés
de médecine, qui mirent leurs services à la disposition des
dirigeants concentrationnaires et non de leurs victimes,
pour qu'on fasse ici une remarque. Enseignants et praticiens
ont pris conscience de la nécessité d'introduire une formation psychologique du médecin. L'application de cette psychologie doit améliorer la situation des malades. Pourtant,
il faut signaler une confusion possible. La psychologie
n'est pas une morale, même lorsqu'elle peut déboucher
sur elle. Le serment d'Hippocrate serait peut-être suffisant
si le médecin ne le rencontrait pas qu'une seule fois dans sa
carrière, à un moment où il est généralement trop ému
pour s'imprégner de ce qu'il récite. La médecine légale
et la déontologie comportent certains aspects éthiques dont
on pourrait tirer parti. Il existe bien sûr une éthique
médicale, mais il est laissé à chaque médecin le soin de la
découvrir et de l'appliquer. Or, périodiquement, certains
abus viennent poser la question de la sélection des médecins. Une ouverture plus large sur l'éthique serait peut-être
une solution. Il est peut-être difficile d'enseigner la morale,
mais ne pas poser la question apparaît comme une pudeur
déplacée.

**Ces critiques successives révèlent
que l'humanisation des hôpitaux
exige d'abord une éthique médicale.**

Cette digression introduite par le terme concentrationnaire appliqué à la vie hospitalière du malade, pose la question de la réhumanisation des hôpitaux. Certes, il faut faire disparaître ces grandes salles non seulement sans confort, mais encore sans hygiène, dans lesquelles le malade est exposé à la promiscuité, au bruit, à l'angoisse d'autrui, même lorsque ces grandes salles ont un glorieux passé. Mais transformer les hôpitaux en hôtels de luxe, les nantir d'hôtesses (ad medicorum corporis usum?) n'est pas suffisant, d'autant plus que les clients habituels seront davantage accoutumés au style rustique qu'au modernisme d'avant-garde. Humaniser les hôpitaux, c'est avant tout humaniser les relations entre le malade et tous ceux qu'il va rencontrer au cours de son séjour, c'est lui restituer sa personnalité, c'est renoncer à en faire un objet ou un organe malade, c'est reconnaître en lui le semblable du médecin ou de n'importe quel membre du personnel soignant.

B) *LE GROUPE DES MALADES*

L'ensemble des malades d'un service constitue un groupe dans lequel le nouveau venu doit s'insérer. Cette intégration sera rendue plus ou moins difficile selon la cohésion des liens tissés entre les membres du groupe. Il importe donc de connaître la nature de ce groupe, en rappelant tout d'abord ce qu'est un groupe structuré.

La notion de groupe structuré.

On parle de structure d'un groupe lorsque celui-ci existe depuis un temps suffisant pour que chacun ait pu y trouver une place définie d'une part, et d'autre part que ce groupe ait un but ou un sens. C'est ainsi que se structurent le personnel d'une usine, les membres d'un club, les soldats

d'une section. Pour que la structure soit perceptible, il faut
que le groupe soit suffisamment restreint pour que chacun
de ses membres puisse laisser jouer sa propre personnalité,
ce qui différencie le groupe de la foule. On voit immédiatement que les malades hospitalisés, du fait du nivellement,
de l'uniformisation, ne sont pas dans des conditions idéales
pour la constitution d'un tel groupe structuré.

Les rôles joués par les membres du groupe sont ceux
que l'on rencontre dans toute société organisée: le chef,
son ou ses conseillers ou éminences grises, les membres
actifs, les membres passifs et le bouc émissaire, tout ceci
étant évidemment une réduction schématique. Lorsque le
groupe se structure, ces différentes fonctions vont être
occupées par certains sujets et des modifications de fonction
ne surviennent qu'en cas de crise à l'intérieur du groupe.
Ce qu'il faut souligner ici est l'importance des mécanismes
de répétition qui font qu'un sujet se retrouve toujours dans
les mêmes situations, situations soit agréables, soit pénibles.
On accuse le destin ou la chance, mais en fait, c'est le
sujet qui suscite les conditions mêmes de ces situations
répétitives. Il y a celui qui réussit toujours, et il y a le
« gaffeur », il y a le séducteur et celui qui se fait toujours
rejeter. Dans un groupe, le sujet va spontanément retrouver
la place qui lui est habituelle. C'est là que vont naître
les éventuelles difficultés du nouvel arrivant dans une salle
de malades. Si dans la vie quotidienne il s'adaptait facilement aux situations nouvelles, il en fera de même à
l'hôpital. Mais s'il était le malchanceux, celui qui échoue
dans toutes ses entreprises, on peut être sûr que c'est sur lui
que tombera l'externe qui en est à sa première intraveineuse
ou mieux, à sa première ponction lombaire, et c'est lui
qui sera choisi comme bouc émissaire qui existe dans toute
salle de malades, heureusement sous forme très atténuée,
même lorsque le groupe n'est pas structuré, ce qui est
le cas notamment dans les services d'hospitalisation cou-
rants. En effet, dans ces services, la durée d'hospitalisation
moyenne est trop brève pour que se constitue un groupe
numériquement suffisant et stable, susceptible de s'organiser. Mais surtout, les soucis immédiats, liés à la maladie

sont de loin l'intérêt majeur devant lequel s'effacent toutes les autres préoccupations. Cette dominante de la communauté d'intérêt rend le groupe accueillant pour tout nouveau malade. Le nouveau venu est presque toujours un semblable, un alter ego. On le reçoit, on le met au courant des habitudes du service, on le met à l'aise, on le prend en charge.

La structuration
est fonction de la durée d'hospitalisation.

Il n'en va pas tout à fait de même dans des institutions où le sujet séjourne plus longuement: sanatorium, centres de rééducation et de réadaptation, voire certains départements d'hôpitaux psychiatriques. Dans ces cas, les malades savent que la lutte contre la maladie sera longue, l'angoisse s'atténue avec la familiarité, et les habitudes de vie sociale reprennent le dessus. La cohabitation est assez longue pour constituer un groupe stable qui va pouvoir se structurer, au moins partiellement.

Avoir appartenu à un tel groupe
en crée la nostalgie.

Lors de son arrivée dans un pareil milieu, le nouveau malade traverse une véritable « quarantaine ». On l'observe, on fait connaissance, on le met parfois à l'épreuve: partage de colis, acceptation d'un règlement plus ou moins tacite, sociabilité. Ce n'est qu'après un certain stage que le malade est intégré au groupe. Il est alors pris dans une ambiance très particulière, constituée par des gens qui ont les mêmes préoccupations, les mêmes difficultés que lui-même. Tous les malades du groupe occupent la même position ou une position identique par rapport à leur famille, à leur situation professionnelle. Ils ont les mêmes craintes concernant leur réinsertion ultérieure. Ils n'ont pas à se cacher mutuellement leurs soucis les plus intimes. Ceci crée une solidarité puissante qui explique également la nécessité de l'observation préalable à l'intégration dans le groupe. Ce sentiment de communauté d'intérêt ou de souffrance lie le malade à qui il arrivera fréquemment d'éprouver une véritable nostalgie du groupe, sanatorial par exemple, et il cherchera à retrouver par la suite ses camarades d'hospitalisation.

Cependant, ces groupes, malgré une importante cohésion interne, ne peuvent pas se structurer de façon autonome. Ils ont un puissant intérêt commun: la lutte contre la maladie, mais ils sont marginaux, non intégrés dans le monde des bien portants. Ils ont une position d'infériorité qui les amène à envisager le monde des « autres » avec une certaine appréhension hostile qui n'est pas sans rappeler la « névrose familiale ». Et surtout, le véritable chef du groupe, celui qui détient la puissance, n'est pas à l'intérieur, mais à l'extérieur du groupe. Il s'agit tout d'abord du médecin, mais celui-ci est une puissance lointaine, peu accessible. Il s'agit surtout de l'infirmière, présence permanente, dont la personnalité va marquer toute la vie du service.

Ce qui justifie de jeter quelques lumières, au moins légères, sur certains aspects de ce qu'on pourrait appeler une psychologie de l'infirmière.

C) EBAUCHE D'UNE PSYCHOLOGIE DE L'INFIRMIERE

Il peut paraître choquant de prétendre découvrir des traits communs à toutes les personnes d'une même profession. Dans toute activité professionnelle, on peut s'attendre à rencontrer tout l'éventail des caractères humains. Lorsqu'il s'agit d'infirmières, deux schémas, apparemment opposés, surgissent à l'esprit. Il y a d'une part la jeune infirmière accorte et souriante, à la blouse tendue sur un corps provocant. C'est cette infirmière que les caricaturistes placent dans les rêves des malades, du moins ceux qui sont en voie de guérison, et qu'il serait peut-être plus légitime de rechercher dans les rêves... et les réalités des médecins, il y a d'autre part, ces cheftaines efficaces, revêches et moustachues, vieillies sous le harnais, et menant d'une poigne de fer leurs malades et leurs subordonnés.

L'étude de l'évolution de ces femmes montrera s'il peut exister une relation entre ces deux tableaux extrêmes. Il importe de souligner ici que toutes les spéculations concernant la relation de l'être humain à sa profession sont des généralisations qui ne peuvent que fournir quelques modèles théoriques. Il ne saurait être question de vouloir éclairer par elles chaque cas personnel dont la singularité spécifique ne peut être effacée par quelque généralité que ce soit. Cette réserve est aussi vraie pour les généralités psychologiques concernant l'infirmière que pour celles qui concerneront le médecin au cours des chapitres suivants.

Motifs conscients de la vocation.

Dans l'étude de la vocation de l'infirmière on ne tiendra pas compte de ce que l'on pourrait appeler les facteurs réels, c'est-à-dire les facteurs matériels ou rationnels, mais des éléments imaginaires. Ces derniers éléments viennent poétiser un choix basé sur des arguments raisonnables et légitimes, et c'est dans ce halo imaginaire que viennent se projeter des aspirations secrètes, méconnues ou inconscientes, éminemment susceptibles de déterminer des conduites humaines.

Dévouement.

Lorsqu'on interroge des infirmières de différents niveaux, de différentes spécialités et à différents moments de leur évolution professionnelle sur les motivations qui ont dicté leur choix, on obtient des réponses qui peuvent être classées dans trois catégories principales qui correspondent également aux représentations que peut se faire le public de la profession d'infirmière. La première catégorie de réponses qui n'est peut-être pas la plus fréquente, mais la plus traditionnelle, est le registre du dévouement. C'est la réponse d'infirmières issues de congrégations religieuses, mais elle n'est pas exceptionnelle chez les infirmières laïques. Il ne s'agit d'ailleurs pas d'une réponse uniforme et massive. Elle est au contraire susceptible de toutes les nuances, allant de l'exigence religieuse ou éthique qui associe ce dévouement à la notion de sacrifice, jusqu'à la recherche d'échanges affectifs et de contacts humains.

Intérêt.

Le deuxième groupe de réponses est certainement le plus fréquemment rencontré: il s'agit de l'intérêt de la profession, et tout particulièrement de l'intérêt scientifique. Il s'agit de la lutte contre les maladies avec toutes les connaissances et la formation qu'elle comporte. La variété des intérêts possibles permet la spécialisation de l'infirmière. On pourra s'étonner de voir classer ces réponses parmi celles qui soulèvent des problèmes psychologiques. Quoi de plus logique, de plus rationnel apparemment qu'un intérêt scientifique? Une grande partie de cette motivation ne nécessite effectivement aucun effort d'explication. Ceci n'empêche pas qu'il existe une frange, une limite où le projet apparaît moins précis qu'il ne semblait au début. Que désire-t-on savoir au juste? Cette question révèle l'implication personnelle, la dimension subjective dans ce qu'on aurait pu considérer comme un motif parfaitement objectif.

Attrait.

La troisième catégorie de réponses est beaucoup plus vague. Elle se situe en plein imaginaire, mais elle n'est pas rare pour autant, surtout chez les débutantes, en particulier les élèves-infirmières, ou mieux, chez les candidates à la profession d'infirmière. Cette dernière catégorie de réponses est le développement du thème de la vie intense. On trouve là tout ce que la vocation d'infirmière peut avoir de romanesque, toutes les images auxquelles une abondante littérature a donné naissance. Cette intensité culmine au moment où l'infirmière assiste et soutient ce héros moderne qui affronte en un combat hasardeux et téméraire la maladie, la lésion, dans le champ clos de la salle d'opération. La scène suivante, dont les candidates parlent moins, mais qui ne saurait manquer dans une conception aussi épique des professions médicales et paramédicales est évidemment celle du repos du guerrier.

Cas des puéricultrices.

Une légère variante de ces réponses amène à préciser que c'est surtout aux enfants que l'on veut se dévouer ou s'intéresser. La profession de puéricultrice n'est pas entièrement superposable à la profession d'infirmière, mais ces différences, évidentes pour des initiés, ne sont pas toujours nettement conçues au moment du choix de la profession. Enfin, il est important de noter que l'intention de devenir puéricultrice se rencontre très fréquemment chez des jeunes filles ayant connu ou connaissant encore des difficultés d'adaptation de degré variable. C'est ainsi que très souvent, des adolescentes vues en consultation psychiatrique à propos de certains troubles du comportement, affirment leur désir de devenir puéricultrice. Ceci ne veut nullement dire qu'une majorité des puéricultrices aient eu des difficultés d'adaptation, mais simplement que parmi un échantillonnage de jeunes filles ayant traversé de telles difficultés, la puériculture est l'une des vocations les plus fréquemment rencontrées. Cette remarque va permettre un approfondissement destiné à dégager d'éventuelles significations latentes de ces différentes motivations.

Dans ces cas précis, le sens de la vocation apparaît de façon presque immédiate. Le désir de s'intéresser aux enfants malades, à l'enfance malheureuse plus généralement, fonctionne comme une sorte de compensation. Les puéricultrices dont il est question ici considèrent qu'elles ont elles-mêmes souffert durant leur enfance, pas seulement sur le plan matériel, mais surtout sur le plan moral. Elles estiment n'avoir pas été comprises par leurs parents et ont tendance à généraliser leur propre expérience. Pour elles, tous les parents, représentés à l'image des leurs, commettent des erreurs dans l'éducation de leurs enfants et les enfants en pâtissent. C'est pour tenter d'éviter aux enfants les déconvenues subies par elles qu'elles vont essayer de se substituer aux mères. On peut même aller jusqu'à dire qu'il s'agit de protéger les enfants contre les parents, et spécialement contre les mères. Une confirmation de ces remarques est fournie par la façon dont les mères sont parfois accueillies dans des services d'enfants. Elles sont tout juste tolérées, on leur mesure le temps de visite sans leur faire le moindre cadeau sur l'horaire prescrit par le règlement. Elles sont traitées en intruses, en personnes dangereuses.

Motifs moins conscients:
protéger le malade contre les agressions des autres...

Cette forme de dévouement peut-elle servir d'introduction au dévouement généralisé, notamment au malade adulte? Les dangers contre lesquels il s'agissait de protéger l'enfant étaient incarnés par les parents. Mais il y a une différence entre puéricultrices et infirmières, c'est que les premières ne s'occupent pas exclusivement de malades, mais aussi d'enfants placés dans des crèches, des homes d'enfants, des préventoriums. La maladie n'étant pas la préoccupation majeure, il est possible de tenir compte davantage des conditions familiales de l'enfant. Pour l'infirmière, par contre, ce ne seront plus les parents qui constitueront une menace pour le malade, mais la maladie. A moins que l'on ne découvre une personne faisant courir au malade des dangers analogues. Ceci paraît peu vraisemblable. Qui peut souhaiter à un être vivant la destruction de ses organes, la mutilation, le morcellement? Personne, bien sûr. Du moins consciemment. Car on a vu au cours des chapitres précédents, qu'il existe chez tout être humain des pulsions sadiques qui trouvent leur exutoire dans la littérature noire ou le spectacle d'épouvante, ainsi que dans le rêve.

...ou se défendre contre ses propres fantasmes agressifs.

La conscience morale ne permet pas d'assumer ces pulsions inconscientes. Elle les refoule, mais comme tout refoulé, ces pulsions peuvent revenir au jour par des voies détournées. On peut par exemple considérer que l'être humain est exposé à des menaces sans pouvoir les préciser. La notion de maladie, avec ses étiologies infectieuses, traumatiques, vient offrir un support à cette vague appréhension. La lutte contre la maladie réelle, scientifique, rationnelle, se double ainsi d'une lutte contre des fantômes qui ne sont pas autre chose que le reflet des pulsions sadiques inconscientes, qu'on ne peut tolérer de reconnaître en soi, et qui sont projetées hors de soi, devenant anonymes, mais susceptibles de s'attacher à toute menace réelle qu'elles renforcent d'une dimension imaginaire. C'est donc en fait contre ses propres pulsions inconscientes que se dresse le sujet qui se dévoue à autrui, dans une conduite que les psychologues désignent par formation réactionnelle. Il y a de nombreuses formes de dévouement. Celui qui apparaît dans la profession d'infirmière, à savoir le désir de protection du corps menacé par la maladie, viendrait faire pièce à des fantasmes de destruction du corps, fantasmes qui ne deviendront jamais conscients pour le sujet, sauf en situation psychanalytique. La satisfaction de « voir » qui est souvent invoquée dans les intérêts offerts par la profession d'infirmière, est une application de ce même raisonnement. On voit, surtout en chirurgie, des corps ouverts, des lésions sanglantes. Mais la culpabilité qui pourrait naître si l'on découvrait une satisfaction personnelle à ce spectacle est évitée puisqu'on peut se dire que le spectacle en question est justement la voie de la guérison. On peut se rassurer en se disant que le spectacle recherché n'est pas la destruction, mais le traitement. C'est un processus analogue à la littérature d'épouvante où l'on évite la culpabilité en se disant qu'il s'agit de fiction.

On voit ainsi que la lutte contre les maladies qui constitue un autre motif du choix professionnel apparaît comme une partie des fantasmes constitutifs du dévouement. Cependant, cette lutte implique un autre désir qui est celui de la connaissance des maladies. Ce désir de savoir existe également chez tous les médecins, chez tous les chercheurs scientifiques. Il n'est nullement spécifique de l'infirmière, aussi sera-t-il étudié de façon plus approfondie au chapitre consacré à la vocation du médecin.

Cet élément commun à l'infirmière et au médecin invite à considérer les relations existant entre ces deux personnages afin d'y déceler également un éventuel soubassement fantasmatique.

S'identifier au médecin...

L'observation de l'infirmière dans certaines situations offre des aspects permettant un premier niveau d'interprétation. L'attitude affichée à l'égard des médecins est en effet suffisamment caractéristique pour reconnaître l'infirmière au cours d'un entretien anonyme où l'on ignorerait sa profession. Il peut arriver, par exemple, que l'infirmière ait à consulter un médecin et à se référer à des examens antérieurs. Elle ne dira pas: le Docteur X. m'a prescrit tel traitement, ni Monsieur X., mais X tout court. « X. m'a conseillé des reconstituants, mais Y m'a dit que ça ne servait à rien ». La désinvolture, la familiarité, dénoncent l'infirmière. On pourrait croire à un certain mépris, mais il s'agit plutôt d'une discrète hostilité qui s'explique aisément. L'attitude dégagée de l'infirmière lorsqu'elle parle des médecins ou à des médecins indique clairement qu'elle se situe sur un plan d'égalité avec eux. Il n'y a là rien de répréhensible. Dans les équipes médicales ou chirurgicales modernes, l'infirmière est aussi irremplaçable que le médecin. La spécialisation des infirmières leur donne une formation professionnelle qui n'a rien à envier à la formation médicale. Les différences qui subsistent sont essentiellement sociales au sens d'une différence de revenus. Il s'agit là d'une survivance de privilèges médicaux qui n'existent plus que dans certains pays. Dans des pays jeunes, il n'y a effectivement plus de différences salariales entre infirmières et médecins. On pourrait ainsi comprendre cette légère hostilité à l'égard du médecin comme la réaction à une injustice sociale. La polémique ou la politique syndicale ne se font pas faute d'exploiter cette argumentation. Mais elle n'est pas seule en cause. L'infirmière dont il est ici question s'efforce de traiter le médecin comme elle croit qu'on traite un pair, un égal. Mais obnubilée elle-même par une différence qu'elle surestime, elle est en quelque sorte emportée par son élan, calcule mal ses effets et ajuste son tir trop haut: d'où cette impression d'un sentiment de mépris.

On aurait tort, sur le plan psychologique, de se contenter d'une explication exclusivement sociologique. Le désir d'être l'égale du médecin n'est pas exactement le même désir que d'être rémunérée de la même façon. Dans la revendication sociale qui s'exprime se glisse une recherche de valorisation personnelle. Comme si l'on n'était pas satisfait de sa personne et non plus seulement de sa fonction. D'où cette attitude qui serait une fausse manœuvre s'il ne s'agissait que d'une réclamation de salaire. Cette attitude d'imitation du médecin qui amène à copier ce qu'il y a chez lui de plus aisément saisissable, c'est-à-dire justement ses travers.

« Quand sur une Personne on prétend se régler,
C'est par les beaux costez qu'il luy faut ressembler;
Et ce n'est point du tout la prendre pour modelle,
Ma Sœur, que de tousser et de cracher comme elle. »

(Les Femmes Savantes, Acte I, sc. I.)

...c'est aussi s'identifier à l'homme.

On copie sa désinvolture, son cynisme. C'est-à-dire ces traits qui, tentant d'exprimer le dégagement, l'inaccessibilité à l'angoisse, ne font que traduire le besoin qu'on ressent d'exhiber cette supériorité, ce courage, et en un mot, cette virilité. C'est là le fin mot de ce développement. Ce que recherche l'infirmière dans son identification au médecin n'est pas seulement l'assimilation à celui qui occupe une position sociale importante, mais plus simplement à l'homme.

Déceler une certaine déception quant à son propre sexe

ne doit pas faire conclure immédiatement à un déséquilibre psychique quelconque. De tels sentiments, plus préconscients qu'inconscients, se rencontrent chez la plupart des êtres humains sans pour autant en faire des malades mentaux. Ils sont au contraire une source possible de dépassement et de progrès.

L'identification au médecin n'en est pas le fidèle reflet. Elle tend au contraire à le caricaturer, surtout aux regards de tiers. C'est ce qui se passe à l'égard du malade et qui contribue à augmenter ses angoisses hospitalières. L'infirmière qui se fait image du médecin, représentant du médecin, va mettre tout en œuvre pour soutenir le prestige du médecin dont elle se revêt. Ceci, dans les cas extrêmes, cas d'ailleurs qui ne sauraient se prolonger longtemps, pousse l'infirmière à augmenter la distance entre le malade et elle, à en faire un personnage inférieur, ou mieux, un objet. L'identification ne peut, en fait, jamais réussir dans la réalité. Elle ne peut qu'octroyer des satisfactions imaginaires, assez peu substantielles. Il resterait alors à l'infirmière qui se serait engagée sur cette fausse route et qui reconnaîtrait l'impasse, à renoncer à être le médecin... peut-être pour l'avoir.

...ou retrouver un père imaginaire.

Il est possible d'aller un peu plus loin dans l'étude de ces relations infirmière-médecin. On montrera plus loin, mais la chose peut aisément être admise par intuition, que le médecin est fréquemment investi d'une fonction paternelle, non seulement aux yeux du malade, mais aussi pour l'ensemble du public qui l'entoure, donc également pour l'infirmière. On sait d'autre part que les images de sauvetage, notamment dans les rêves, expriment fréquemment un désir de procréation. Ainsi, l'intention motivant la vocation d'infirmière: sauver des malades en collaborant avec le médecin, peut se traduire par sauver une vie, donc créer une vie avec le médecin, substitut paternel. C'est la réalisation du désir de petite fille: « Je veux me marier avec papa ». C'est aussi prendre la place de la mère: on retrouve après ce circuit dans le monde des fantasmes, le point de départ, la puéricultrice qui désirait se substituer à la mère auprès de l'enfant. Ce circuit, c'est celui de la réalisation fantasmatique du complexe d'Œdipe. S'il fallait encore une confirmation de l'étendue de ce monde imaginaire, on la trouverait dans l'exemple de certaines sages-femmes qui se comportent parfois de façon désagréable, hostile, voire sadique à l'égard des parturientes ou des accouchées. Comme si elles avaient à se venger des mères.

La profession peut donc servir à réaliser des fantasmes, à donner une apparence de vérité ou de réalité à ce qui n'est que rêverie. Il est certain que de tels processus entraînent une satisfaction qui peut sembler suffisante à certaines personnes, voire même préférable aux satisfactions réelles. Se contenter de satisfactions imaginaires constitue le plus souvent un trait névrotique de la personnalité, et c'est probablement de s'être contentée de pareilles satisfactions que se développent ces personnalités décrites au début de ces considérations, ces infirmières acariâtres et dominatrices, demoiselles endurcies, chez lesquelles, parfois, un pseudo-mariage ne réussit pas à donner le change à une vocation bien ancrée de célibat.

La réalité vient parfois au-devant des rêves et induit une confusion qui peut faire vaciller les esprits les plus stables. Dans ce cas, des positions fantasmatiques sont entièrement camouflées derrière de telles « réalités ». C'est ainsi que, dans certains pays, la profession d'infirmière est incompatible avec le mariage. Tout se passe comme si l'on voulait renforcer, entériner les rêves qui sont parfois à la base de la profession. Il existe d'autres professions pour lesquelles le mariage est interdit, les hôtesses de l'air, par exemple. Ces interdictions permettent la réalisation des fantasmes des intéressées mais viennent en même temps les constituer comme objets de fantasmes pour autrui. Elles sont, ces femmes de rêves, toutes désignées aux imaginations érotiques des hommes, imaginations reprises et entretenues par toute une littérature spécifique de la civilisation occidentale, une civilisation de la capture par l'image.

D) *ROLE DE L'INFIRMIERE*

La réalité de l'infirmière s'éloigne de cette image. Le développement des techniques médicales, chirurgicales, de réanimation exigera un développement technique et une spécialisation toujours plus poussée de l'infirmière. Mais son rôle psychologique dans une salle de malades ne peut être abandonné. Peut-être devra-t-il être tenu un jour par une infirmière spécialisée dans cette fonction, une technicienne de la psychologie de groupe de malades...

Il ne s'agit que du rôle psychologique.

Cette fonction est inévitable. Qu'elle le veuille ou non, qu'elle le sache ou non (elle ne peut d'ailleurs pas l'ignorer longtemps), l'infirmière est le véritable leader du groupe constitué par les malades d'un service. Elle est là en permanence, ou du moins, pendant beaucoup plus de temps que le médecin. Même si elle ne voulait pas le remplacer, les malades lui prêteraient une fonction de représentante. Elle partage avec le médecin la connaissance et le pouvoir, mais elle est plus accessible que lui et constitue ainsi un véritable état tampon entre malade et médecin. Elle peut consoler et rassurer mais elle peut aussi, tantôt à son insu, et tantôt consciemment, inquiéter ou assombrir l'atmosphère.

L'un des reproches que l'on fait habituellement au personnel hospitalier est de ne pas informer le malade sur sa maladie, les examens ou les traitements. Le malade n'ose pas toujours poser au médecin la question qui l'inquiète. Il se peut aussi que la réponse du médecin n'ait pas été entièrement comprise, non seulement parce qu'elle a pu ne pas être formulée en langage assez simple, mais encore parce qu'elle a été entendue dans un état d'inquiétude qui ne permettait pas la compréhension. Aussi est-ce le plus souvent vers l'infirmière que va se tourner le malade. L'infirmière a conscience de cette fonction d'informatrice et ceux qui ont eu l'occasion de participer à des enseignements dans des écoles d'infirmières savent qu'elles s'interrogent

sur les réponses à donner aux questions des malades.
Il est bien difficile de donner des recettes valables dans
tous les cas. Ce qui accroît fréquemment la difficulté est
l'implication personnelle de l'infirmière. Un exemple vaudra
peut-être mieux que des considérations théoriques.

L'un des grands problèmes: que dire aux malades?

Dans une école d'infirmières, lors d'un cours de psychologie dynamique, fut soulevée la question: « Que faut-il
dire à des malades dont on sait qu'ils sont condamnés et
qui demandent à connaître le diagnostic et surtout le pronostic de leur maladie? » Les élèves appelées à suggérer
des réponses ou des attitudes se rendirent compte que le
débat s'enlisait rapidement dans des considérations métaphysiques ou morales sur la vérité, la force de la personnalité et le pieux mensonge. On leur proposa alors un psycho-
drame sur ce thème, c'est-à-dire qu'on leur fît jouer la
scène dans une improvisation théâtrale. La participation
affective fut très intense, suscitant angoisse et crise de
larmes. Le même thème fut répété dans différents groupes,
en alternant parfois les rôles des acteurs. Il apparut que l'un
des motifs de l'angoisse ressentie par les acteurs était la
transposition de la scène à une situation de leur vie familiale. Le malade incurable apparaissait rapidement comme
représentant un membre de la famille de l'infirmière auquel
cette dernière était liée dans une relation ambivalente, ce
qui est fréquemment le cas dans les relations familiales,
surtout lorsqu'elles sont plus ou moins infiltrées d'attitudes
névrotiques.

D'abord entendre ce qu'il demande.

Cette position personnelle étant élucidée, la question
du malade pouvait être abordée de façon très différente.
Il ne s'agissait plus de savoir quoi lui répondre, mais d'entendre le sens de sa question. On découvre alors que son
angoisse était suscitée par une hésitation perçue chez le

médecin, par une bribe de phrase mal comprise qui pouvait même ne pas le concerner, voire par une contrariété tout à fait extérieure à la maladie. Très souvent aussi, il suffit d'expliquer au malade en quoi consiste le traitement qu'on lui fait subir, les résultats qu'on peut en attendre. Il convient également de lui expliquer de façon simple les résultats des examens. A ce prix, l'angoisse diminuera considérablement. Le jeu psychodramatique montre que l'angoisse de l'infirmière devant une question du malade entendue comme: « vais-je bientôt mourir? » résulte d'une fausse situation dans laquelle l'infirmière usurpe en quelque sorte une position de détenteur de la vérité. Tout se passe comme si cette connaissance était l'équivalent d'une condamnation formulée par elle, condamnation qui prend évidemment toute sa portée dramatique lorsqu'elle concerne un personnage aussi chargé de signification affective qu'un membre de la famille. A la limite, savoir qu'un malade va mourir est vécu comme être la cause de sa mort. La baudruche imaginaire se dégonfle à partir du moment où cette vérité est mise en question. Le savoir sur la mort future d'un malade quelconque est en effet toujours aléatoire.

Une conduite débarrassée de toute dramatisation par des facteurs personnels, entraîne un accroissement de la sérénité du malade et augmente ce qu'on appelle traditionnellement sa confiance dans le médecin. Il s'abandonne à lui, le laisse maître des opérations et lui reconnaît le droit de disposer de son corps. Cette attitude peut être dite infantile. Elle est un effet de la régression, cette réaction inévitable à tout état de maladie, qui se trouve largement renforcée par l'hospitalisation. On voit aussi apparaître que cette régression n'a pas seulement des effets négatifs, connotant les différents déficits familiaux et socio-professionnels du malade, mais aussi des effets positifs, le mettant en état d'accepter la relation au médecin dans une situation où il n'est pas à même d'assumer les soins de son propre corps.

Chapitre 8

REFLEXIONS DISPARATES
SUR UNE EVENTUELLE FONCTION DE LA MALADIE

Ce titre a valeur d'hypothèse. Il peut paraître choquant après ce qui a été dit du sens ou plutôt du non-sens de la maladie. Pourtant, au terme des considérations sur les relations du malade au groupe et avant d'aborder la rencontre avec le médecin, il y aurait lieu de se demander si, au-delà de sa réalité biologique, au-delà de sa problématique relationnelle, la maladie n'avait pas une signification qui dépasserait et l'individu et son groupe, une signification qu'il faudrait tenter de cerner. Il ne saurait s'agir que de conjectures vouées d'avance à toutes les critiques propres à ce genre d'essai. Elles paraissent néanmoins légitimes, car éclairer le débat sous un angle nouveau ne peut que favoriser la révision des attitudes traditionnelles du médecin à l'égard du malade.

La maladie
comporte certains bénéfices évidents.

On aurait pu être tenté par un autre titre pour ce chapitre, c'est celui d'utilisation de la maladie. Il s'agirait là de données beaucoup plus connues et qui susciteraient moins de controverses. Il est bon de les rappeler afin de pouvoir les développer jusqu'à en tirer un sens plus général. La maladie peut être exploitée par le malade, elle peut être pour lui une source de bénéfices que l'on appelle bénéfices secondaires lorsqu'il est question d'affections névrotiques, mais que l'on peut appeler bénéfices tout court en pathologie générale. Outre les avantages immédiats: arrêt de travail, suppression des obligations familiales et sociales, satisfaction régressive, la maladie permet de fuir totalement la réalité. Elle offre au malade la possibilité de se retirer dans son imagination, dans un monde bien à lui où il est libre. C'est bien de liberté qu'il s'agit. Il peut même paraître étonnant devant la monotonie de la vie quotidienne que si peu de gens choisissent la libération imaginaire. Si peu? Ce n'est pas exact. Ils ne choisissent pas tous la maladie parce que finalement on ne peut pas la choisir, on ne peut que l'exploiter lorsqu'elle survient. Par contre, tous les autres moyens de fuite devant la réalité sont largement utilisés. Les succédanés de rêves foisonnent. Dès l'enfance, l'être humain s'abreuve de merveilleux. On considère habituellement que l'enfant a la faculté de croire à ce merveilleux et de le vivre, alors que chez l'adulte le sens du réel assignerait à ce merveilleux des limitations strictes et infranchissables. Dans ce cas, bien peu de gens ayant dépassé la majorité légale auraient droit au titre d'adultes. La faculté de se leurrer, de se duper, de se mystifier est extrêmement développée. Tous les prétextes sont bons: illusions amoureuses, littérature à sensation, spectacles permettant l'identification à des héros dont la caractéristique essentielle n'est pas d'être heureux, mais de vivre. Ce n'est pas le malheur qui rend la vie humaine insupportable à trop de gens, c'est la monotonie. On ne s'identifie pas au personnage parfaitement heureux, mais à celui ou à celle à qui il arrive quelque chose. On pourrait multiplier à l'infini les exemples d'illusions offertes à la masse afin de lui faire croire qu'elle vit. Tous les « opiums du peuple » pourraient défiler: religion, sport, mode, politique, etc. Que l'on n'aille pas croire que cette caricature de dévalorisation de toutes les activités humaines ne s'applique qu'au « peuple ». Elle est vraie pour tous ceux qui attendent passivement l'aventure, l'expérience vécue venant du dehors, tous ceux qui ont méconnu que la vie était d'abord en eux-mêmes. Pour que toutes les mystifications soient possibles, il faut que les cloisons entre imaginaire et réel soient faibles, que l'adulte soit resté en partie enfant, qu'il souffre d' « immaturité affective ». Or, si l'on en croit les psychologues, il est peu d'êtres humains qui échappent à ce syndrome, alors que tous avaient de quoi le dépasser. S'ils ne l'ont pas fait c'est qu'ils ont choisi l'imaginaire contre le réel, parce que comme le dit à peu près le slogan commercial d'un périodique distributeur d'illusions: l'imagination est plus belle que la réalité.

Elle est aussi un refuge dans l'imaginaire.

Lorsque la routine professionnelle quotidienne devient trop désespérante, lorsque la vie familiale de tous les jours n'est plus que la répétition permanente d'une déception: celle de la fin de l'illusion amoureuse, lorsque tout dément les constructions mythiques d'un avenir merveilleux, l'être humain a besoin que quelque chose se passe pour l'arracher à une réalité trop connue. La maladie est l'un des refuges bienvenus. Il est vrai que de nombreux conflits se résolvent en faveur du malade. Des difficultés professionnelles, des tensions familiales, des sources de déceptions s'effacent, s'aplanissent. On pardonne au malade des erreurs ou des fautes qu'il a pu commettre, on excuse des paroles blessantes, on minimise son mauvais caractère: « Vous comprenez, tout ça, c'était déjà la maladie qui le travaillait et qui le rendait insupportable ». La maladie efface, la maladie autorise, la maladie accorde des licences.

Les facilités, les bénéfices précédents ne sont pas accordés gratuitement par la société. Il faut que le malade, pour en jouir réellement, se mette dans la peau du malade, il faut qu'il manifeste sa maladie au vu et au su de tous, il faut qu'il assume le rôle du malade. Le malade est un personnage. En jouant son rôle, il dépasse les petits bénéfices qu'il pouvait lui-même en escompter. Il n'est plus celui qui, égoïstement, se réfugiait dans sa maladie, il est l'acteur qui incarne cette maladie qui le transcende: il célèbre la fonction de la maladie.

L'utilisation de la maladie était en grande partie consciente. L'enfant pris de douleurs abdominales la veille d'une
composition sait que, s'il est pris au sérieux par ses parents,
il évitera d'aller en classe au prix de quelques inconvénients
médicamenteux. L'ouvrier sait qu'une bonne grippe lui
gagnera quelques jours de congé. Le mari qui rentre trop
tard n'ignore pas qu'on vérifiera de moins près son emploi
du temps s'il l'accompagne de plaintes concernant sa santé.
Mais à côté de cette utilisation consciente, de cette exploitation un peu mesquine de la maladie, c'est-à-dire de la
souffrance humaine, n'y a-t-il pas aussi bien au niveau de
l'individu qu'au niveau du groupe social, une fonction
plus mystérieuse, profondément inconsciente de la maladie?

Tous les bénéfices dont il a été question jusqu'à présent
étaient des dispenses accordées à l'individu. Il avait le
droit de refuser une activité, il avait le droit de suspendre
une relation avec autrui: il était rendu à lui-même pour ne
rien faire, pour ne plus jouer de rôle familial ni social,
pour ne plus être que le malade. Mais être le malade reste
du domaine conscient. Etre malade, c'est aussi autre chose,
mais que l'on n'exprime pas, que l'on n'avoue pas. C'est
comme on l'a montré au chapitre 3, être exposé à la
mort. On a vu comment la maladie pouvait être utilisée en
guise de leurre, donnant l'illusion d'une lutte possible
contre la mort, jusqu'aux derniers instants de la vie. Cette
lutte, personne apparemment ne met en doute qu'elle
constitue une sorte d'impératif catégorique imposé à l'homme. Et pourtant, si cette lutte même n'était qu'apparence,
que masque pour un désir horrible, celui justement de
s'autoriser à mourir, celui de connaître enfin l'innommable?

Dans son rapport à la mort,
la maladie offre paradoxalement
une sorte de protection.

La maladie est l'étape qui précède la mort. L'horreur
devant la mort, la révolte contre elle, sont les références
obligatoires de toute vie humaine. La mort donne son
sens à l'existence qui est lutte contre la mort. C'est une

lutte de tous les instants, une révolte permanente contre tous les aspects, contre toutes les images de la mort. La monotonie est une de ces images. On pourrait évoquer ici l'une des terribles charges de la « Danse des vivants » de Bruller, alias Vercors, et qui s'appelle: la Morte. Elle représente une petite commerçante assise derrière son comptoir, que l'on imagine aisément avoir été assise ainsi toute sa vie, et rien ne permet d'imaginer que quelque chose puisse un jour rompre cette « vie ». Le sommeil aussi est une image de la mort. Mais si la mort est constamment présente dans la vie humaine, si elle requiert une lutte quotidienne, c'est que l'être humain aspire au repos. S'il lutte contre la mort, c'est qu'il lutte en fait contre l'une des tendances principales de sa nature. Il semble que quelque chose le pousse invinciblement à rechercher le repos. C'est que, sans oser se l'avouer, il aspire à la fin de la lutte, il attend, dans un sentiment profondément ambivalent, sa dernière heure. On a vu que la maladie lui accordait le droit de se détacher du monde, de se replier dans son néant personnel. La maladie lui donne le droit d'être comme mort, tout en lui octroyant les meilleures protections contre la mort, la maladie devient un moyen de tromper la mort, tout en satisfaisant ce goût immanent à l'être humain du flirt avec la mort. Freud a appelé cette tendance « pulsion de mort », et il l'a comparée à une force maintenant l'homéostasie. Il n'y a rien à ajouter à l' « Au-delà du principe de plaisir ».

La maladie repos, la maladie image de la mort représente le plan individuel, biologique de la fonction de la maladie. Il vaudrait mieux désigner ce plan par le rôle du malade. Pour que la fonction soit complète, il faut la participation sociale, ou pour reprendre une expression déjà utilisée, la complicité sociale. On verra plus loin que cette complicité dépasse ce cadre teinté de mauvaise foi pour atteindre à une communion. Le groupe communie avec celui qui incarne le personnage du malade, parce que ce personnage est indispensable. La société a besoin du malade. Elle a besoin de pouvoir revêtir à son tour le rôle de l'homme malade. La maladie est une soupape de sûreté. On est prêt à tout accorder au malade, à lui éviter toutes les fatigues. On n'émet à son égard aucune exigence. Il a le droit d'être libre, de se retrouver seul avec lui-même. Cette plongée régressive que constitue la maladie n'est pas seulement le résultat de la situation nouvelle faite au malade. Il est probable que de telles régressions temporaires soient indispensables. L'être humain a besoin de se retremper dans la rencontre avec lui-même, de se livrer à un retour en arrière qui le rapproche de ses sources, de ses origines. Il le fait d'ailleurs spontanément, dans le sommeil, le rêve, dans toutes les activités auto-érotiques qui sont loin de se limiter à la masturbation. Heureusement pour l'homme, d'ailleurs, que tous les équivalents masturbatoires n'ont pas encore été repérés par les Tartuffe et les Basile, sinon la vie serait devenue radicalement impossible sur terre. Ce renforcement narcissique est indispensable pour reconstituer cette véritable réserve fiduciaire, qu'on dépense avec prodigalité dans la rencontre intersubjective. Lorsqu'au début du siècle, Freud publia sa « Traumdeutung », les médecins furent lents à pressentir que cette œuvre consacrée au rêve comme protecteur du sommeil, était de celles qui allaient ébranler le sommeil du monde. Quant aux physiologistes qui auraient dû être les premiers intéressés par un ouvrage concernant le sommeil, ou tout au moins l'une de ses manifestations, ils le méconnurent totalement. Dire qu'il aura fallu soixante ans, ce qui n'est pas rien au siècle de la bombe à hydrogène et des spoutniks, pour que les savants retrouvent, par une voie scientifique, c'est-à-dire par l'expérimentation animale, la découverte freudienne. Encore la plupart d'entre eux font-ils la fine bouche pour reconnaître l'identité des découvertes. Lorsque l'histoire des sciences aura pris un peu de recul, on se retrouvera en présence d'un de ces cas, pas tellement rares, où les savants auront mis bien du temps à pouvoir admettre, en trouvant comment la situer, une découverte faite par l'un d'eux longtemps auparavant.

Certains chercheurs reprocheront toujours à Freud, ou à la psychanalyse, son animisme, son empirisme, son pansexualisme, et pourquoi pas, au fait, son immoralisme. Ces reproches traduisent surtout le regret de n'être pas une machine ou un robot, regret qui transparaît fréquemment pour qui sait lire entre les lignes dans les travaux des médecins. Peut-être aussi le retour aux sources est-il plus nécessaire à notre époque aliénante. L'homme se trouve sollicité de toutes parts. De multiples engagements s'offrent à lui. A force d'être animal social, d'être intégré au groupe, de participer à la vie des autres, il oublie de se retrouver soi-même. Il ne sait même plus comment se retrouver et c'est alors que la maladie lui offre cette possibilité.

Pour toutes ces raisons,
la maladie apparaît comme une nécessité sociale.

Peut-on dire de l'homme qui tombe malade qu'il choisit la maladie et connaît le bénéfice qu'il en tirera? Il est peu probable que le besoin de régression soit conscient. Mais l'expérience de ses propres retrouvailles est intensément vécue. Il n'est pas rare qu'après une maladie, le sujet guéri se retrouve plus fort, plus mûr, plus adulte qu'auparavant. Du reste, il n'est pas indispensable de savoir pourquoi, pour quel motif précis, l'homme actuel a besoin de régresser, d'être malade. Ce qui importe, c'est d'avoir reconnu ce besoin qui ne se satisfait pas seulement dans la maladie. Il a été question du goût pour l'imaginaire, du goût pour le merveilleux. Il sera encore question du culte pour tout ce qui est magique, fantastique. La satisfaction de ces tendances constitue autant de fuites devant le réel, autant de régressions. Une autre signification apparaît: la régression est une évasion de la prison constituée par un monde logique. La logique, le rationalisme, sont autant de barrières, autant de limites autant d'amputations infligées aux rêves de l'homme, à ses élans, à ses enthousiasmes. La logique méconnaît le vécu personnel et le sacrifie à l'efficacité, imposant implicitement un sens et un but à l'existence humaine qui serait, pour la civilisation occidentale, de consommer. Ce précepte qu'il ne s'agit pas ici de discuter est repris à chaque détour du monde moderne. Il offre un idéal déshumanisé, automatisé, uniformisé. Il borde de toutes parts la vie de l'individu, le happant à chaque écart afin de le précipiter à nouveau dans le droit chemin, l'étroit chemin exigé. Dans cet engrenage auquel nul n'échappe, il n'y a pas de place pour le dialogue avec soi-même, pour la retraite: la maladie est le seul moyen mis à la disposition de tous qui permette de s'arrêter un instant et de faire le point. Et c'est pourquoi chacun est prêt d'accorder ce bénéfice à autrui, parce qu'il sait qu'un jour il pourra être amené à en demander autant pour lui-même.

Quelques conceptions de la maladie à travers les âges.

Si la maladie n'existait pas, il faudrait l'inventer. La fréquence des maladies humaines est infiniment plus grande que la fréquence des maladies dans n'importe quelle espèce animale, même parmi les espèces domestiques les plus fragiles. Cette fréquence est un phénomène spécifiquement humain qui doit trouver sa signification au-delà de la virulence bactérienne, du manque d'hygiène de la vie collective et citadine, au-delà des accidents du travail et des maladies de la civilisation, au-delà aussi d'une sélection « naturelle » qui ne permettrait la survie qu'aux plus forts des espèces animales. La maladie devient un rite de survie et même de vie, et ce rite est célébré par tout le groupe social. Il n'est pas inintéressant à ce propos de se pencher sur les significations que peut prendre la maladie aux yeux de la société. On pourrait considérer schématiquement que ces significations se succèdent dans l'histoire des sociétés et des civilisations. Chacune d'elles a laissé sa trace qui se trouve encore dans les conceptions actuelles. Toutes ces significations revivent à chaque moment de la célébration du culte de la maladie dont l'expérience vécue par le malade reconstitue les étapes. On peut admettre qu'aux époques reculées, dans les sociétés primitives, le malade constituait un fardeau dont il fallait se débarrasser. Ces conceptions sont illustrées par l'épreuve du cocotier.

Avec le développement de la charité, en particulier avec le christianisme, la maladie change de signification. La maladie des peuplades primitives était la manifestation d'un esprit méchant, destructeur, qui se vengeait ou qui avait été envoyé par un ennemi. La maladie était une sanction. Dans les conceptions monothéistes, le rôle de la divinité dans la genèse de la maladie n'est pas moindre, mais il est différent. Déjà dans le livre de Job, la maladie est une épreuve, non pas envoyée par Dieu, mais autorisée par Lui. Cette conception va s'élaborer et s'affiner. L'épreuve n'est plus gratuite, destinée uniquement à mesurer la force d'âme de l'être humain. La maladie devient une occasion offerte par Dieu pour se purifier: la maladie devient grâce. Le malade n'est plus victime d'un esprit malin, il est l'élu auquel Dieu lui-même offre la possibilité de se rapprocher de Lui. En tant qu'élu de Dieu, le malade devient objet d'adoration, d'admiration et d'amour. Le malade devient exemplaire, c'est du moins ce qui ressort de certains livres de la comtesse de Ségur. C'est la conception de la maladie-grâce qui a permis le développement de la solidarité sociale contre la maladie, et le perfectionnement de la médecine contemporaine, bien que ce résultat soit apparemment paradoxal: on met tout en œuvre pour retenir sur terre celui que Dieu a choisi pour le rappeler à Lui. La médecine n'en est d'ailleurs pas à un paradoxe près.

La grâce n'est pas la dernière des grandes conceptions culturelles de la maladie. Il en est une autre beaucoup plus récente, peut-être appelée à un important développement. Si l'on se rapporte aux considérations précédentes ayant trait à l'organisation de la vie humaine, on est forcé de constater que le malade se soustrait à son rôle d'homme bien portant, c'est-à-dire de rouage efficace et productif dans l'engrenage social. Le malade ne produit ni ne consomme plus, il se fait au contraire entretenir par la société. Cette conception porte en elle l'attitude la plus primitive, celle qui considérait la maladie comme un fardeau, mais avec une nuance nouvelle, rendue possible par l'évolution des sciences médicales. Alors que dans les sociétés archaïques la guérison est soumise au bon vouloir des génies, la société contemporaine offre au malade toutes les possibilités de s'améliorer. S'il ne guérit pas, c'est qu'il ne veut pas guérir, c'est qu'il refuse d'assumer son rôle social, il se comporte en traître. La maladie devient trahison à l'égard de la société. Il faut préciser qu'il s'agit de la maladie non soignée. Par contre, le malade qui se soigne et qui guérit est un héros social qui sera accueilli avec joie par le groupe tout entier lorsqu'il reviendra pour reprendre sa place, ce qui aura pour avantage de supprimer tout problème de reclassement social.

Pour éviter de céder à la tentation de la maladie,
son usage exige d'être contrôlé.

Derrière toutes les conceptions qui viennent d'être énoncées se profile la même notion inavouée que la maladie est une fatalité, que l'individu risque de s'y laisser entraîner comme on se laisse aller à un plaisir, à un vice ou à une passion. Il en découle que toutes les précautions prises ne sont pas de trop pour éviter l'abus de ce plaisir. La société a donc été amenée à instituer des règles qu'il faut respecter si l'on veut avoir le droit d'être malade, elle a ritualisé la maladie. La maladie, rite social, a pour fonction d'éliminer les scories inassimilables engendrées par la vie sociale. Ces scories sont plus abondantes à mesure que les collectivités se déshumanisent, que la civilisation et le progrès technique se développent. Toute interdiction entraîne un regret ou une frustration. Mais ce sont aussi les interdictions, les lois qui permettent le passage de l'état de nature à l'état de culture. Toutes les frustrations, tous les regrets, tous les espoirs détruits constituent un arriéré inabsorbable que rien ne vient compenser sauf la maladie, et les différentes formes de rêves déjà signalées. On conçoit que cette fonction capitale doive être célébrée avec toute la pompe qu'elle mérite. Il s'agit même de la célébration d'un mystère, car les significations dernières sont ignorées par tous les participants. Le cérémonial de la maladie ne s'improvise pas. Il ne faudrait pas qu'un usurpateur, qu'un faux prophète se pare du titre de malade. Il faut donc que le malade soit reconnu, que la maladie soit authentifiée par le prêtre qui la sert. Or, qui d'autre que le médecin peut reconnaître la maladie, qui d'autre vit suffisamment dans son intimité pour savoir la découvrir sous ses multiples aspects. Le médecin devient le prêtre de ce rite.

Le médecin consacre le malade aux yeux du groupe social. Grâce à son intervention, on sait qu'on a affaire à un malade véritable et qu'il est légitime de lui accorder les dispenses dues à son rôle. Tout se passe comme si l'une des fonctions du médecin consistait à donner l'autorisation d'être malade. Avant même d'aborder les chapitres consacrés au médecin, on devine ici la source d'une incompréhension fondamentale et pratiquement insoluble entre malade et médecin. Dans la perspective de la maladie, rite de survie, la consultation est un moment important, initiatique, de la maladie. Mais cette signification transcendante au malade échappe à sa connaissance. On serait presque tenté de dire que c'est son inconscient qui la motive, car c'est sa personnalité inconsciente qui sera la première à bénéficier de la maladie, c'est l'inconscient, réceptacle de tous les espoirs interdits par la civilisation, qui va pouvoir en affranchir quelques-uns. Le médecin, peut-être plus encore que le malade, ignore tout de cet aspect rituel, mystique ou magique de la consultation. Le malade demande à être reconnu comme tel, il veut que le médecin lui donne le droit d'être malade. Le médecin, par contre, pense que le malade vient le consulter pour se débarrasser de sa maladie. Ceci n'est pas fait pour faciliter l'établissement d'un langage commun. C'est au niveau du groupe que la signification du recours au médecin apparaît le plus nettement comme officialisation de la maladie. Un patient est considéré comme malade à partir du moment où il a vu le médecin pour la première fois. Et lorsqu'un autre médecin demandera la date du début de la maladie, on lui indiquera d'abord la date de la première consultation médicale. Dans toutes les collectivités, d'ailleurs, cette signification du premier acte médical est manifeste. A l'armée, on est reconnu malade après avis du médecin. Dans certaines grandes entreprises, comme les exploitations minières, on retrouve des faits analogues: un ouvrier est dispensé du travail uniquement après la constatation du médecin. Mais il s'agit là d'une forme presque dégénérée de la fonction de la maladie: il ne s'agit plus d'un office revitalisant ou réhumanisant, mais simplement de l'attribution des bénéfices secondaires les plus banals, congés supplémentaires, allocations-maladie, suppression des corvées quotidiennes. Ces bénéfices sont peut-être la transcription sur le plan conscient de la signification symbolique de la maladie.

Il est intéressant de noter que certaines considérations des sociologues rejoignent, en empruntant une voie toute différente, les conclusions amenées par le raisonnement psychologique. La maladie est apparue comme un rite de survie et en dernier ressort, aussi paradoxal que cela puisse paraître, une sorte de défense contre la mort. La sociologie a montré que la fréquence des maladies n'était pas la même dans toutes les populations et ceci en tenant compte des différents niveaux d'hygiène. Les études démographiques et ethnographiques ont mis en évidence un facteur nouveau dans la fréquence des maladies: il s'agit du coefficient de sécurité. Il faut entendre par là le degré de sécurité individuelle qu'offre à chacun la civilisation dans laquelle il vit. Il peut s'agir de la protection contre les agressions magiques. On envisage facilement les terreurs que peuvent entretenir parmi les peuplades primitives des superstitions fétichistes. Mais la menace de guerre ou la psychose de guerre, entretenues dans les grands pays à la pointe du progrès, sont aussi efficaces que les menaces des sorciers. Le coefficient de sécurité semble donc être une grandeur difficilement mesurable, mais dont la signification est aisément saisissable.

Or il est apparu que la fréquence des maladies est directement proportionnelle au coefficient de sécurité. Plus la vie d'un groupement est réglée, policée, protégée, moins son existence est soumise à l'imprévu, plus s'accroîtra sa morbidité. Ce que l'on pourrait traduire autrement: à mesure que se rétrécit la marge laissée au risque, à l'aventure, la fréquence de la maladie s'étend. Comme si elle venait se substituer justement à cette possibilité d'aventure ou d'ouverture qui apparaît ainsi comme une perspective indispensable à une vie humaine au sens plein du terme.

TROISIÈME PARTIE

LA RENCONTRE MALADE-MÉDECIN

Chapitre 9

L'IMAGE DU MEDECIN

C'est une action exorbitante, un attentat énorme contre la Médecine, un crime de lèse-Faculté qui ne se peut assez punir.

(Malade Imaginaire, III, 5.)

A) *DU TITRE*

Le médecin n'est pas un homme comme les autres. Même lorsqu'on le fréquente amicalement et en dehors de toute préoccupation professionnelle, il se distingue, ou plus exactement on le distingue dès qu'on s'adresse à lui. On ne lui dit pas Monsieur ou Madame, on lui dit Docteur. Et combien de fois n'observe-t-on pas des gens qui s'étaient d'abord adressés à lui en l'appelant Monsieur ou Madame se reprendre et s'excuser en disant: « Pardon, Docteur. »

Ce n'est pas le médecin qui tient à cette désignation. Il semble plutôt que ce soient ceux qui le fréquentent qui éprouvent une certaine satisfaction à utiliser ainsi un titre qu'ils considèrent comme supérieur à l'apostrophe habituelle. Dire Docteur, c'est faire preuve de bonne éducation. C'est aussi laisser transparaître la fierté que l'on éprouve à fréquenter ce personnage important. Même si le médecin n'est plus actuellement une denrée rare, même s'il est fabriqué en grande série, il conserve un certain prestige qu'il va s'agir d'analyser.

Il n'est pas de meilleur moyen de mettre une personne en vedette que d'entourer son approche d'un certain rituel. Cela est vrai pour les grands de ce monde pour lesquels les désignations de majesté, excellence, s'accompagnaient de tout un rituel de salutations. Il n'est pas nécessaire de faire la révérence devant un médecin ni de s'incliner devant lui, mais l'appeler Docteur lui confère cette supériorité liée au titre qu'il partage avec tous ceux qui ont droit à une désignation spécifique, tous les maîtres, même s'ils ne sont qu'huissiers, tous les gradés militaires, du caporal au général, les ecclésiastiques, etc.

Ceux qui osent appeler le médecin Monsieur ou se permettent même de l'appeler par son nom se targuent d'une intimité qui permet toutes les familiarités ou affichent une liberté d'esprit qui leur donne la force nécessaire pour transgresser les usages. Les esprits forts et les infirmières appellent le médecin par son nom et en tirent un plaisir certain.

B) *FONCTION ET PERSONNAGE*

Si, pour l'homme bien portant, compter un médecin parmi ses amis amène à lui attribuer une position particulière, combien ce personnage va-t-il devenir plus imposant encore pour le malade. Là, ce ne sont plus simplement les conventions sociales qui vont cacher la vérité de la personne du médecin, c'est tout l'espoir que l'on met en lui qui le grandit et le gonfle. La représentation que le malade se fait du médecin est un écran sur lequel se projettent toute une série d'images dont la discrimination n'est pas aisée. Elles concernent d'une part la fonction et d'autre part les personnages médicaux.

On pourrait croire que l'unique fonction du médecin est de guérir les maladies. Mais si l'on en croit l'adage : « guérir parfois, soulager souvent, consoler toujours », cette fonction ne serait pas fréquemment remplie. La médecine moderne, d'autre part, attribue aux médecins bon nombre d'autres fonctions que celle de guérir. Prévention, dépistage, hygiène sociale impliquent autant d'activités médicales diverses et préserver la santé devient une fonction au moins aussi importante que celle de guérir les maladies, même si elle est moins spectaculaire. C'est néanmoins le rôle du guérisseur qui reste pour l'utilisateur le plus important. Mais la notion de guérison n'est pas simple. Elle le serait si elle résumait toute l'attente du malade. Or, on a déjà vu que ce dernier n'était pas toujours aussi pressé de guérir que le croit le médecin. Certaines maladies viennent au bon moment, comme ces angines bien connues survenant à l'occasion de la rentrée scolaire ou lors des compositions, pour ne s'en tenir qu'aux exemples les plus banals et les plus évidents. Ils suffisent à rappeler que la maladie n'entraîne pas que des inconvénients, mais qu'elle apporte parfois de véritables bénéfices. Aussi n'est-ce pas toujours avec une parfaite bonne foi que l'on s'adresse au médecin. On dit : « Docteur, guérissez-moi », et on ajoute parfois, in petto : « mais pas trop vite ».

La confiance envers le médecin
est un hommage ambivalent.

Ce premier petit malentendu, cette légère mauvaise foi déterminent une certaine méfiance à l'égard du médecin. Va-t-il déjouer le malade? Ce n'est que lorsque ce dernier sera sûr de l'attitude tolérante du médecin qu'il lui accordera sa confiance. On en arrive à ce paradoxe: on accorde sa confiance au médecin à condition qu'il ne comprenne pas trop. Et c'est là l'une des premières difficultés lorsqu'il s'agit de préciser les images dont on charge le médecin, images d'inquisiteur, suscitées par cette mauvaise conscience que l'on a de vouloir un peu le tromper, image aussi d'un personnage redoutable auquel on ne peut pas s'opposer par la force, mais par la ruse.

Il est relativement plus aisé de retrouver dans les représentations qu'on se fait du médecin les différents rôles qu'il a pu jouer à travers les âges et au cours de l'évolution de chaque individu.

Le médecin prend la relève
des guérisseurs et des sorciers.

Aujourd'hui, le médecin est homme de science, mais il n'en a pas toujours été ainsi, et les fonctions curatives ont été remplies par un certain nombre de personnages que le médecin résume sans pour autant les assumer. Longtemps la médecine a été associée à la magie, voire à la religion. La plupart des panthéons comportent un dieu de la médecine. (Il y aurait beaucoup à dire sur les relations entre Hermès, dieu des commerçants et des voleurs, et de la médecine. Gœthe n'a-t-il pas évoqué Hermès guérisseur?) Le sorcier des religions africaines ou indiennes, mais aussi celui des campagnes européennes il n'y a pas encore si longtemps, étaient entre autres, et parfois avant tout, guérisseur. Au point le plus élevé de sa signification le médecin se constitue comme prêtre apportant aux hommes la possibilité de survie et de vie. C'est sous cette forme magique que le médecin a dû apparaître dans l'histoire humaine. Mais ce magicien qui connaît les secrets des esprits ou des dieux est en relation avec eux et peut user de ses relations pour guérir. Ceci exige qu'on l'aborde avec respect et réserve, prudence et même méfiance. Car toute magie est obligatoirement manichéenne. La magie blanche, bénéfique, se double de la magie noire, et le guérisseur se double du sorcier, de celui qui jette des sorts, qui fait gonfler le ventre des vaches et mourir l'enfant dans la matrice, qui empoisonne les puits et fait venir les fièvres.

Ces liens se sont progressivement dissociés, mais ils ont laissé des traces en cette sorte de mémoire collective dont se nourrissent les fantasmes.

Mais aussi celle des chirurgiens-barbiers.

Il est un autre avatar du médecin qui est bien oublié, ce qui ne veut pas dire effacé. Toutes les images habituelles du médecin sont investies d'autorité et de dignité. Il en est une, pourtant, moins flatteuse: c'est celle du chirurgien-barbier. Lorsqu'un aspect technique commença à se détacher du contexte magique auquel était liée la guérison, le prestige attaché au surnaturel disparut du même coup. Aussi longtemps que le traitement consistait en incantations ou en philtres, les processus thérapeutiques restés mystérieux échappaient au sens et au raisonnement. Par contre, la taille de la pierre, l'extraction des dents, le pansement des plaies, échappaient au domaine de l'inconnu et désenchantaient l'acte médical. La médecine sans mystère, comme la femme sans mystère, perdent une grande partie de leurs attraits et il fallut plusieurs siècles aux chirurgiens, ces manuels, pour regagner l'estime perdue. On ne retrouve plus guère de trace de cette mésestime du médecin, du moins dans les représentations qu'en ont actuellement les malades. Mais une évolution qui ravalerait la médecine à une fonction sociale et ferait du médecin un fonctionnaire parmi d'autres, fonctionnaire qui pourra même être avantageusement remplacé par le moins perfectionné des ordinateurs, risque de rendre corps à cette attitude et de rejeter le médecin au rang des utilités.

Les guérisseurs n'ont pas fini d'exister et ils exercent sur le public un attrait ambigu. Ce prestige un peu trouble tente encore certains médecins qui se targuent de connaissances ou de méthodes non officielles, renforçant les vestiges de représentations révolues.

Le malade dispose ainsi de toute une série de défroques dont il peut habiller le médecin, en les panachant, en les superposant. Mais il s'agit surtout de déguisements historiques auxquels manque l'actualité vivante. Ils ne constituent que le décor dans lequel l'imaginaire va faire vivre son médecin, un médecin contemporain, chargé non pas de souvenirs littéraires, mais d'expériences empruntées au roman personnel de chacun, aux expériences de l'enfance.

Pour l'enfant, le médecin est une réalité tangible, palpable. Il est le médecin qui vaccine, fait des piqûres, opère. Cette réalité toutefois est d'emblée surchargée d'images qui sont celles que les parents ont à leur insu, communiquées à l'enfant. Si on demandait à ces parents de décrire ce que le médecin représente pour eux, on n'obtiendrait probablement que des réponses conformistes. Pourtant, le médecin est encore autre chose, même si on ne l'admet qu'avec réticence. Et il existe une voie qui permet de découvrir les racines de quelques-unes de ces images. Aujourd'hui encore, malgré la science, malgré les progrès, le personnage du médecin détermine un attrait suffisant pour qu'on désire s'identifier à lui. C'est ce que fait l'enfant qui joue au docteur et ce jeu mérite d'être étudié de plus près.

C) *LE JEU DU DOCTEUR*

Il ne s'agit pas d'apporter ici des spéculations théoriques sur le « jeu du docteur », mais les résultats d'une enquête menée auprès d'un certain nombre d'enfants. Il faut au préalable noter qu'il s'agit d'abord d'un jeu d'imitation dans la mesure où il met en scène des personnages réels: malade, médecin, personnel soignant. Cette imitation est forcément limitée à quelques-uns des aspects les plus superficiels de la réalité: vêtements, instruments, dénominations. Pour animer ces personnages, l'enfant fait appel à des improvisations qui vont se développer autour de souvenirs personnels dont on conçoit qu'ils puissent être aisément déformés, ou autour de bribes de conversations d'adultes, saisies au vol et le plus souvent mal comprises. Le jeu devient alors jeu d'imagination.

Mais tous ces éléments réellement vécus ou imaginés ne servent en fait que de prétexte à la libération d'aspirations inavouées, à l'expression de volonté d'identification, d'accession à un statut affranchi des contraintes de l'enfance. Le jeu découvre là ses moteurs les plus puissants, les sources d'un attrait qui fait que pratiquement tous les enfants y jouent ou y ont joué à un moment de leur évolution. C'est à ce niveau également que le jeu devient révélateur de la personnalité secrète de l'enfant: il devient jeu projectif.

Pour réunir les éléments nécessaires à cette étude, une enquête fut menée auprès d'une trentaine d'enfants âgés de 5 à 10 ans, issus de milieux divers. Les niveaux mentaux étaient assez différents. Cet échantillon serait insuffisant pour une étude statistique étant donné sa dispersion. Mais il ne s'agissait que de dégager certains contenus signifiants et non pas de rechercher leur répartition.

On demanda aux enfants de décrire leur façon de jouer au docteur, les règles et les rites du jeu, en essayant de saisir les motivations et les satisfactions qu'ils en tiraient. Il s'avéra impossible d'utiliser un questionnaire type. Il fallut au contraire susciter la spontanéité de l'enfant. Fréquemment, l'enquêteur fut invité par les enfants à participer au jeu. Néanmoins, les protocoles dans l'ensemble, auraient été relativement pauvres. Mais cette difficulté avait été prévue, et après chaque entretien, on demandait à l'enfant de dessiner le jeu, escomptant bien que le dessin révélerait ce qui aurait pu échapper à l'interrogatoire. Il se confirma que le dessin devait apporter le plus d'enseignement quant à la signification du jeu, alors que l'entretien permit plutôt de mettre en évidence les attitudes de l'enfant à l'égard du jeu.

Dans l'échantillon étudié, tous les enfants sans exception jouaient ou avaient joué au docteur. Mais tous ne l'admettaient pas avec la même bonne grâce. Certains même le contestaient, mais leurs camarades affirmèrent qu'ils y jouaient. Après cette rectification, ils finirent par concéder qu'ils jouaient effectivement au docteur, mais laissaient subsister quelques réticences: le jeu n'était pas amusant, ils n'y jouaient que rarement, il y avait longtemps qu'ils n'y avaient plus joué, etc. De telles réticences ne furent rencontrées que chez les garçons.

Les partenaires sont habituellement des enfants qui se voient fréquemment: même groupe d'une collectivité d'enfants, voisins, cousins, souvent frères et sœurs. Il est difficile d'établir la fréquence du jeu. Mais il semble qu'on y joue souvent, surtout lorsqu'on a pu passer ensemble un temps assez long: jeudi après-midi ou vacances, voire le soir en se couchant.

Les enfants eux-mêmes soulignèrent qu'il fallait tenir compte du matériel utilisé pour le jeu. L'importance du jeu n'a pas échappé aux fabricants de jouets qui mettent à la disposition des enfants des panoplies de docteur ou d'infirmière à côté de panoplies d'Indien, de conquérant de l'espace ou de cow-boy. On peut se demander si un outillage aussi perfectionné ne nuit pas à la spontanéité du jeu en guidant les gestes de l'enfant et en suggérant certains comportements. Il est probable que ce matériel modifie la forme du jeu, mais son contenu n'est sans doute pas profondément transformé. Il est même vraisemblable que ce matériel officialise et autorise le jeu.

Parmi le matériel de la panoplie, l'objet le plus prisé

est incontestablement la seringue. Elle est évidemment l'objet le plus redouté dans la réalité, mais aussi le plus utilisé dans le jeu. Viennent ensuite le thermomètre, les pansements, les médicaments. Le stéthoscope a nettement moins de succès et son usage reste indéterminé. Peu d'enfants savent ce qu'est l'auscultation. Dans les panoplies ne figure pas de bistouri, mais on peut présumer qu'un tel instrument aurait le même succès, voire davantage de succès que les seringues. Quelques enfants possédaient des poires à lavement pour poupées, et il faut ranger dans le matériel médical ces poupées préperforées, criblées de trous permettant aussi bien le remplissage que la vidange; c'est-à-dire l'allaitement, le lavement, les injections ainsi que la miction, la défécation ou les vomissements. La plupart des enfants qui possédaient de telles poupées aimaient surtout les remplir puis les faire uriner. Les poupées en général peuvent servir de partenaires dans le jeu du docteur.

Le jeu semble se dérouler sans ordre rigide. Mais on peut décrire trois parties d'inégale importance qui peuvent survenir successivement ou simultanément, dans un ordre variable, certaines même pouvant être entièrement négligées. Ces trois parties seraient l'anamnèse, l'examen et le traitement. L'anamnèse, c'est-à-dire le jeu des questions et des réponses, peut être absente. Parfois aussi elle permet de faire des remarques intéressantes: par exemple, le malade qui dicte au docteur les questions à poser. Quant à l'examen aussi bien qu'au traitement, ils peuvent avoir chacun un développement hypertrophique. Ils illustrent des aspects et des significations très différents. Dans certains cas, les palpations, inspections, explorations, attouchements, se prolongent jusqu'à la fin du jeu. D'autre fois, ce sont les soins qui dominent: piqûres, pansements, interventions chirurgicales, administration des médicaments.

La fréquence du jeu souligne son importance. Pourquoi l'enfant joue-t-il au docteur, quelle satisfaction, quel plaisir en tire-t-il? Les réponses des enfants ne sont pas d'un grand secours, car pour être valables, elles devraient faire appel à une prise de conscience dont l'enfant n'est guère capable dans les conditions de l'enquête. Il faut donc se reporter à la signification générale du jeu: l'imitation de la réalité, c'est un peu la maîtrise, la possession de la réalité. Jouer au docteur, c'est être le docteur et s'investir de ses qualités, de ses pouvoirs, de ses prérogatives, de même que jouer à l'Indien c'est être l'Indien, et jouer au voleur c'est être le voleur qui s'oppose aux lois de la société. On verra par la suite pourquoi certains aspects du docteur paraissent si enviables à l'enfant.

Ce qu'il importe de dégager d'abord est l'image, simple ou complexe, du médecin dans le jeu. Il semble que cette image soit à trois dimensions principales. La plus évidente, celle qui apparaît le plus clairement et avec le moins de réticence, est une image protectrice, une véritable fonction maternelle.

Un rôle maternel protecteur.

La mère ou le médecin-mère, qui apparaît le plus souvent sous forme d'infirmière dans les dessins, protège. Elle crée une ambiance douillette. On est couché dans un bon lit, on lit un beau livre. C'est la source évidente de tous les bénéfices secondaires qu'on demandera par la suite à la maladie. On s'abandonne, on se laisse soigner, tripoter, nourrir, voire laver et lavementer. On n'a plus besoin de rien faire. On est absolument passif. Cette passivité devant le maternage explique également la résistance des garçons: ils sentent bien que la passivité les menace dans leur essence même de jeunes mâles, et s'ils clament si fort leur refus, c'est bien pour se convaincre eux-mêmes que la passivité pour eux n'a pas d'attraits, qu'ils ne succomberont pas à la séduction de cette mère tentatrice dans son rôle protecteur.

L'un des aspects les plus investis de cette fonction maternelle-protectrice est la nourriture. La mère nourrit, bien sûr, et le côté maternel du médecin se retrouve dans l'importance que prend l'alimentation, l'oralité, dans la régression liée à la maladie. Les médicaments sont souvent administrés *per os*, mais en outre, le régime alimentaire des petits malades ne comporte pas que des privations. Ce sont surtout des enfants vivant en collectivité qui soulignèrent cet aspect particulier de l'image du médecin et de l'expérience de la maladie. Quand on est malade, on vous confectionne de bons petits plats et, disait une petite fille, la cuisinière ajoute un dessert. En outre, les personnes qui rendent visite aux malades leur apportent souvent des friandises.

Un rôle paternel autoritaire.

La deuxième dimension, complémentaire de la précédente, est celle de la puissance. Le médecin est un personnage puissant. Il inspire une certaine crainte. Il commande et il faut qu'on lui obéisse. A plusieurs reprises est apparu au cours de l'enquête que dans le jeu, c'était le rôle du médecin qui était enviable. Certains enfants n'aiment pas y jouer parce qu'on ne les laisse pas être le médecin; d'autres n'acceptent de jouer qu'à condition d'être le médecin. D'autres, enfin, réussissent grâce à un stratagème, à se substituer au médecin, même lorsqu'ils sont les malades: ils dictent au médecin les questions à poser.

Cette puissance du médecin offre certains aspects particuliers. Tout d'abord, les parents eux-mêmes se soumettent à son autorité et manifestent leur respect à son égard. Il est l'oracle qu'il faut se concilier afin qu'il ne prononce pas de sentence maléfique. Il aura donc le droit d'exiger en échange des sacrifices propitiatoires. En outre, certains actes du médecin sont douloureux: il fait des piqûres, des pansements, il coupe, etc. Par-dessus le marché, il faut encore lui dire merci. Il est donc aussi un personnage redoutable, paternel dans une certaine mesure. Il faut entendre paternel au sens patriarcal ou du *paterfamilias* qui exerce la puissance et incarne la loi, qui exige et interdit et qui en revanche, sert de modèle pour devenir soi-même un homme. C'est donc un père plus puissant que le père réel qui apparaît à l'enfant, un père auquel il est bien tentant de s'identifier. Mais l'excès même de la puissance paraît redoutable et c'est une raison de plus, pour les garçons, de contester le goût pris au jeu du docteur: le sentiment d'une usurpation de la fonction paternelle ou de la place du père n'est pas tout à fait refoulé. Or, c'est là un désir inavouable, car on ne sait jusqu'où irait la sanction.

Un rôle sexuel licencieux.

Toutefois, le véritable motif des réticences à l'aveu du jeu est à chercher ailleurs. L'enfant, le petit garçon surtout, qui ne veut pas reconnaître qu'il joue au docteur, et qu'il aime y jouer, éprouve un sentiment de gêne, il est comme pris en faute. Cette notion de la faute se retrouve dans un tout autre contexte, chez certains malades mentaux, les mélancoliques, qui s'infligent eux-mêmes des tortures morales pouvant aller jusqu'au suicide, parfois dans des conditions de cruauté raffinée, parce qu'ils se reprochent des fautes commises autrefois. Or, il n'est pas exceptionnel de relever parmi ces auto-accusations des mélancoliques celle d'avoir autrefois joué au docteur. Il devient évident que l'aspect culpabilisant du jeu du docteur, qui constitue la troisième dimension de l'image est la licence sexuelle. Les malades qui viennent d'être cités appartiennent habituellement à une génération antérieure aux enfants qui ont fait l'objet de cette étude. Le jeu du docteur était certainement plus secret, plus caché à cette époque. Il a reçu aujourd'hui une officialité, grâce notamment aux panoplies de médecin, qui diminue largement le sentiment de culpabilité. La conversation sur des sujets sexuels, l'éducation sexuelle sont autorisées, le tabou est partiellement levé. Il est assez peu probable que le fait d'avoir joué au docteur constitue aujourd'hui encore le germe d'une auto-accusation mélancolique. Mais la satisfaction tirée du jeu reste assez grande pour justifier le secret. C'est son plaisir que protège l'enfant qui nie, ce plaisir attaché à la satisfaction du désir. Et c'est en dernier ressort le désir qu'il faut cacher. L'enfant ne sait rien des découvertes psychanalytiques concernant le désir. Il ne sait pas qu'il s'agit d'une transgression de la loi. Il ne sait pas que la sanction redoutée est la castration. Mais il se comporte comme s'il le savait.

Un dessin d'enfant était à cet égard particulièrement signi-
ficatif. Il représentait deux lits. Sur l'un, deux silhouettes
étaient étendues, nues. Bien que dessinées très schématiquement, l'une d'elles avait entre les jambes un petit trait:
le pénis du petit garçon qui jouait au docteur avec la petite
fille. Sur le deuxième lit, un personnage identique était
soumis au traitement d'un médecin qui manipulait cet
appendice avec une sorte d'instrument évoquant le bistouri.
    Il est certain que même si aucune interdiction, aucune
menace n'ont jamais été proférées, tout jeu sexuel est
ressenti comme une infraction et ceci beaucoup plus vivement par le petit garçon qui, lui, a quelque chose à perdre.
Le jeu du docteur est avant tout un jeu sexuel. On se
contemple, on s'explore, on se caresse. Cette conduite est
le type même des « petits jeux érotiques » du Meilleur des
Mondes. Pourquoi le médecin? Alors que tous les couples
en font autant. C'est que justement on reconnaît au médecin
la licence de transgresser certains interdits, et on s'identifie
ainsi dans le jeu au personnage qui a le droit de tout faire.
Ceci offre le prétexte de se défaire de toute pudeur gênante
à l'égard du partenaire du jeu. C'est la convention, la
règle du jeu. On fait comme si on était malade et docteur;
on peut donc tout montrer, tout regarder, tout palper. Mais
il ne faut pas qu'une personne du monde des adultes fasse
irruption sur la scène. Elle ne comprendrait pas que le jeu
est une fiction, elle croirait que les choses sont réelles et
qu'on s'est livré à des activités répréhensibles. La surprise
par l'adulte viendrait donner au jeu une dimension de
réalité qui le rendrait angoissant en faisant disparaître
justement le caractère du jeu. On pourrait remarquer en
passant que les filles sont beaucoup moins sensibles à la
culpabilité du jeu du docteur. Il semble que, quel que soit
le rôle qu'elles jouent, ce rôle soit beaucoup plus tolérable
au grand jour. La préparation à la fonction maternelle
bénéficie sans doute d'une telle complicité, ou plus exactement d'un consentement tellement général que tout ce qui
y prépare est accepté facilement par la plupart des adultes.
Bien entendu, il y a là aussi des exceptions.
    Mais ce qui importe est de retenir la dernière caracté-

ristique de l'image du médecin: le droit à la transgression. En fait, il s'agit là d'une expression paradoxale. Si elle est autorisée, il n'y a plus transgression, mais licence. C'est donc bien de licence qu'il faudrait parler au sujet du médecin. Mais dans l'esprit du public subsiste l'ambiguïté née à l'âge du jeu du docteur, où il s'agit de licence pour les partenaires, véritable licence théâtrale, et de transgression pour l'adulte qui découvrirait le jeu. Le médecin restera ainsi pour toujours revêtu du nimbe héroïque de la transgression alors qu'il ne fait que bénéficier d'une licence professionnelle.

D) *SORT DES IMAGES ENFANTINES*

Les images qui peuplent le jeu de l'enfant ne sont pas créées seulement par lui. L'adulte n'y est pas étranger, même si ce jeu trahit ses pensées secrètes ou inconscientes. Il n'est pas rare que le jeu de l'enfant, voire même sa vie qui n'est pas séparée du jeu par une démarcation tranchée, ne soit pas autre chose qu'une concrétisation, une matérialisation d'aspirations que l'adulte n'a su ou n'a pu satisfaire et que l'enfant accomplit par délégation. Ce n'est pas tant le jeu en soi qui représente un désir de l'adulte, mais plutôt le personnage qui s'y incarne. La nostalgie d'une instance protectrice et puissante et en même temps libre de toute contrainte n'est jamais éteinte au cœur de l'adulte qui en pare toute une série de figures, des plus triviales aux plus nobles, des super-barbouzes aux « idoles ». Ce regret éternel désigne peut-être ce que l'on aurait voulu devenir. Mais plus souvent encore il indique ce que l'on a perdu et qu'on ne retrouvera jamais, la tendre protection de la mère, l'autorité rassurante du père et l'amour des parents, expression ambiguë qui cache un double attachement: celui des parents pour l'enfant, l'attachement que l'enfant perd lorsque disparaissent les adultes, mais aussi l'attachement des parents entre eux, dans lequel le désir de l'enfant voudrait s'introduire, qu'il souhaite détourner à son propre usage, ce qui ne se réalise jamais suffisamment à son gré, venant constituer le germe de toutes les déceptions.

L'image du médecin se prête particulièrement à la consolation de ce chagrin enterré chez l'adulte, c'est pourquoi le jeu de l'enfant peut être considéré comme la mise en scène d'un rêve des parents. C'est pourquoi aussi les images évoquées au cours du jeu ne vont pas simplement disparaître. Même lorsque le jeu n'a servi que de prétexte à des satisfactions plus immédiates, il restera dans le souvenir de l'enfant une représentation préalable du médecin qui pérennisera la fonction de substitut parental qu'on lui prête.

Pourquoi le médecin? Il ne manque pas d'autres personnages à la fois puissants et protecteurs qui pourraient apparemment remplir ces mêmes fonctions. C'est là que va se révéler la véritable efficacité inconsciente de la profession médicale. La médecine concerne le corps du malade et il semble bien que toute expérience vécue touchant au corps prenne une valeur privilégiée dans le souvenir, même si ce vécu corporel est le plus apte à déterminer le refoulement. Les traces mnésiques des situations au cours desquelles le corps a éprouvé quelque chose qui dépasse habituellement les mots, douleur ou jouissance, sont le plus souvent sans aucun rapport formel ou logique avec l'événement, comme ces balises qui signalent l'existence d'une épave engloutie sans fournir aucune information sur sa nature. Cette relation imprécise mais tenace avec le souvenir perdu, va permettre à un grand nombre de situations ultérieures de raviver le passé et de donner au sujet l'illusion qu'il va enfin pouvoir combler une lacune de sa préhistoire et retrouver le plaisir dont il ne lui reste non pas un souvenir précis, mais un vague arrière-goût de bonheur.

C'est à cette place que viennent s'insérer les images leurrantes du médecin. Ce n'est nullement par ses connaissances, sa formation, ses compétences réelles que le médecin va être jaugé, mais par quelque détail insignifiant qui se trouvera coïncider avec une situation disparue. Ces images qui organisent la quête inconsciente de l'être humain sont celles du monde de l'enfance, aussi toute attitude, toute conduite, toute qualité ou propriété du médecin qui pourront évoquer un quelconque attribut parental seront-ils propres à susciter l'investissement. Ce comportement tout à fait général ne permet en aucun cas d'obtenir une lumière quelconque sur l'histoire personnelle et singulière du sujet, ni sur ses relations spécifiques avec ses parents. Dans ce devenir des aspirations infantiles, le jeu du docteur vient constituer un relais qui ravive peut-être le passé, mais en lui imprimant une déformation supplémentaire, en le schématisant et en soulignant les traits communs à chacun.

Certains aspects réels du médecin vont donc opérer sur le malade une capture imaginaire et affective qui sera attribuée aux vertus du médecin alors qu'elle aura été déterminée en fait par un lointain reflet de scènes archaïques.

Protection.

L'image protectrice et maternelle trouve son support dans la gentillesse du médecin. C'est là en effet, l'une des qualités les plus prisées par les malades. Le médecin attentionné et plein de sollicitude s'assurera facilement une importante audience alors que le puits de science, impassible et froid, attendra parfois vainement la clientèle. Il n'est d'ailleurs pas certain que l'intérêt ou la sympathie offerts au malade n'ait pas une action favorable, susceptible de compenser certaines imperfections dans les connaissances. C'est cette même représentation maternelle qui fait souvent préférer les substituts féminins, infirmières, assistantes sociales, au médecin lui-même. Il faut remarquer à ce propos que le pourcentage des femmes-médecins augmente régulièrement et que dans certains pays · il est plus important que le pourcentage des médecins-hommes.

Puissance.

La puissance du médecin s'affirme et s'affiche plus facilement encore dans la réalité que sa fonction de protection. Son autorité lui permet de prendre des décisions et de les imposer aux malades et à leur entourage. Cette même

autorité, étayée par la situation sociale et parfois par la
fortune, lui permet d'acquérir une position de puissance
qui sera souvent utilisée comme un complément de sa
fonction: il deviendra maire, conseiller-général, député.
Cette puissance-là n'est pas dénuée de toute considération
protectrice, car elle s'exerce pour le bien public. D'autres
manifestations de cette puissance sociale sont moins bien
tolérées. On en voudra au médecin d'avoir une grosse
voiture ou une belle maison, de faire des croisières ou des
collections de tableaux. Comme si sa fonction ne l'autorisait
pas à utiliser pour lui-même une partie de ses ressources,
comme si toute sa puissance devait être réservée à ses
malades, comme autrefois l'enfant escomptait représenter
le seul intérêt de ses parents.

Licence.

La licence enfin, même si elle se vérifie rarement,
s'appuie sur la réputation des médecins, réputation moins
établie sur des faits réels que sur des légendes ou des
chansons de salle de garde. On sait que l'on prête aux
médecins des connaissances particulières en matière de
sexualité. On sait moins que ses études ne lui auront guère
fourni l'occasion de les acquérir, car connaître l'anatomie
génitale ou l'obstétrique, l'endocrinologie sexuelle ou la
spermatogenèse n'est pas connaître la sexualité. Et si la
belle cliente des dessins humoristiques s'éprend un jour
de son médecin, celui-ci sera mieux inspiré d'attribuer son
succès à l'arriération affective de la malade qu'à un charme
viril qui n'est en rien l'apanage du corps médical.
Ainsi le malade peut-il découvrir dans la réalité quotidienne des indices qui lui font retrouver les caractéristiques
du médecin des jeux de son enfance, du médecin substitut
parental. Mais ces caractères correspondent-ils à la vérité
du médecin? Il est évident qu'ils ne la traduisent que partiellement et de façon très déformée. Ils ne constituent que
l'image du médecin, telle qu'elle vit dans le public. Mais
une image est toujours un piège pour celui qu'elle représente. Le médecin saura-t-il résister à la fascination d'une

image somme toute flatteuse, saura-t-il éviter de s'identifier à elle? Ou au contraire l'image publique correspond-elle à l'image qu'il souhaite secrètement donner de lui-même?

Y a-t-il une rencontre, une convergence possible entre les deux images?

Pour le savoir, il faut examiner de plus près le chemin que parcourt celui qui a choisi la carrière médicale.

BIBLIOGRAPHIE

L. et G. Israël, *Le jeu du docteur et la relation malade-médecin*, Revue de Neuro-Psychiat. Infant., 1961, 9-10, 363-379.

Chapitre 10

DEVENIR MÉDECIN

Lang lebe der König! Es freue sich
Wer da atmet im rosichten Licht
Da unten aber ist's fürchterlich
Und der Mensch versuche die Götter nicht
Und begehre nimmer und nimmer zu schauen
Was sie gnädig bedecken mit Nacht und Grauen

Schiller: Der Taucher.

A) *LA VOCATION*

Connaître les maladies, aider les malades, jouer un rôle efficace dans la communauté humaine, sont des motifs suffisants pour devenir médecin et qui n'appellent apparemment aucune justification. Pourtant ces motifs n'existaient certainement pas dans la conscience du futur médecin lorsque celui-ci était enfant. A cette époque, il se destinait beaucoup plus probablement à devenir pompier, cosmonaute, chauffeur ou pâtissier. A moins que pour son malheur il n'ait été un de ces enfants dressés comme chien savant qui répétait dès la plus tendre enfance les phrases que les parents avaient gravées en lui comme sur un disque qu'ils se seraient plus à faire jouer indéfiniment. Pourtant, entre l'ex-futur pompier et le véritable étudiant en médecine, il a dû y avoir une période de transformation de vocation: la décision de devenir médecin s'est un jour imposée, même si elle a pu paraître suggérée par autrui ou par d'apparents arguments rationnels.

Dès l'enfance,
il existe des amorces de vocation.

N'existe-t-il aucun lien entre le choix réel d'une profession et les vocations ludiques de l'enfant? Il existe des gens dont toute la vie adulte n'est que la réalisation d'un désir d'enfant. Ceux-là sont bien proches de l'héroïsme et le destin d'un Schliemann reste exceptionnel. Que deviennent les vocations infantiles? En reste-t-il quelque trace dans le déterminisme qui mène au choix d'une profession? Avant de tenter de répondre à cette question, il faut remarquer tout d'abord que l'enfant qui veut devenir aviateur ne sait pas exactement en quoi consiste la profession d'aviateur. Mais dans cette représentation, il tente de satisfaire par anticipation une aspiration précise, par exemple celle de voler. Là encore, on remarquera qu'habituellement l'enfant ne connaît pas davantage les sensations qui accompagnent le vol en avion. On pensera peut-être qu'il espère retrouver le plaisir éprouvé autrefois lorsqu'un adulte le jetait en l'air pour le rattraper ensuite. Cela est possible. Mais il n'est pas impossible non plus que la satisfaction escomptée résidât dans le fait de dominer l'adulte de plusieurs kilomètres, ou, ce qui revient au même de voler... de ses propres ailes. Echapper à la pesanteur devient l'équivalent d'échapper aux contingences et aux contraintes. Dès l'enfance, les déclarations de vocation fantaisiste ne font que traduire une aspiration plus profonde qui ne peut plus s'exprimer directement, étant déjà marquée par le refoulement. A plus forte raison lorsque vient le moment du choix, les éventuels moteurs inconscients sont-ils entièrement masqués par les arguments raisonnables. Ces derniers resteront toujours légitimes et conserveront une valeur que personne ne cherchera à contester. Ce qui ne veut pas dire que les pulsions refoulées dès l'enfance soient mortes. Elles sont enterrées, mais souvent enterrées vivantes, car elles font partie de ce patrimoine dynamique que tout individu vivant porte en lui et qui ne disparaîtra qu'à sa mort. Toute activité adulte implique toujours une certaine relation avec des désirs inconscients, que cette activité aille dans le sens du désir ou, au contraire, s'y oppose.

Les motifs en sont inconscients.

Une telle affirmation est choquante. Que le libre arbitre de l'être humain puisse être entravé lorsqu'il s'agit de choix

sentimentaux peut à la rigueur être admis. On sait bien
que lorsqu'on aime, on n'a plus toute sa tête. D'autres
organes sont en la matière peut-être plus précieux. Par
contre, dans le choix d'une profession, seule l'objectivité
la plus froide devrait avoir la parole. Pourtant, si cette objectivité est seule à s'exprimer dans des professions techniques
ou scientifiques, encore faut-il que l'être humain y soit
attaché par un lien qui n'est pas sans évoquer l'amour.
Car sinon, et ceci personne ne le contestera, il se condamne
à être malheureux toute sa vie. Il y a évidemment des mariages de raison, qui ne sont pas forcément les plus mauvais,
et l'on dit bien que l'appétit vient en mangeant. Le plus
superficiel des raisonnements psychanalytiques révélerait
que très souvent dans les mariages de raison, les conjoints
n'avaient pas osé exprimer le désir de se marier et qu'ils
s'étaient trouvés bien aise d'abandonner toute initiative
à des tiers. De même, certaines vocations suggérées par les
parents par exemple, ne font-elles que venir au-devant
des désirs refoulés qui n'attendaient que cette occasion,
ou plus exactement cette autorisation pour se manifester.
Toute activité professionnelle rencontre ainsi une partie
de l'inconscient de celui qui l'exerce. Il y a sans doute peu
de différence entre les diverses professions. Seules diffèrent
les voies et les formes d'expression. Aussi va-t-il s'agir
de rechercher ce qui se profile et se satisfait derrière certains
motifs rationnels du choix de la profession médicale.

a) *Connaître*

L'exercice de la médecine exige une somme de connaissances scientifiques. L'organisme, ses fonctions, ses douleurs
et ses plaisirs, les espoirs qu'il porte et les menaces qui
pèsent sur lui, n'ont pas de secret pour le médecin. La
recherche contemporaine lui permet de suivre jusqu'au
niveau moléculaire les phénomènes qu'il étudie, et le temps
n'est pas loin où l'exploration biologique et médicale se
poursuivra jusqu'à la structure physicochimique de la matière pour lutter contre la maladie. Ce programme de
recherches est suffisamment enthousiasmant pour qu'il ne

soit pas nécessaire d'imaginer des causes secrètes, des motifs mystérieux au plaisir de connaître.

La connaissance comporte une satisfaction intrinsèque que chacun est à même d'éprouver. Aussi n'est-ce pas cette satisfaction qui sera ici mise en question, mais plutôt le lien qui l'attache à la connaissance. Apprendre, découvrir, savoir, s'accompagne d'un plaisir certain. Mais ce n'est là qu'une vérité d'expérience. Pourquoi la connaissance entraîne-t-elle un plaisir? Les premières réponses à cette question ne peuvent être que des rationalisations, c'est-à-dire des explications secondaires. On peut se dire que la joie de connaître est une anticipation de la satisfaction que tirera le médecin de guérir ses malades. Ce n'est là qu'un argument bien fallacieux, la satisfaction étant la même si le médecin est un chercheur qui n'exercera jamais en clientèle. D'ailleurs, le sentiment éprouvé est beaucoup plus intense qu'une simple satisfaction intellectuelle. Il est de l'ordre du plaisir et d'un plaisir personnel qui dépasse, sans pour autant l'exclure, le contentement altruiste que l'on peut éprouver à rendre service.

Plaisir de connaître. Il n'attend pas le moment des études de médecine pour apparaître. Il est comme tout plaisir la satisfaction d'une exigence. La pulsion qui se satisfait ici est le désir de savoir. C'est la pulsion « épistémophilique » décrite par Mélanie Klein. Il s'agit de la source de toute curiosité, entre autres de la curiosité scientifique qui en est le rejeton le plus élaboré. Mais cette curiosité n'est elle-même qu'un produit tardif. On retrouve ici ce qui a été dit plus haut au sujet de la vocation en général. Elle est ce qui survit ou ce qui surgit après qu'une pulsion plus primitive eut été ensevelie sous cette véritable pierre tombale qu'est le refoulement. Il faut rappeler une fois de plus, que ce refoulement n'est pas un processus pathologique mais, au contraire, un facteur constitutif indispensable de la personnalité normale. Il arrive que le cadavre réapparaisse au jour sous forme de revenant. Les fantômes n'existent pas, mais il n'en va pas de même des pulsions refoulées dont les revenants constituent le retour du refoulé. Le refoulement est souvent incomplet, permettant à certains désirs archaïques, infantiles, de revenir hanter l'esprit de l'adulte. On va voir comment les études médicales peuvent abriter pareils revenants.

Le désir de connaître
naît très tôt dans l'enfance,

Chacun sait aujourd'hui que la curiosité est la forme évolutive de ce désir de connaître qui pousse l'enfant à harceler de questions ses parents. On sait aussi que la multiplication de ces questions n'est que le moyen détourné pour parvenir enfin à la bonne question... ou pour l'éviter. Que l'enfant désire connaître quelque chose sur ses origines paraît évident lorsqu'on écoute les interrogations d'enfants que les adultes n'ont pas encore fait taire. Mais il semble bien aussi que l'enfant s'efforce de poser des questions auxquelles l'adulte pourra toujours répondre, même s'il se sent un peu embarrassé. Ce sont des questions qui concernent le comment. Comment l'enfant entre-t-il dans le ventre de maman, comment en sort-il, comment se développe-t-il? Comment ce ventre est-il fait? Questions anodines qui ne gênent l'adulte que parce qu'elles évoquent autre chose, cette autre chose au sujet de laquelle l'enfant ne sait pas, ne peut pas poser de questions et qui serait le pourquoi de la reproduction. L'adulte moderne est prêt à répondre, voire à enseigner à l'enfant comment l'être humain se reproduit. C'est à cela que se borne habituellement l'éducation sexuelle. Toute l'accumulation de documents, d'illustrations, de conférences ne sert qu'à différer la véritable question; les connaissances font véritablement obstruction à une ouverture d'un autre ordre, comme ces interminables discours de politiciens qui n'ont pas d'autre but que d'empêcher l'adversaire de placer son argumentation. On pourrait remarquer ici, entre parenthèses, que l'encombrement des programmes a peut-être pour but inconscient de faire croire à l'étudiant qu'on lui a tout dit. De même l'adulte dit tout à l'enfant, du moins le croit-il. Il lui dit tout ce qu'il sait, et même un peu plus. Car la gêne, l'embarras dont il a déjà été question se communiquent à l'enfant sous forme

d'angoisse qui lui indique qu'au-delà de ce qu'on peut dire,
de ce qu'on veut expliquer, il y a un inconnu.

...parce que certaines questions
sont restées sans réponses.

Pourquoi papa fait-il des enfants à maman, pourquoi
des enfants viennent-ils au monde, pourquoi l'amour, pourquoi le désir? Les parents sauraient peut-être poser ces
questions, mais leurs réponses seraient hésitantes. L'enfant,
lui, ne pose pas ces questions parce que l'angoisse de
l'adulte le prévient.
    Ce sont là les questions qui se refoulent chez l'enfant.
Ce serait trop simple de croire que toutes les questions sont
d'ordre sexuel, ou mieux, que la sexualité est cette petite
partie rassurante de la physiologie humaine qui n'effarou-
cherait même pas un comité de dames patronnesses. L'enfant
ne se doute pas de tout ce que le sexe réserve à l'être
humain, mais l'angoisse de l'adulte, angoisse perçue dans
les silences comme dans un humour maladroit, dans les
sous-entendus comme dans les gestes équivoques, lui fait
entrevoir qu'il y a des connaissances que l'adulte ne lui
communiquera pas. Et dans son inconscient se noueront
aux questions sans réponses les réponses sans question.
    Le mystère se fonde sur l'angoisse. Au sein des connais-
sances, roche dure et rassurante, une géode se forme, vide
entourée de cristaux acérés auxquels se blesse la quête
humaine. Au cœur du savoir, un non-savoir sollicite une
incessante recherche, une insatiable curiosité. Toute nouvelle découverte ne fait que repousser un peu plus loin,
que refouler davantage le désarroi ressenti un jour par
l'enfant lorsqu'il découvrit que l'adulte ne savait pas tout.
Pour se cacher à lui-même son ignorance sur les questions
fondamentales, pour ne pas voir qu'il ne sait pas tout,
l'homme montre tout ce qu'il sait, confondant son propre
savoir avec un savoir universel. Ce véritable fantasme
d'omniscience vise à combler l'inquiétante lacune des énigmes fondamentales. La recherche elle-même apparaît com-

me un moyen de se protéger contre les questions. On la croit destinée à apporter des réponses définitives, alors qu'elle ne peut que fournir la solution d'un problème particulier. On retrouve un mécanisme déjà décrit: celui qui faisait confondre dans la thérapeutique la lutte contre la maladie et la lutte contre la mort.

Tous les pourquois de l'individu aboutissent à cette intolérable conclusion qu'il ne s'appartient en rien. Il n'est le maître ni de sa naissance ni de sa mort, et dans les grands moments de sa vie, il sera emporté par un tourbillon passionnel qu'il ne pourra ni freiner ni guider. A ces vérités qui consacrent son impuissance et son ignorance, l'être humain préfère opposer une existence quadrillée d'où tout inconnu, tout imprévu est soigneusement expurgé. Le savoir vient boucher les petites cases vides. Les études et la recherche deviennent une collection de connaissances sans aventure et sans liberté.

Les questions sans réponses concernent fréquemment le corps.

Chaque fois qu'est atteinte la limite du savoir, chaque fois que les questions restent sans réponse, et qu'elles sont à peine proférables, on constatera que l'être humain est concerné dans son corps. La naissance, la mort, la passion, la reproduction, impliquent une totalité où aucun clivage n'est possible entre chair et esprit. Les questions les plus profondément angoissantes sont celles-là justement où toute réponse verbale est trop désincarnée, où le corps seul pourrait donner des réponses satisfaisantes. C'est pourquoi les études de médecine paraissent tout particulièrement aptes à apporter ce savoir attendu depuis les premières questions de l'enfant. Ne s'agit-il pas d'études qui peuvent apporter la clef sur les énigmes de la vie et de la mort?

Il faut souligner dans cet exemple du désir de savoir, qui a intentionnellement été détaillé, les deux niveaux qui peuvent être à l'œuvre dans l'activité de l'homme. Le niveau conscient qui est ici la recherche de connaissances pour accroître sa compétence et son efficacité et le niveau inconscient qui rechercherait dans les études et l'exercice de la médecine des réponses aux questions informulées de l'enfance et un rassurement contre les angoisses communiquées à cette époque par l'adulte. Il devient concevable que si le dernier de ces deux facteurs toujours présents devenait dominant, l'activité réelle du médecin risquerait d'en pâtir, un peu comme si un pâtissier se mettait à dévorer tous ses produits.

b) *Pouvoir*

Le désir de pouvoir est très communément prêté aux médecins, trop communément même pour qu'une telle attribution ne soit pas un peu tendancieuse. Qu'il y ait des médecins auxquels la profession serve de tremplin à l'exercice du pouvoir moral, financier ou politique est possible. Mais ils ne constituent pas une majorité. Le désir de pouvoir comme motif vocationnel impliquerait une compensation, par exemple pour une période d'oppression antérieure. Une telle volonté de puissance destinée à masquer un sentiment d'infériorité ne paraît pas être caractéristique du médecin. C'est plus fréquemment parmi les « paramédicaux » qu'une telle tendance pourrait se rencontrer. Elle a été indiquée lorsqu'il s'est agi des vocations d'infirmières. On a vu en même temps les conditions qui pouvaient parfois engendrer cette recherche d'une compensation.

Que le public prête parfois au médecin de telles intentions n'est le plus souvent que l'expression de l'envie suscitée par une situation sociale relativement satisfaisante. C'est effectivement dans les pays ou les régions dans lesquels la médecine est la moins socialisée que l'on rencontre ces considérations sur le désir de pouvoir du médecin. Il s'agit souvent d'attitudes critiques ou polémiques. Mais il n'y a pas de fumée sans feu. Le terme de puissance s'applique à deux domaines différents, même s'il existe entre eux une zone d'intersection. Il y a d'un côté la puissance qui assure une domination sur ses semblables, et d'un autre côté, la puissance sexuelle qui est parfois considérée comme un moyen de domination sur la femme par l'exercice de la virilité. C'est intentionnellement que cette dimension de domination est ici soulignée. Ce n'est certes pas une recherche consciente dans la plupart des relations amoureuses. Mais maintes fois déjà, on a pu souligner l'intérêt porté par le médecin à la sexualité, que cet intérêt soit réel ou qu'il ne soit qu'une image prêtée par le public. On ne peut donc pas rejeter comme totalement incongrue l'idée d'une utilisation des connaissances médicales pour accroître l'efficacité sexuelle. Ce qui impliquerait cette fois une crainte méconnue d'une insuffisance, donc d'une impuissance partielle dans ce domaine. Si l'on veut accroître son pouvoir, c'est bien qu'on estime qu'il n'est pas suffisant.

L'accroissement de la puissance sexuelle n'est certainement pas un motif important ni très fréquent de la vocation médicale. Pour élargir la portée de ce facteur, il faut réutiliser le même procédé que précédemment en l'appliquant, non plus au terme de puissance, mais au terme de pouvoir, et en cherchant à ce terme un deuxième sens qui serait celui d'avoir le droit. Dans la mesure où il convient de remonter à l'enfance pour retrouver les origines les plus lointaines des vocations, tout ce qui a été dit à propos de la licence dans le jeu du docteur trouvera ici sa place. Savoir et pouvoir ont tendance à se confondre, savoir et pouvoir sur la vie, sur la mort et sur la jouissance.

Cette jouissance est toujours représentée chez l'adulte sur un mode orgastique. Mais l'orgasme génital n'est qu'une acquisition relativement tardive dans le développement de l'être humain. Il existe bien sûr, une masturbation infantile très précoce, mais elle ne laisse guère de traces mnésiques et ne s'accompagne pas des manifestations physiques habituelles de l'orgasme au sens courant du terme. Ce dernier constitue, lorsqu'il apparaît, une expérience nouvelle.

La jouissance de l'enfant, telle qu'elle peut être éprouvée dans le jeu, passe donc par des voies qui, si elles n'ont pas disparu, ont toutefois perdu une grande partie de leur importance consciente chez l'adulte. L'une de ces voies mérite quelque développement: il s'agit de la vision.

c) *Voir*

Prévalence de la vision.

La vision est le grand organisateur du monde contemporain. Il n'est pratiquement rien qui ne soit conçu en fonction de l'aspect offert au regard. Les arts visuels cherchent à cristalliser la beauté ou à susciter des idées en partant de la vue. L'image est partout, présente à chaque moment de la vie. La publicité passe par l'image. C'est elle qui caractérise par sa débauche de néon, la vie nocturne des grandes cités. L'image crée le besoin en offrant au consommateur en puissance la représentation anticipée de son plaisir lorsqu'il sera propriétaire du réfrigérateur X., du détergent Y. ou du soutien-gorge Z. C'est pour le plaisir des yeux que la mode féminine couvre les chevilles ou découvre le pli fessier, bleuit les yeux ou blanchit les lèvres, crêpe les chignons ou fait pigeonner les gorges, que la mode masculine glorifie tantôt les chauves et tantôt ceux que jamais le fer du barbier ne toucha, lance la chemise de couleur ou le pantalon près du corps, les favoris ou les rubans. Tout pour les yeux, mais déjà dans ce domaine apparaît à l'évidence que le plaisir visuel est érotisé, qu'il ne soit une prélude ou qu'il soit plaisir total.

La vue est également l'un des moteurs principaux du tourisme. Les côtes ont des noms de couleur, vermeille ou d'azur, les routes sont bleues et les roches rouges. Et ce qu'on offre pour aguicher le touriste s'adresse à ses yeux, châteaux ou ruines, musées, fleurs et sites. L'œil est l'organe de l'évasion dont la plus facilement accessible est le spectacle, des ballets au catch, du cinéma aux courses de taureaux. L'homme contemporain est devenu véritablement un toxicomane de la vision. Dès son enfance, il devient un adepte fanatique de la télévision. Il ne tolère plus un instant sans image et ne quitte le petit écran que pour la bande dessinée. Tout se passe comme s'il s'agissait de fuir l'ennui qui s'imposerait si la vue était pour un temps mise au repos, mais en fait il s'agit d'une véritable compulsion à voir qui est destinée à éviter bien plus que l'ennui. Si l'homme n'était pas en permanence distrait par un spectacle, il serait exposé à l'angoisse.

L'œil est une telle source de plaisir que les industries qui accroissent sa puissance, à savoir la photographie et le cinéma d'amateur, sont parmi les plus florissantes. Augmenter la capacité de voir, multiplier et conserver les images pour les avoir constamment à sa disposition est une tentation à laquelle on ne résiste pas. La séduction qu'exercent sur le public les téléobjectifs et les microappareils trahissent bien l'un des aspects du plaisir visuel qui est de surprendre ce qui se cache à la vue: le rêve de chaque photographe, homme s'entend, est de photographier des femmes nues. L'objet à photographier lui manquant le plus souvent, il s'en consolera par ces albums spécialisés ayant pour titre le pronom personnel masculin à la troisième personne du singulier quelle que soit la langue du pays éditeur, titre qui recouvrira invariablement et paradoxalement des anatomies féminines.

Cette énorme partie de l'activité psychique qu'on appelle imagination est nommée d'après la perception visuelle et les autres sens n'y jouent qu'un rôle relativement modéré. Il faudrait faire un inventaire des termes utilisés dans le langage courant et dérivant de la vision. Elle s'infiltre dans la pensée et s'impose dans la parole depuis les comparaisons amoureuses du Cantique des Cantiques au vocabulaire de l'objectivité qui oppose la « clarté » mathématique à l' « obscurité » métaphysique.

Mais certaines choses doivent être cachées.

Le monde est plein de choses à voir. Mais un rapprochement s'impose avec ce qu'il en était plus haut du savoir. La multiplication du savoir, l'exhibition du savoir est un bon moyen de cacher l'ignorance. N'en va-t-il pas de même du voir? La multiplicité des objets offerts à la contemplation, des beaux objets, des belles images, ne permet-elle pas d'oublier qu'il y a des objets cachés au regard... ou interdits. On s'en met plein les yeux, plein la vue pour ne pas ressentir l'appel, le désir de voir autre chose que ce qui est

offert à profusion. Tant de choses sont à voir qu'on peut se
dire avoir tout vu. Voire. A la vision a toujours été lié
un certain interdit. La Bible interdit non seulement de se
faire des images de Dieu, mais encore de reproduire l'image
de tout être humain. Ce qui évite la tentation de se représenter les parties de cet être humain qu'habituellement on
cache. Pour avoir vu la nudité de son père, Cham devint
l'esclave de ses frères. L'exégèse d'un Rachi, qui fait de cette
aperception l'équivalent d'une castration indique assez le
pourquoi de l'interdit qui serait d'éviter justement de découvrir qu'il n'y avait rien à cacher. Avoir aperçu le ventre
nu de Noé fit rire Cham, d'un rire de dépit et peut-être
d'angoisse, à la découverte que le père-maître avait ses
moments de flaccidité, et n'était pas mieux nanti que son
fils. Tout autre fut la sanction de celui qui vit la nudité de
sa mère jusque dans ses parties les plus intimes, et ne se
contenta pas de la voir. Œdipe, lorsqu'il sut qui il avait ainsi
dévoilé, se creva les yeux pour se tourner peut-être vers
la contemplation des fantasmes qui ne pouvaient pas être
plus horribles que son forfait.

L'horreur qu'inspire la cécité marque l'immensité du
dommage causé à l'homme par la perte de la vue. Pourtant
l'aveugle est toujours doté, dans la mythologie, de la sagesse
supérieure que donne la clairvoyance. Le borgne, par contre,
est redouté. Il jette des sorts, il a le mauvais œil. La perte
de la vision n'est pas horrible seulement parce qu'elle ferme
l'accès à la beauté, mais aussi parce qu'elle livre l'individu
au monde des fantasmes. Les aveugles rêvent, mais ils
n'ont pas besoin de l'obscurité pour que se lèvent les
cauchemars. Leur nuit sert d'écran à toutes les images que
le voyant refoule par la perception visuelle.

L'affrontement à ce véritable monde caché confère à
certains aveugles cette supériorité que leur prête la légende.

On peut s'étonner de cette insistance sur les horreurs
cachées dans l'inconscient humain, et la question peut se
poser des limites du normal et du pathologique. N'est-ce
pas seulement le malade mental qui dans ses hallucinations,
ses illusions, son onirisme, est victime de spectacles aussi
effrayants? Il illustrerait que le sommeil de la raison

engendre des monstres. Il paraît plus probable que ce
sommeil n'engendre pas lesdits monstres, mais ne fait que
les réveiller. Ils dorment plus ou moins profondément en
tout être humain. Souvent, ils ne s'éveilleront jamais, sauf
au cours de brefs moments de cauchemars. Mais leur présence se manifestera par ces états d'angoisse inexpliquée
auxquels peu d'êtres humains échappent, même si ces
moments sont suffisamment rares pour permettre un rapide
oubli. Peu nombreux sont ceux qui, comme le plongeur de la
ballade, osent explorer l'inconscient. Il est tellement plus
facile de le nier.

Importance de la vue en médecine.

Ce rappel de l'importance de la vision était nécessaire
afin de mieux comprendre la place occupée en médecine
par cette même fonction. En pratique courante, l'observation
du malade est absolument irremplaçable. L'examen de la
coloration des téguments est le premier acte quasi auto-
matique de toute consultation. Il va parfois orienter toutes
les recherches et quelquefois même, il sera suffisant pour
permettre un diagnostic. Aussi bien la forme des lésions,
l'appréciation des mouvements, des gestes, de la mimique,
font partie du bilan médical. Les examens complémentaires
les plus importants, radiographies, électrographies, numé-
ration sanguine, colorimétrie, etc., sont visuels. Enfin, et
peut-être surtout, les sciences fondamentales les plus traditionnelles sont les sciences morphologiques: anatomie et
histologie normales et pathologiques. L'œil du médecin
est son outil le plus précieux, son instrument le plus fidèle.
Aussi la question qu'il convient de se poser à propos de
la vocation du médecin est-elle celle-ci: n'est-ce pas justement parce qu'ils éprouvent un plaisir plus ou moins
conscient à l'exercice de la vision ou à la contemplation
de certains spectacles, que certains sujets choisissent de
devenir médecin? La nature du spectacle n'est évidemment
pas indifférente. On a beaucoup insisté déjà sur le droit
à la transgression du médecin. Parmi ces droits, le droit de
regard mérite l'une des premières places. Le médecin a le

droit de tout entendre, de toucher à tout, mais aussi de tout voir. Les interdits levés sont toutefois de deux ordres qu'il convient de bien distinguer si l'on veut comprendre l'importance capitale du désir de voir dans la vocation médicale. Bien sûr, voir de beaux corps, dévoiler ce qui se cache sous de fines lingeries, découvrir les charmes exclusivement réservés aux partenaires amoureux, constitueraient de puissants appâts propres à faire envier l'heureux médecin qui jouit de ce spectacle. Mais il y a loin de l'imaginaire au réel. On ne voit pas, en effet, pourquoi ces corps bien faits et aptes à l'amour auraient besoin du médecin. Aussi n'est-ce pas tellement la barrière de la pudeur qui se lève devant lui. Il en est une autre qu'il lui faut franchir: celle du dégoût. Il lui faudra examiner des corps malades, mal développés, des lésions parfois effrayantes ou répugnantes, toujours affligeantes, sans compter les cadavres. On est bien loin de l'attrait grivois qu'offre la profession médicale aux imaginations peu exigeantes. Si parfois l'œil du médecin se repose, heureusement pour lui, sur quelque corps plein de santé et de vie, ce ne sera guère celui de ses malades.

Ce serait une profonde erreur de croire que les seuls spectacles qui attirent le regard soient la grâce et la beauté. Le musée des horreurs fait salle comble aussi facilement que les spectacles de strip-tease. « La laideur se vend mal » affirme un esthéticien industriel. Il a certainement raison pour les produits manufacturés. Cette affirmation est plus douteuse lorsqu'il est question du corps humain. Certes chacun est plein de désirs pour les idôles mâles ou femelles du moment, mais le grand guignol, les films d'épouvante, les catastrophes, le fascinent tout autant, avec toutefois une certaine honte. Honte ambivalente, car on est à la fois gêné et fier d'être attiré par ce qui n'est pas conforme au goût officiel, et oser affirmer ce goût ne va pas sans quelque satisfaction. C'est ici qu'on retrouve l'étudiant en médecine. A l'époque où le nombre des étudiants permettait encore les travaux pratiques de dissection, il était de règle d'aller voir les « maccabées » lorsqu'on se trouvait en année de propédeutique médicale. Il s'agissait d'une épreuve. Allait-on surmonter l'horreur du cadavre? Mais en même temps, il existait un impérieux désir de les voir. Le même mécanisme se répétait en ce qui concernait les interventions chirurgicales. Voir des morts, voir l'intérieur des corps, constituent des désirs qui s'imposent à la vue, aussi puissants que les désirs de surprendre des scènes érotiques. Le plus authentique voyeur lui-même n'est pas celui qui cherche à surprendre des spectacles amoureux. Il est beaucoup plus attiré par les trous dans les cloisons de lieux d'aisance que par les serrures de chambres à coucher. Le voyeur ne fait que réaliser un désir qui se cache dans l'inconscient de beaucoup d'êtres humains. Une profession où le regard est aussi important qu'en médecine ne saurait être sans relation avec le désir de voir et le plaisir à regarder, tellement ubiquitaires qu'on finit par les méconnaître.

L'exposé de quelques-unes des tendances inconscientes qui ont pu entrer en jeu dans la décision de devenir médecin n'épuise pas la question de la vocation. On peut même affirmer qu'elle ne fait que l'effleurer. Ces tendances ne représentent qu'un fonds commun à chaque être humain. La destinée singulière de chacun n'est qu'en partie déterminée par ces forces. On peut comparer l'individu à un corps se déplaçant dans un champ magnétique. Ce corps a un mouvement propre, mais il n'échappe pas aux lignes de force qui l'entourent. Quelles sont, pour l'être humain, ces forces qui déterminent son destin? Ce sont les projets, intentions, aspirations conscientes ou inconscientes que ses parents forment à son égard. La multiplicité, la variété de ces réseaux échappent à toute description objective. Leur étude relève de la psychanalyse qui mettra en évidence le rôle joué dans la vocation d'un sujet par le désir de ses parents, et notamment de sa mère. Ce qui fait qu'on pourra se retrouver médecin parce que les parents auraient souhaité exercer cette profession, parce qu'il fallait un médecin à domicile pour calmer des angoisses hypocondriaques, parce qu'une mère attachée à son propre père voulait disposer d'un médecin pour toute éventualité...

On ne peut même évoquer tout l'enchevêtrement des

motivations, dès que l'on considère que le sujet n'est pas isolé, mais baigne dans un réseau d'influences. Là commence le domaine de la psychanalyse individuelle, qui n'est plus compatible avec le nécessaire schématisme d'un exposé introductif.

B) *LES ECUEILS*

Quelques-unes des motivations inconscientes à devenir médecin viennent d'être exposées. Si de telles motivations étaient les seules à déterminer le choix d'une carrière, celle-ci ne saurait manquer d'être décevante. Pour que la réalité soit tout entière réalisation de fantasme, il faudrait qu'elle se limite à un champ bien clos comme celui de la névrose familiale. L'exercice de la médecine ne se laisse pas enfermer, il ne peut être entièrement réservé à des satisfactions narcissiques. La pratique médicale ne peut constituer la thérapeutique de certaines névroses médicales.

La névrose du médecin est l'une des sources de déception dont l'origine se situe bien avant le début des études. Elle est liée à la personnalité propre du sujet. D'autres motifs de déboires vont assaillir le médecin au cours de sa formation et sa vocation va être mise à rude épreuve.

a) *Les études*

Ces études sont rarement conformes à la représentation que l'étudiant pouvait s'en faire au préalable. Il s'attendait à être mis le plus possible en contact avec les malades. Or, ces contacts vont être extrêmement restreints, du moins au cours des premières années. On ne peut peut-être pas généraliser cette critique car l'évolution de la médecine rend nécessaire des réformes périodiques des études, et cette frustration de l'étudiant peut n'avoir été vraie qu'à une certaine époque et dans certains pays.

Plus éprouvant pour l'étudiant est l'esprit de compétition qui risque de s'installer très tôt entre camarades d'études, surtout dans les pays soumis au système des concours. La lutte pour les postes d'externes et d'internes déplace le véritable intérêt des études. Ce n'est peut-être pas le lieu ici de critiquer ce système, mais il convient de remarquer que sous prétexte de formation plus approfondie, il risque parfois de faire perdre tout esprit d'initiative. Une confiance excessive dans son propre savoir n'est souvent qu'une protection contre le doute quant à ce savoir. Pour renforcer cette confiance qui risque malgré tous les efforts, de vaciller, se crée un esprit de caste: les possesseurs de certains titres deviendraient les détenteurs de la vérité. Ce véritable processus de ségrégation s'élabore au cours des études. Il se crée une aristocratie des étudiants à laquelle s'oppose la masse des non-titrés. L'aristocratie bénéficie pratiquement seule de l'enseignement direct des patrons. C'est à elle qu'est réservé le travail pratique dans les services de malades. Les autres étudiants se détournent progressivement de la Faculté et du Centre hospitalier, recherchant d'autres satisfactions pour compenser les aspirations déçues à une médecine scientifique.

Le sort du stagiaire est en effet peu enviable. Les services hospitaliers ne sont pas organisés en fonction du nombre croissant d'étudiants en médecine. Autant il était facile d'intégrer les étudiants dans le travail quotidien aussi longtemps qu'ils étaient peu nombreux, autant il devient impossible d'absorber des étudiants souvent plus nombreux que des malades. Le stagiaire en est réduit au statut de lithiase de couloir, attendant qu'un interne de bonne volonté accepte de s'occuper de lui. Son rôle mal défini fait apparaître le stagiaire comme une charge pour le personnel médical et comme un intrus par le personnel infirmier. Le désarroi s'empare de lui, doublé d'un sentiment de frustration, voire d'humiliation. Tout conspire à lui faire sentir qu'il est de trop. Les revendications fréquemment enregistrées de la part de groupes ou de groupements d'étudiants n'ont pas d'autre origine que ce manque de disponibilité à leur égard de médecins toujours débordés de travail.

C'est dans cet excès de travail qu'il faut rechercher la

cause des amours malheureuses entre étudiants et maîtres. Alors que l'étudiant aura anticipé ses relations avec le patron sous forme de la dévotion du disciple au maître, en le colorant peut-être d'une teinte masochiste, en la faisant glisser vers la relation maître-esclave, il découvrira une réalité beaucoup plus décevante: cette relation le plus souvent n'existe pas. Le patron ne peut connaître chacun des étudiants qui n'auront le plus souvent séjourné dans son service que quelques semaines, et l'étudiant n'aura pas acquis une formation suffisante pour savoir poser au maître les questions auxquelles il serait particulièrement apte à répondre.

b) La pratique

Malgré le tableau peu encourageant qui précède, bon nombre d'étudiants terminent leurs études. C'est alors que commencent les vraies difficultés. Les postes hospitaliers qui paraissent les plus enviables parce qu'offrant dès le départ une certaine sécurité matérielle ainsi qu'un intérêt scientifique certain, vont à cette classe de privilégiés favorisés par le sort des concours. Pour la plupart des étudiants, l'installation se présente comme une redoutable obligation. On va être livré aux malades sans aucun recours, alors que jusque-là c'est à peine si on avait eu le droit d'y toucher. Va-t-on savoir porter un diagnostic? Va-t-on savoir choisir le bon médicament parmi l'énorme masse des spécialités mises dans le commerce? Et surtout, les malades vont-ils venir, va-t-on avoir suffisamment de clients pour vivre? Toutes ces questions sont angoissantes. Elles ne sont pas les seules qu'il faudra affronter. Il y a la crainte des confrères et de la concurrence. Il y a l'écrasant sentiment de responsabilité lorsqu'on se lance dans les frais et les risques d'une installation et que l'on est chargé d'une famille dont on est le seul soutien. Plutôt que d'affronter cette aventure, de nombreux jeunes médecins choisissent des fonctions dont l'avenir est peut-être moins brillant, mais combien plus certain. L'industrie pharmaceutique, l'administration et notamment la sécurité sociale, les grandes entreprises, offrent à côté de la clientèle des débouchés qui sont loin d'être sans intérêt, mais qui présentent tous la même caractéristique de ne proposer qu'un exercice partiel de la médecine, la limitant à certains de ses aspects.

Dans la grande majorité des cas, la relation qui s'établit entre malade et médecin est apparemment satisfaisante. Apparemment, car elle est basée sur une convention qui n'est pas sans rappeler la convention théâtrale, et de ce fait, la satisfaction du médecin n'est pas complète. Il a fréquemment le sentiment que quelque chose lui échappe, qu'il n'a pas tout compris dans l'évolution de ses malades. Ces petites déceptions accumulées entraînent souvent une lassitude de la profession que le médecin essaie de fuir dans les vacances, les distractions, les violons d'Ingres. Parfois, il tentera de se tourner vers ses confrères pour rechercher réconfort et encouragement, mais ces derniers ne sont pas toujours disponibles. Parfois, aussi, ils sont géographiquement trop éloignés pour que de fréquentes rencontres soient possibles.

Il convient toutefois de souligner que les sources de désappointement sont beaucoup moins importantes après que le médecin se fut engagé dans sa pratique, qu'auparavant. Débarrassé de la tutelle de la Faculté ou de l'Hôpital, il tirera de son métier des satisfactions en général plus grandes que les petites contrariétés inévitables. Après les vicissitudes de la formation, il entrera définitivement dans la peau du médecin. Encore lui restera-t-il à veiller à ce que cette peau ne devienne pas carapace.

c) *La carapace*

L'analyse de certains aspects de la vocation médicale a mis en évidence la possibilité de motivations inconscientes parfois névrotiques. De telles motivations hypothèquent l'avenir en le réduisant à n'être qu'un complément du passé. L'évolution singulière de chaque sujet va donc fournir un premier contingent de difficultés d'ordre interne. Un deuxième groupe de difficultés, d'ordre externe, celui-là, est constitué par les obstacles réels placés sur le chemin du futur médecin: les études, la pratique, les relations.

Pour affronter ces difficultés et les vaincre, une forte personnalité est nécessaire. Mais parfois la masse des difficultés
est trop éprouvante, et il devient nécessaire de s'y soustraire
en les mettant à distance. Le médecin se durcit, se ferme
aux sollicitations ou aux provocations extérieures. Il devient
rigide, inaccessible, et s'isole. Cette carapace apparemment
hautaine et méprisante est souvent attribuée à l'habitude
du succès, à un excès de confiance en soi, alors qu'elle
exprime en fait la conscience d'une certaine fragilité qui ne
veut pas s'exposer. Pour ne pas se dévoiler tel qu'il est,
le médecin se couvre d'un masque, ce masque qui correspond à l'image que le public se faisait de lui. Les deux
imaginaires, celui du médecin et celui du public se confondent pour donner un semblant de réalité à une fiction.
Il faudra pourtant que le médecin réussisse à se défaire
de cette armure au cours de ce moment privilégié qu'est la
rencontre avec le malade: le colloque singulier.

BIBLIOGRAPHIE

Michel Foucault, *Naissance de la Clinique*, P.U.F., 1963.
Mélanie Klein, *La psychanalyse des enfants*, P.U.F., 1959.

Chapitre 11

LE COLLOQUE SINGULIER

Le colloque singulier désigne habituellement la rencontre malade-médecin. D'emblée, ces termes paraissent empruntés à un langage désuet. Colloque tout d'abord, dont le sens premier est celui d'un débat entre plusieurs personnes sur des questions de doctrine. Ce n'est que par extension que le sens de colloque devient entretien entre plusieurs personnes. Quant à colloquer, s'il signifie comme verbe intransitif faire des colloques, il est l'équivalent, comme verbe transitif, de reléguer.

Les sens du mot singulier sont assez nombreux mais on peut les réduire à trois. Singulier, c'est d'abord ce qui concerne un seul individu et ici singulier confine à solitaire. On peut se demander si ce n'est pas à ce stade que trop souvent s'arrêtent les relations médicales, comme certains plaisirs.

Un deuxième sens est celui du combat singulier, c'est-à-dire un combat entre une personne et un seul adversaire. Une telle rencontre s'appelle aussi un duel, et du colloque singulier au combat singulier, l'affrontement duel constitue la transition. Encore faudrait-il savoir ce que désigne ce chiffre deux de duel. Est-on vraiment deux, ou n'est-on vraiment que deux dans la rencontre malade-médecin? C'est ce qu'il incombera à la suite de déterminer. Un dernier sens de singulier est ce qui est étonnant, ce qui est digne d'être remarqué par des traits peu communs. A mesure que le médecin se protégera davantage derrière ses écrans, ses graphiques et ses bombes, le colloque deviendra de plus en plus rare, de plus en plus étonnant. Il sera vraiment un colloque singulier.

A) *LE ROLE DU MALADE*

C'est bien d'un rôle qu'il s'agit, d'un rôle comme on l'entend au théâtre. Etre malade se réfère à une telle somme d'expériences, de tradition, que se déclarer malade entraîne immédiatement une véritable dépersonnalisation. On va incarner ce personnage du malade qui devra, quelle que soit la scène à jouer, présenter les caractères spécifiques qui permettront de l'identifier aussi aisément qu'un personnage de la comédie italienne.

Ce personnage est déterminé en grande partie par l'image qu'il se fait de son interlocuteur inéluctable: le médecin. Cette image a été suffisamment décrite pour qu'il ne soit pas nécessaire d'y revenir. Les deux personnages sont maintenant en présence. Ils vont jouer leur rôle conformément à la tradition théâtrale.

Le « rôle » du malade
révèle que la médecine
se passe à deux niveaux.

Il peut paraître choquant de considérer la rencontre malade-médecin comme un jeu de scène, à la limite comme une fiction poétique. C'est pourtant grâce à ce jeu que cette rencontre va pouvoir servir à tout autre chose qu'à l'échange officiel d'une plainte contre une ordonnance. On ose à peine affirmer qu'il existe deux médecines, deux niveaux au colloque singulier. Parce que le deuxième niveau est facultatif, on a fini par l'oublier. Ceci mérite quelques explications. Un malade vient se plaindre de maux de tête. Si l'examen met en évidence de petits signes de localisation neurologique, une stase papillaire au fond d'œil et que les

investigations complémentaires révèlent des altérations élec-
troencéphalographiques et radiologiques, le colloque singulier pourra se borner au premier niveau. Si par contre,
l'inventaire clinique et les investigations complémentaires
ne décèlent aucun trouble objectif, on va se trouver devant
ce malade-qui-n'a-rien, c'est-à-dire qui n'a rien pour un
médecin se limitant au premier niveau de la médecine:
le niveau de l'être humain limité à son corps, ou mieux
à une somme d'organes. C'est là qu'il est indispensable de
se rappeler que l'on a affaire à un organisme total doué
d'une vie mentale et que cette autre part de la personne
humaine relève tout autant que le corps de l'examen du
médecin.

Dissocier ces niveaux est erroné.

Dans ce premier exemple, médecine « lésionnelle » et
médecine « fonctionnelle » paraissent bien distinctes. Un
autre exemple montrera qu'habituellement les deux domaines interfèrent. Un malade vient se plaindre de douleurs
épigastriques, rythmées par les repas. Les examens vont
parfois mettre en évidence un ulcère gastrique ou duodénal.
Parfois aussi, aucune image ne viendra objectiver la lésion.
Dans ce cas, pourtant, qu'il y ait ou non une image
radiologique d'ulcération, un examen qui se bornerait à une
médecine purement somatique serait incomplet. Même chez
l'ulcéreux le plus franc, négliger les conditions psychologiques, affectives, émotionnelles qui déterminent les crises
serait une faute professionnelle. Il ne suffit pas de traiter
la crise, il faut tenter d'éviter le retour des conditions qui
la déterminent et cette prophylaxie relèverait souvent de
méthodes psychologiques. Cet exemple illustre les deux
niveaux du colloque singulier qu'une conception psychosomatique de la médecine éviterait de dissocier. Trop
souvent le niveau psychique est le parent pauvre, non qu'il
soit plus difficile à traiter que le niveau somatique, mais
parce qu'il est apparemment dépouvu de cette dimension
« scientifique » qui a valu à la médecine moderne ses plus
remarquables succès.

Il serait tout aussi erroné de réduire le colloque singulier au deuxième niveau, c'est-à-dire au niveau psychique. La médecine hospitalière aura souvent affaire à des malades où seul le premier niveau aura quelqu'importance. En pratique courante, par contre, ces malades sont moins fréquents; de toute façon, il serait impardonnable de les priver du bénéfice que pourrait apporter une investigation plus complète qui ne reculerait pas devant la personnalité psychique du malade. Il importerait de rappeler ces évidences afin que la suite de ce chapitre ne fasse pas croire que l'on soit tombé dans l'excès inverse qui serait la méconnaissance de la maladie somatique. Il s'agira toujours de malades souffrant d'une affection impliquant les deux niveaux, ce qui est peut-être le cas le plus fréquent.

Le problème du malade:
parler au médecin.

On va chez le médecin. Cette démarche comporte une certaine émotion, voire une certaine angoisse que l'on essaie de conjurer en adoucissant l'image qu'on se fait du médecin. On mettra tout en œuvre également pour se le rendre propice. Et pour cela, on tentera de parler son propre langage médical pour nouer une sorte de complicité. L'utilisation par le malade d'un langage médical en général mal assimilé risque de créer des malentendus, mais il illustre bien cette conduite quasiment religieuse du malade qui vient vers le médecin dans une attitude d'offrande. On apporte quelque chose à celui dont on attend la guérison. Sacrifice ou cadeau, il s'agit toujours de l'offre, ainsi que l'a désignée Balint. Cette offre consiste en symptômes. Il faut parler au médecin un langage séméiologique, il faut lui décrire des symptômes et surtout ne pas en oublier. C'est pourquoi de nombreux malades préparent leur visite chez le médecin en notant tout ce qu'ils voudraient lui dire afin de ne pas oublier l'essentiel dans l'émotion du moment. Ces listes de symptômes, ces aide-mémoire fournissent souvent, à qui sait les lire, d'importantes informations sur les malades. Pour qui sait les lire. Car ce n'est évidemment pas cette liste, où se mêlent à des énumérations de douleurs des inventaires pharmaceutiques, qui véhicule l'information. La liste, comme l'énumération des symptômes, ne sont que des écrans. L'offre ne peut leurrer que les plus naïfs. Elle renoue avec le geste religieux archaïque où la relation avec les divinités s'établit sur le mode du troc: « Do ut des ». Derrière l' « offre » se cache la demande qui est le véritable moteur de la consultation. Demande de soulagement ou de rassurement, soit direct, c'est-à-dire concernant le symptôme lui-même, soit indirect, le symptôme n'ayant servi que de prétexte à aborder autre chose. C'est cette « autre chose » qu'il appartiendra au médecin de déceler car le malade la cache. Il n'ose pas avouer qu'il a profité de la moindre petite indisposition pour en faire la cause d'une préoccupation, d'un souci ou d'une angoisse. En effet, la mode actuelle ne prévoit plus dans le rôle du malade la facette de la confidence. Le malade d'aujourd'hui doit présenter ses symptômes comme ferait un externe présentant une observation au patron. Il faut de l'objectivité, rien que de l'objectivité. Malheureusement, si la mode change, la personnalité humaine reste. Les images commercialisées de vie pleine de satisfactions de tous ordres ne laissent plus aucune place au romantique attardé, qui tel le Sauvage de Huxley, souffre de ses états d'âme. A quelle instance peut-on aujourd'hui confier ses peines et ses doutes, à qui ose-t-on avouer que l'on n'a pas réussi à s'identifier à l'homme-comblé-du-20ᵉ-siècle? A personne. A moins qu'on ne puisse trouver à sa souffrance une origine « avouable »: la maladie. Le médecin qui n'aurait pas constamment à l'esprit ce schéma se condamnerait à ne pas comprendre la majeure partie de sa clientèle. Derrière le symptôme-offre, la demande de parler doit être découverte.

Ce qu'il y a à dire est pur secret.

Ce que le malade veut dire, sans toujours très bien le savoir lui-même, tant parler de soi paraît inconcevable, relève de deux grandes catégories qui ne sont bien entendu pas sans relations entre elles: les soucis actuels et les craintes infantiles. Soucis actuels: ils sont inavouables car ils viennent diminuer, amoindrir l'image que l'on voudrait offrir aux autres. Comment reconnaître que depuis le mariage de celle qu'on affectait de mépriser, on ne pense plus qu'à mourir? Comment admettre que cette impuissance dont on souffre depuis quelque temps est en relation avec un échec professionnel? Il est bien plus aisé de considérer ces petits troubles comme insignifiants et d'attribuer par contre, toute leur importance à des maux de tête ou à des coliques, providentiellement concomitants. A côté des soucis actuels, il y a toute cette somme de petites tortures quoti-diennes que depuis leur enfance les gens s'infligent sous le nom de « complexes ». Elles sont tellement familières qu'on les oublie et qu'il faut avoir recours à ce détour par le symptôme pour les amener à la lumière et enfin tenter de s'en défaire. Ces habitudes d'ordre ou de propreté, héritées d'une longue tradition ménagère, ces hésitations, ces doutes de soi, ces peurs du ridicule, ces craintes de rougir qui font qu'on n'a jamais osé entreprendre ce qu'on avait vraiment envie de faire, cette recherche d'une sécurité pour sa vieillesse ou pour ses enfants qui font qu'on ne s'est jamais accordé un plaisir, ce sont là les inutiles souffrances de nature névrotique qui constituent la face cachée de l'homme moderne.

Il est bien évident que pour donner libre cours à l'expres-sion de ces ennuis, n'importe quel symptôme peut faire l'affaire, tous les prétextes sont bons. Il n'y a pas de spécificité symptomatique, chaque symptôme peut cacher n'importe quel problème actuel ou passé.

B) LE ROLE DU MEDECIN

Face au malade, la conduite du médecin est guidée par un schéma traditionnel qui de l'interrogatoire mène à l'examen pour aboutir à la prescription. Si l'examen et la prescription varient probablement assez peu d'un médecin à l'autre, l'interrogatoire laisse une liberté plus grande à la personnalité de chacun, moins d'ailleurs dans le contenu des questions que dans la façon de les poser. Une présentation de quelques types d'interrogatoires devrait permettre de tirer des conclusions sur le médecin qui les pratique. Le choix de tel ou tel mode d'investigation n'est pas fortuit mais trahit quelque chose de l'inconscient du sujet, ceci d'autant plus que très fréquemment, l'investigation est menée de la même façon avec chaque malade.

Quelques masques de l'interrogatoire

L'un des modes d'interrogatoire les plus usuels et apparemment les plus logiques est celui qui se réfère à un questionnaire. Une sorte de grille est appliquée systématiquement aux malades dans un but de bilan exhaustif qui répond apparemment au souci légitime de bien faire son métier. D'emblée pourtant apparaît l'aspect mécanique de ce procédé qui, à la limite, pourrait être appliqué par une machine, ce qui pourrait se concevoir s'il n'existait pas, sinon dans toutes du moins dans bon nombre de maladies, ce plan psychique précédemment souligné.

Le questionnaire implique un tempérament méticuleux et précis qui n'est pas universel, aussi l'interrogatoire connaît-il d'autres variantes. Notamment celle du harcèlement. Corollaire du manque de temps du médecin, il vise à faire « avouer » au malade le plus rapidement possible la vérité sur sa maladie. On le bombarde de questions, on le secoue un peu s'il ne répond pas assez vite et derrière le médecin qui choisit cette méthode, se profilent les silhouettes de l'athlète poursuivant un record de vitesse, du commerçant pour qui le temps et l'argent sont synonymes et du policier qui veut amener son client à se mettre à table. Ce qui est certain, c'est qu'il n'est pas question de perdre du temps avec ce malade qui a du temps à perdre en pensant à lui. Le temps perdu est, bien entendu, le « temps psychologique » : cette expression qui désigne parfois ce moment particulier où deux partenaires passent de la conversation anodine à l'activité amoureuse. Comme on le voit, ce temps psychologique est donc bien du temps perdu.

Plus « efficace » encore est le médecin qui ne se contente plus de harceler son client pour en obtenir une réponse rapide, mais qui fournit lui-même les réponses aux questions qu'il a posées. Autrement dit, il s'agit d'un médecin qui, comme certains guérisseurs, portent leur diagnostic rien qu'en regardant entrer leurs malades. S'il est vrai que certains symptômes sont pathognomoniques, ils ne sont pas suffisamment fréquents pour permettre à coup sûr d'utiliser une telle méthode qui traduirait un véritable impérialisme médical, le malade perdant de cette façon le peu qui lui restait de droit à la parole. Même si une certaine démarche, une cyanose, une exophtalmie orientent immédiatement le médecin vers un tabès, un rétrécissement mitral ou un Basedow, il serait maladroit de montrer au malade que l'on sait de lui quelque chose que lui-même ignore. Une telle attitude en toutes circonstances détermine une réaction de révolte plus ou moins consciente, plus ou moins refoulée et crée des conditions défavorables à l'action thérapeutique. Cette conduite qui peut se camoufler derrière la bonhomie d'un pseudopaternalisme suscite chez le malade des fantasmes d'agression ou de viol. Mais il ne faut pas trop s'apitoyer sur ce malade car cela ne signifierait probablement pas autre chose qu'une critique à l'égard d'un confrère, critique intéressée, car chacun est bien convaincu qu'il se serait comporté de façon plus adroite. Il y a d'ailleurs une autre raison, bien meilleure celle-là, de ne pas s'apitoyer sur le malade, c'est qu'en fait le malade n'est pas la victime, pas plus que le médecin n'est le bourreau. Il s'agit bien plutôt de deux complices. Parfois même les rôles s'inversent et la conduite du médecin répond à une « provocation » du malade.

Ces modes d'interrogatoire ne sont certainement pas les seuls, mais ils suffisent à servir de modèle pour un essai de compréhension. Ils révèlent une partie secrète de la personnalité du médecin.

...et ce qu'ils cachent.

Le questionnaire, avec son souci de planification, sa rigidité, l'absence de place laissée à l'imagination, à l'improvisation, à l'imprévu, trahit le désir de son utilisateur de s'appuyer sur un savoir solide et rassurant. Que derrière cette intention se cachent tous les fantasmes résumés dans le désir de savoir, est probable. On a vu qu'ils allaient de l'omniscience à des compétences particulières dans certains domaines, notamment sexuel. Sur le plan pratique, le médecin lié au questionnaire se détachera difficilement du personnage de celui-qui-sait. Pour lui, toute acquisition nouvelle ou toute remise en question de son savoir antérieur le concerne profondément dans son équilibre. Aussi sera-t-il toujours méfiant, voire hostile à l'égard des novateurs, renouant en ceci avec la tradition des Thomas Diafoirus. Le harcèlement qui donne au colloque singulier la dimension d'une lutte se rattache naturellement à l'exercice du pouvoir. Le médecin qui bombarde son malade de questions veut le faire mettre à table, que cette table soit celle de l'inspecteur de police ou du gynécologue. On pourrait en effet traduire son comportement par des: « Je te ferai avouer » ou des: « Je finirai bien par savoir ce que tu as dans le ventre » ou enfin: « Je te ferai accoucher ». Au sens propre comme au sens figuré, il s'agit toujours d'exercer sur le malade un pouvoir, pouvoir de le faire parler, de le guérir, de lui faire du bien. La bienfaisance de ce pouvoir n'est pas à mettre en doute, mais il procure ainsi au médecin la satisfaction de constater sa puissance, ce qui n'aurait aucun inconvénient si une non-guérison n'était pas dans ce cas vécue comme une injure personnelle.

Reste le médecin qui sait tout avant que le malade lui ait rien dit. C'est de lui que le malade dira, comme de certains guérisseurs: « Il l'a vu tout de suite ». Qu'a-t-il vu? Que cela venait du foie, du sympathique, de la thyroïde, d'un excès de travail ou d'un chagrin d'amour. Le médecin est ici le voyant, voire le clairvoyant. Il voit ce qui se cache, ce qui se dérobe à tous les autres yeux que les siens. Alors qu'il ne s'est vu, tel Narcisse, que lui-même. On retrouve dans ces trois modes d'examens, schématisés à l'excès, quelques aspects dégagés lors de l'étude des motivations profondes de la vocation médicale. On peut suivre de cette façon le cheminement de tendances profondes, archaïques et refoulées, qui viennent se faire jour dans des moments cruciaux de la pratique médicale pour rétrécir la relation malade-médecin à quelques-unes seulement de ses facettes.

Aussi étriquée soit-elle, aussi déshumanisée par des habitudes stéréotypées, la relation malade-médecin comporte malgré tout, et ceci dans tous les cas, même les plus objectifs, une dimension inconsciente: le transfert. Dans cette rencontre, le malade se conforme à un personnage, comme le fait le médecin, qui tout au long de sa formation, s'est préparé à jouer un rôle. Ce ne sont pourtant pas deux marionnettes qui vont se trouver en présence mais deux êtres humains qui n'échapperont pas à cette composante si particulière des relations dont il convient maintenant d'examiner quelques aspects.

C) *LE TRANSFERT DANS LE COLLOQUE SINGULIER*

Le mot de transfert est un terme psychanalytique qui désigne une relation particulière du psychanalysé au psychanalyste. Ce transfert spécifique n'existe que dans la cure psychanalytique. Mais le mot a débordé son terrain initial pour désigner un phénomène extrêmement fréquent que l'on décèle pratiquement dans toutes les relations humaines.

En psychanalyse, le transfert se développe à mesure que la personne qui a entrepris cette expérience découvre qu'elle est à la recherche de quelque chose. Le psychanalyste est alors considéré comme le détenteur de l'objet recherché. Il s'agit toujours de reviviscence de situations passées et le psychanalyste se voit attribuer de multiples rôles liés à ces situations déjà vécues par le sujet et qu'il cherche à retrouver soit parce qu'il y a vécu des satisfactions auxquelles il aspire encore, soit qu'il désire les renouveler pour les mener à une fin meilleure que celle qu'elles eurent en réalité. La spécificité de ce transfert est liée au fait que l'analyste ne sera pas dupe et qu'il échappera au rôle qu'on veut lui faire jouer. De cette façon, il pourra progressivement montrer au sujet ce que celui-ci attend ou redoute d'autrui.

Un exemple de transfert:
le coup de foudre,

Hors de la situation psychanalytique, l'inconscient du sujet est également à l'œuvre, et il va rechercher dans n'importe quel interlocuteur le personnage susceptible d'entrer dans le jeu des satisfactions imaginaires et régressives. Un exemple massif de ce transfert imaginaire est le coup de foudre.

On désigne ainsi l'irruption quasi traumatique dans la vie d'un être humain du personnage dans lequel on reconnaît immédiatement qu'il est celui ou celle qu'on attendait depuis toujours, comme si ce personnage avait existé déjà tout construit dans l'imagination et que brusquement on le découvre dans la réalité. Que l'être humain attende quelque chose de l'existence est évident. Mais il est tout aussi évident qu'il n'attend que rarement un personnage tout à fait précis. Si cela était le cas, il est peu probable que la rencontre ait jamais lieu. Or, le coup de foudre est un phénomène banal. Il suffit, pour qu'il se réalise, que la personne rencontrée reproduise un trait et un seul d'une situation autrefois traversée par le sujet et actuellement perdue dans son inconscient. Ce trait qui permet l'identification peut être un prénom ou un parfum, un lieu ou un geste. N'importe quoi peut établir le lien. Il est clair que le réveil de telles passions imaginaires sera brutal et décevant, ce qui permet à la sagesse des nations de déclarer que la lune de miel est suivie de la lune de fiel.

...et sa forme médicale.

Cet exemple permet de mieux saisir ce qui se passe dans certaines relations malade-médecin. Il révèle à un fort grossissement un processus analogue à ces sympathies ou ces antipathies subites, cette confiance qui peut très rapidement se nouer entre le malade et son médecin, mais aussi cette méfiance inavouée et presque toujours cachée derrière des protestations de docilité. C'est ce jeu du transfert qui est responsable de guérisons miraculeuses que chaque médecin connaît, **guérisons dont on aurait tort de s'enorgueillir,** car elles sont parfois de brève durée, toujours précaires, souvent inaugurales d'incompréhensibles aggravations: « Dès la première prise de vos médicaments j'ai senti que ça allait mieux. » Quelle que soit l'habileté du médecin, quelle que soit la confiance qu'il se porte, il est bien obligé de reconnaître devant une telle affirmation que ce n'est en aucun cas le médicament qui peut avoir agi. Le rôle des facteurs personnels éclate ici à l'évidence. Mais il ne suffit pas de parler de confiance ou de sympathie, et l'explication d'une guérison par sentiment amoureux à l'égard du médecin n'est en aucune façon plus satisfaisante. Se contenter de raisonnements aussi superficiels ne traduit pas seulement un manque d'intelligence et de rigueur intellectuelle mais un véritable contresens logique. Si un malade « aimait » son médecin, on voit mal le bénéfice qu'il tirerait d'une guérison rapide. Ce serait au contraire la prolongation de son état qui lui permettrait de maintenir une relation suivie avec son idole. D'ailleurs, expliquer quelque modification que ce soit par l'amour impliquerait que l'on sache ce que ce mot recouvre. Or, malgré des siècles de poésie, l'amour n'a rien perdu de son mystère. Aussi sera-t-il plus prudent de s'en tenir à des considérations plus modestes mais aussi plus logiques.

On a vu que le malade venait vers le médecin avec une certaine demande. Comme l'amoureux de tout à l'heure, il s'est forgé une certaine image préalable de celui qui peut répondre à sa demande. Il suffira que le médecin ait un quelconque point commun avec l'image préformée pour qu'il soit immédiatement investi par le transfert. Le médecin va devenir dans la réalité ce que le malade imaginait. Du même coup, ce dernier est bien prêt de prendre ses désirs pour des réalités. La puissance de cet imaginaire est telle qu'il peut provisoirement suspendre des symptômes, non seulement liés à des processus fonctionnels, mais aussi lésionnels. La puissance de cet imaginaire est en grande partie liée à son statut inconscient: le malade ne sait pas qu'il avait anticipé la rencontre avec son médecin, pas plus que l'amoureux ne sait que sa rencontre n'est que le relais réel d'un scénario fantasmatique. Il se passe chez le malade le raisonnement suivant: « Ce médecin est bien tel que je le souhaitais. Il est donc le bon médecin qui va me donner ce que j'attends de lui: la guérison. ».

Que veut le malade?

Le moment est venu d'examiner de plus près cette demande de guérison. Elle ne souffre guère de discussion lorsqu'il s'agit de ces malades dont l'état pathologique est absolument indépendant de la personnalité, comme c'est le cas par exemple, au cours de processus tumoraux ou de maladies épidémiques. Et encore serait-il erroné de considérer que même ces malades soient à l'abri de tout problème psychologique.

La demande de guérison pour la grande majorité des malades n'est pas une chose simple. Il ne s'agit pas seulement d'être soulagé d'un trouble, d'un malaise, d'une angoisse, mais il s'agit d'être délivré des conditions qui ont vu naître le trouble en question et qui l'ont parfois rendu nécessaire parce qu'il était devenu la seule issue à une situation insupportable. Dans ces cas, le malade attend du médecin qu'il aplanisse pour lui les difficultés de la vie comme le faisaient ses parents lorsqu'il était enfant. La demande devient sollicitation de protection ou d'amour. Ce n'est là qu'un des multiples aspects de la demande. On peut aisément en imaginer d'autres. Une femme, convaincue, à tort ou à raison, de ses échecs dans le domaine sentimental, peut fort bien utiliser un malaise banal pour tenter de se faire reconnaître comme femme. Sera-t-elle susceptible d'éveiller l'intérêt du médecin? Sera-t-il sensible à sa séduction? Chaque geste, chaque attitude seront interprétés comme une réponse à la question non formulée.

Il faut insister sur ce nouvel aspect de la demande. On vient de voir la nature de cette demande. Elle déborde de loin la guérison pour devenir recherche d'amour ou de protection, pour devenir aussi demande de réponse mais de réponse allusive à des questions que l'on n'a jamais osé poser. La question par exemple: « Suis-je assez belle pour plaire à un homme? » ou « Suis-je assez fort, ou serai-je assez puissant pour rendre une femme heureuse? » Ces questions simples en apparence sont celles-là mêmes que l'on n'ose poser car elles découvriraient un doute sur soi-même, elles exposeraient le sujet dans toute sa vulnérabilité et le livreraient à autrui. Il importe donc que de telles demandes restent secrètes. Non seulement la question ne sera pas formulée, mais encore la réponse devra-t-elle être indirecte. Malheur au médecin qui tenterait de forcer le secret de ses malades. Il déclencherait des processus de revendication haineuse et deviendrait leur victime. On pourrait paradoxalement affirmer que le malade accorde sa confiance au médecin qui a l'air de n'avoir rien compris, c'est-à-dire au médecin qui ne tentera pas de violer son secret.

Le médecin peut-il répondre?

C'est à ce point que se situe le centre de la rencontre malade-médecin. Le malade prend le risque d'être mis à nu, de voir exposée au grand jour sa plaie la plus secrète. C'est là que le médecin devra prouver qu'il n'est pas aveugle. A cet instant de vérité, le malade se trouvera seul si le médecin n'est plus capable d'éprouver que lui aussi, derrière les couches de protection successives que sa formation lui a imposées, maintient une personnalité vivante, donc vulnérable. Ce qui est mort ne peut plus être blessé.

Seule la psychanalyse permettrait d'éclairer ce point nodal. Cependant, même s'il ne se l'explique pas toujours avec précision, le médecin connaît l'existence de ces moments où se décide l'avenir de son malade. Les guérisons subites, « miraculeuses », ont déjà été évoquées. Leur précarité également. Car l'impossibilité de fournir au processus une explication logique impose au malade une relation magique, cachée derrière l'imprécision de termes comme confiance, bonté, dévouement.

Une fois noué le lien magique, si le médecin n'a su y parer, le malade va attendre de lui plus qu'un homme ne peut donner. Le médecin qui s'est laissé prendre à ce jeu gratifiant, de se confondre avec l'image que le malade s'est faite de lui, s'expose à la relance permanente de la demande. Il lui faudra donner toujours satisfaction à son malade, qui interprétera toute impossibilité comme un refus ou un rejet, un retrait d'amour. « Puisqu'il ne me guérit pas cette fois-ci comme la première fois, c'est qu'il m'en veut. » A cette constatation, le malade réagit par la déception ou l'amertume, le désir de se faire pardonner ou de se venger. Voir sa consultation remplie par de tels malades liés à lui à la fois par l'espoir et la rancune est le sort de ces médecins qui se sont complu dans les attitudes du guérisseur. La revendication entretenue est peut-être un bon moyen de conserver, voire d'accroître sa clientèle. Mais elle n'est pas la meilleure voie des satisfactions professionnelles.

D) *ENTENDRE*

Quelle devrait être l'attitude du médecin pour éviter que ses malades ne mettent en lui des espoirs déplacés, cachés derrière la demande officielle? S'il était possible de répondre à cette question par des recettes, des conseils, voire un enseignement traditionnel, il n'y aurait pas de problème de psychologie médicale.

Il est nécessaire que le médecin s'arrache à son conformisme, sans pour autant cesser d'être médecin. Il devra assurer les gestes professionnels irremplaçables, mais découvrir qu'ils ne constituent pas toute la médecine. C'est une tâche difficile. Mais ce n'est qu'à ce prix, de l'affranchissement de sa propre carapace, qu'il deviendra capable de découvrir, derrière l'armure du malade, la personne qui s'y cache. Cette armure est elle aussi le résultat du conformisme, des obligations sociales, familiales, professionnelles, auxquelles il faut ajouter tout l'appareil que véhicule le terme même de malade.

Pour accéder au cœur de cet être, il n'y a pas d'autre voie que la parole. Tous les examens médicaux qui concernent la matérialité du corps ne font que l'inventaire d'une chose. Mais justement, l'être humain n'est pas une chose. Il a, partiellement au moins, conscience de son existence. Certes, il essaiera de communiquer au médecin ce qu'il vit, ce qu'il expérimente, ce qu'il éprouve, par des moyens de communication extra-verbaux: mimique, geste, attitude. Mais le médecin, pas plus qu'aucun autre être humain, ne dispose de code qui permettrait un déchiffrement de ces signaux. L'expression non verbale est entachée de toutes les sources de malentendu: chacun croira y lire ce qu'il souhaiterait y découvrir. Seule la parole peut éviter ces écueils à condition qu'on ait su la susciter et surtout l'entendre.

Dans les consultations, le médecin parle, il parle beaucoup, il parle trop. Devant cette parole médicale, celle du malade disparaît. Elle ne pourra se développer, s'épanouir que si elle dispose d'un espace libre, non occupé par la parole de l'autre. La première condition sera donc que cet autre sache se taire. Ceci implique qu'il ait pu surmonter sa propre angoisse devant le silence. Ensuite, il se mettra à l'écoute. Non pas pour d'emblée comprendre, ce qui l'amènerait à faire taire trop tôt cette parole naissante, mais pour procéder à un premier tri: la parole officielle, d'une part, celle que l'on attend: plainte, description des symptômes et de leurs effets, quête d'information. Puis, d'autre part, celle qui vient en sus, qui ne paraît pas indispensable, qui ne s'adresse pas au personnage officiel du médecin. Celle-là, il s'agira de l'entendre. C'est-à-dire y saisir l'allusion à quelque chose qui n'a pas été dit, la référence à ce qui se cache au-delà du symptôme, au-delà surtout de tout le rituel de la consultation. Entendre ce qu'il y a d'appel d'un être humain à un autre être humain.

Au-delà d'une parole vide.

Cet appel débouche sur tout ce qu'il y a de mystérieux, d'inconnu en l'homme. Sur tout ce contre quoi justement le médecin s'est protégé, barricadé. Contre l'inconscient. Comment vaincre son angoisse? Que faire de cette parole qui émerge? Si le médecin résiste à l'habitude la plus simple, qui est de faire taire cette voix, vers quoi, vers qui va-t-il se tourner pour savoir que faire de son encombrante découverte? Ses maîtres en médecine, ses livres, son expérience l'abandonnent à ce point.

Il se trouve devant ce qu'il n'avait pas voulu. Savoir, pouvoir, voir: il était prêt à se reconnaître dans ses aspirations. Mais entendre, c'est autre chose. Il est pris au piège. Il s'est engagé dans la voie menaçante d'un danger inconnu, contre lequel on ne l'avait pas prévenu. On pourrait presque dire qu'on l'a trompé. On ne lui avait jamais dit qu'une part essentielle de sa profession consistait à entendre, et qu'en rejetant cette fonction, c'était une partie capitale de l'intérêt à son métier qu'il rejetait.

Dans son désarroi, il se tourne vers ces marginaux, chargés des basses besognes de la médecine, auxquels on est tenté parfois d'attribuer des pouvoirs magiques: les psychiatres, psychothérapeutes, psychanalystes. Ceux-là deviennent alors des spécialistes du psychisme humain, ils savent comprendre les forces mystérieuses et les utiliser pour guérir. Ils détiennent des secrets qui pourraient accroître l'efficacité du médecin. Leurs connaissances deviennent objet de convoitise qui, enflés par l'imagination, vont constituer les tentations du médecin.

BIBLIOGRAPHIE

J. P. Valabrega, *La relation thérapeutique. Malade et Médecin*, Nouvelle Bibliothèque Scientifique, Flammarion, 1962.

QUATRIÈME PARTIE

LES TENTATIONS DU MÉDECIN

Chapitre 12

PROBLEMATIQUE PSYCHOSOMATIQUE

L'apparition dans une conversation médicale du terme « psychosomatique » suscite presque toujours des réactions vives et intéressées. L'une des plus apparemment anodines révèle déjà la multiplicité des voies et des pièges que cache ce mot. Faut-il l'écrire en un mot: psychosomatique ou en deux mots avec un trait d'union: psycho-somatique. Sans entrer dans des considérations grammaticales ou linguistiques qui auraient ici leur mot à dire, on remarquera que cette hésitation orthographique révèle l'indécision conceptuelle: le terme désigne-t-il une discipline clairement définie ou un amalgame de concepts hétéroclites?

Ces réflexions n'épuisent pas l'intérêt ou l'attrait incontestable exercé par ce mot. Il partage avec tous les termes en « psy » ce pouvoir de fascination sur les médecins qui voient dans ce *psy* la clé de tout ce qui ne leur a pas été enseigné, voire de tout ce qui leur aura été caché pendant leurs études. La psychosomatique leur paraît être le pont possible qui leur permettrait d'accéder au pays des détenteurs du *psy*. En découvrant qu'il est en train de céder à une tentation, le médecin peut avoir une réaction protectrice de recul: pour ne pas montrer et même pour ne pas croire qu'il envie une certaine connaissance, il se rassurera en déclarant qu'il la détient. Ce qui amène les affirmations bien connues du genre: « Depuis Hippocrate on a toujours soigné le corps et l'âme. Les mages, shamans, hommes-médecines le faisaient également. Quoi qu'il en soit, évoquer des connaissances plus ou moins mystérieuses ou une antiquité baignée de magie démontre l'inconfort de la position du médecin en face du fait psychosomatique, et du psychosomaticien, s'il existe, en face du médecin.

La référence hippocratique comme fondement d'une pensée psychosomatique ne peut être admise sans réserve, car le seul point commun entre les médecins contemporains et le père de la médecine n'est probablement que le désir de guérir, encore n'est-il pas certain que ce désir n'ait pas subi d'importantes variations au cours des siècles. Cette objection n'est pas destinée à diminuer les mérites d'Hippocrate, mais à souligner qu'il est séparé de la médecine contemporaine par la révolution scientifique et la constitution de la pensée moderne dont il est peut-être plaisant de douter de la réalité en médecine, mais qu'on ne peut sérieusement réfuter. C'est justement en débarrassant les terres vierges de la pensée magique qui les occultait que ces terres sont devenues accessibles à la recherche scientifique. Sur ce terrain seul pouvait se développer l'exploration psychosomatique. Elle est née de la fécondation d'une médecine anatomoclinique par les découvertes réflexologiques et psychanalytiques. Cette double appartenance ou cette double paternité n'est pas pour faciliter la vie à l'enfant. Ce n'est pas par hasard que ce chapitre a été intitulé problématique psychosomatique, car dès le premier mot se posait un problème: fallait-il parler de médecine psychosomatique ou de doctrine psychosomatique? S'agit-il en effet de clinique ou de théorie, de séméiologie ou de pathologie, d'étiologie ou de thérapeutique?

L'inflation psychosomatique.

La floraison explosive de cette discipline nouvelle-née dénote une vitalité qui a rapidement amené une véritable inflation psychosomatique. Le titre finalement choisi veut indiquer d'emblée que se posent actuellement plus de

problèmes qu'on ne peut apporter de réponses. Ceci rend
inévitable que, même dans un travail qui n'est qu'introduction, il ne sera pas possible d'ignorer quelques-unes des
difficultés inhérentes à la matière traitée.

A) *DEFINITION NEGATIVE*

La jeunesse relative de la discipline psychosomatique,
l'absence ou la rareté de son enseignement fait que, si
le nom s'en est rapidement répandu, l'objet en est mal
codifié et mal limité. On use du terme de psychosomatique
pour désigner des états extrêmement variés. Aussi avant
d'aborder l'étude des problèmes psychosomatiques proprement dits, il est indispensable de préciser ce qui n'en
relève pas. On verra que les limites ne peuvent pas être
tracées avec une rigueur absolue. Pourtant, il est facile
d'élaguer du champ psychosomatique tout ce qui manifestement l'encombre.

**Troubles psychiques secondaires
à des maladies organiques.**

N'entre pas dans ce champ tout d'abord le grand groupe
des troubles psychiques secondaires à des maladies organiques, comme par exemple toute la pathologie décrite
sous troubles psychiques des tumeurs cérébrales, des accidents vasculaires cérébraux, des affections méningitiques
ou encéphalitiques, les complications psychiques des traumatismes crâniens ou des intoxications.
Les états alcooliques n'entrent pas davantage dans ce
cadre. Cette première catégorie de troubles à distinguer
de la pathologie psychosomatique ne concerne pas seulement les affections organiques cérébrales, mais tous les
troubles psychiques secondaires à des affections générales
quelconques, qu'il s'agisse de maladies infectieuses ou d'en-
docrinopathies, d'atteintes médicales ou chirurgicales.

Syndromes somatiques secondaires
à des troubles mentaux.

Inversement, ne seront pas considérés non plus comme
syndromes psychosomatiques des affections organiques lé-
sionnelles secondaires à des troubles psychiques, telles des
rétractions tendineuses ou des fontes musculaires comme
on a pu en rencontrer autrefois dans les catatonies graves,
qui ne pouvaient alors bénéficier d'un traitement efficace,
des carences alimentaires succédant soit à des toxicomanies,
soit à des conduites délirantes. Il en va de même d'éventuelles lésions créées soit par des tentatives de suicide,
soit par automutilation, soit par ingestion d'objets divers.

Plus délicats à résoudre sont les problèmes, que l'on peut
théoriquement concevoir, d'une éventuelle association entre une maladie mentale et une maladie organique sans
rapport apparent. Un schizophrène peut faire une crise de
coliques hépatiques, une personne qui se casse la jambe
peut avoir une névrose obsessionnelle. En matière de trau-
matologie, il sera bien rare qu'on puisse parler de troubles
psychosomatiques, ce qui ne signifie pas qu'un traumatisme
quelconque ne puisse avoir un sens précis dans l'histoire
du sujet au moment où il survient. Par contre, dans le
premier exemple où l'on aurait pu remplacer la colique
hépatique aussi bien par une appendicite, une angine ou
une tuberculose, un lien pourra parfois exister entre la
maladie organique et la personnalité du malade qui situerait
ces rencontres parmi les cas limites.

Expression somatique d'états névrotiques.

La dernière catégorie à éliminer est celle des états névrotiques à expression corporelle. Dans ce vaste ensemble,
plusieurs sous-groupes sont à distinguer, sous-groupes beaucoup plus constitués par la variété des praticiens qui les
abordent que par des différences de tableaux cliniques. Les
praticiens de médecine générale ainsi que de nombreux
spécialistes rencontrent dans leur clientèle un certain nom-

bre de malades auxquels ils appliquent le diagnostic de dystonie neuro-végétative. Les symptômes consistent en manifestations diverses telles que l'excitation ou l'inhibition du système sympathique ou parasympathique peuvent en déclencher: rougeurs, pâleurs, érythroses par plaques, dermographismes, horripilation, hypersudation, éréthisme cardiaque, sécheresse des muqueuses, abolition du réflexe nauséeux, etc. L'erreur habituelle consiste à se contenter du diagnostic de dystonie neuro-végétative qui substitue une simple constatation à ce qui devrait être un effort de compréhension. On peut affirmer que dans la grande majorité des cas, on est en présence d'une affection névrotique qui aurait été reconnue comme telle par un psychiatre. Les symptômes neuro-végétatifs entreraient alors dans le deuxième sous-groupe de la dernière catégorie en question: l'expression corporelle des névroses. Les symptômes les plus connus sont les manifestations de conversion hystérique. Paralysies ou anesthésies, crises et troubles sensoriels, maux de tête ou troubles de l'équilibre sont trop connus pour qu'il soit nécessaire d'y insister. Qu'il s'agisse de symptômes neurovégétatifs ou de symptômes de conversion, on reste encore dans le domaine de la névrose pure sans qu'il soit légitime d'invoquer le domaine psychosomatique, mais certaines manifestations se situent à la frontière entre ce domaine et celui des névroses. Où classer, par exemple, les dysménorrhées si fréquentes chez les hystériques, ou les aménorrhées qui sont l'un des principaux signes des anorexies mentales? Il en va de même de certains états spasmophiliques, d'écoulements des seins, voire de certains troubles viscéraux liés à des réactions émotionnelles évidentes.

Si les hésitations quant à l'emploi du terme de psychosomatique se bornaient aux cas limites qui viennent d'être mentionnés, si l'on évitait l'emploi du mot pour toutes les autres catégories, un langage commun et un domaine bien délimité pourraient être établis. Aussi longtemps que cet objectif ne sera pas atteint, les études psychosomatiques resteront vouées au confusionnisme qui règne actuellement en ce domaine.

B) *POUR UN DIAGNOSTIC POSITIF*

Après l'élimination de ce qui ne relève pas de la pathologie psychosomatique, on peut se demander ce qui reste. Si l'on classait les malades d'une consultation selon les catégories décrites plus haut, on constaterait que cette première sélection n'éliminerait qu'un pourcentage relativement faible de l'échantillon. Le reste est donc important, et c'est à son propos qu'il importe de dégager les éléments à retenir pour que l'application d'une approche psychosomatique soit justifiée.

La maladie psychosomatique
est toujours « organique ».

Une maladie psychosomatique est d'abord une maladie organique bien constituée à laquelle ne manquent, ni symptômes cliniques, ni confirmation par examens complémentaires radiologiques, biologiques. La preuve anatomique de la lésion est parfois apportée soit par des examens endoscopiques, soit par des interventions chirurgicales. C'est là le point sur lequel il faut insister et sans lequel il ne devrait pas être permis de parler d'affection psychosomatique. Il s'agit toujours d'un syndrome anatomoclinique conforme aux descriptions les plus classiques et les plus traditionnelles. Le versant somatique du couple psychosomatique n'offre donc a priori aucune difficulté: il suffit d'être exigeant quant au diagnostic.

Les symptômes
des maladies mentales font défaut.

L'autre versant est plus difficile à préciser. Il faut pourtant le définir. Apparemment, rien ne vient distinguer sur le plan de la personnalité le malade psychosomatique d'une autre personne. C'est-à-dire qu'on ne trouvera pas chez lui de symptômes en faveur d'une maladie mentale. Ceci ne constitue pas l'une des moindres difficultés des études psychosomatiques: les patients s'étonnent qu'on puisse les adresser à un psychiatre ou entreprendre chez eux des investigations psychologiques, et bien souvent, les tentatives de psychothérapie tournent court, le malade ne comprenant pas qu'on puisse lui proposer un traitement purement verbal pour une affection incontestablement organique. Ce défaut d'information est en partie le reflet de la position du médecin qui lui non plus ne comprend pas toujours et parfois même s'offusque qu'on puisse paraître négliger les médications classiques au profit d'un traitement dont le mécanisme d'action échappe à ce qu'on a pu lui enseigner.

La personnalité psychosomatique.

Dire qu'il n'y a pas de troubles psychiques dans les affections psychosomatiques doit s'entendre comme une absence des symptômes psychotiques ou névrotiques habituels. Ce qui fait que le malade « manque de prises ». On ne sait où saisir cette personnalité pour engager l'exploration psychique. Cette difficulté même a déjà valeur de symptôme et certains auteurs ont été frappés par l'apparente pauvreté de ces personnalités. Tout ce que l'on peut saisir habituellement comme chaleur communicative, richesse de vie intérieure, largeur de contact, semble manquer chez ces personnes qui compensent leur parcimonie relationnelle en se dépensant dans l'action. Ils éprouvent le besoin d'un temps quadrillé où chaque case est remplie par une activité précise. Leur préférence va aux activités imposées par autrui et l'initiative est pour eux une souffrance. C'est pourquoi ils redoutent les périodes creuses, les mortes saisons, les vacances. Leur congé ressemble parfois étrangement à leur vie de travail. Ils aiment les loisirs organisés et ils ne sont sans doute pas étrangers au développement d'organismes dont la devise pourrait être: ayez des vacances, nous ferons le reste. Bien qu'ils aient peu à communiquer ainsi qu'on l'a déjà dit, ils ne tiennent pas à la solitude ou à la méditation qui les inquiètent, et ils préfèrent les activités d'équipes, sportives ou culturelles, surtout s'il s'agit d'équipes « encadrées » ou d'activités dirigées. Ils évitent par contre les activités ayant pour but de faciliter la rencontre entre les deux sexes. Ils flirtent peu et n'ont apparemment pas de gros « besoins sexuels ».

Ce tableau ne constitue pas le portrait-robot du malade psychosomatique. Il y a certainement de nombreuses variantes. L'important était de montrer comment un tableau psychologique peut être constitué, non par des symptômes positifs, mais par un inventaire des lacunes du sujet. Ces lacunes marquent ce que la maladie somatique vient remplacer. Ce qui n'a pas pu s'exprimer se traduit en symptômes physiques, ce qui ne veut pas dire que le symptôme en question ait forcément un sens comme ce serait le cas pour un symptôme hystérique: le symptôme peut parfois aussi marquer l'échec des fonctions expressives qu'il remplace. Pour ces malades, les fonctions de la parole ne vont que jusqu'à un certain point à partir duquel tout se passe comme si elles rencontraient un mur d'indicible: la traversée de ce mur ne se ferait qu'au prix de la maladie organique.

Ces phénomènes sont incontestablement difficiles à concevoir, d'autant plus que rien dans la formation du médecin ne l'y a préparé, et qu'au contraire même le raisonnement scientifique habituel s'oppose à ces conceptions dont on aura tôt fait de réfuter l'angoisse qu'elles suscitent en les taxant de philosophiques, métaphysiques, voire romantiques ou purement imaginaires.

Là s'arrêtent les certitudes, et l'on voit combien elles peuvent, à la limite, paraître hypothétiques. Avant d'aborder l'étude de quelques difficultés inhérentes au domaine psychosomatique, il paraît indispensable de présenter quelques cas qui permettront précisément de mieux situer ces problèmes.

C) *QUELQUES EXEMPLES PRATIQUES*

On présentera ici une série de situations relativement simples qui permettront de préciser quelques-unes des questions qui se posent au psychosomaticien.

Les ulcères digestifs.

Lorsqu'on parle de maladie psychosomatique, l'exemple qui s'impose le plus rapidement au médecin est celui de l'ulcère gastroduodénal et à peine ce diagnostic est-il évoqué que jaillissent les premières objections. L'utilisation d'un terme composé « gastroduodénal » introduit une confusion qui pourrait prêter à croire que dans l'esprit du psychosomaticien l'ulcère gastrique et l'ulcère duodénal se ressemblent à s'y méprendre. Or, autant le gastroentérologue sera l'un des spécialistes les plus prêts à collaborer avec le psychosomaticien et à partager avec lui le traitement de nombreux malades et notamment des porteurs d'ulcères duodénaux, autant il sera réservé et probablement à juste titre, lorsqu'il s'agira de lui abandonner les ulcéreux gastriques en raison de la fréquente cancérisation de ces derniers, ou si l'on préfère, en raison de l'analogie entre les images ulcéreuses et certaines images cancéreuses au début. La plupart des psychosomaticiens eux-mêmes ne montreront guère d'enthousiasme à entreprendre des cures d'affections risquant d'évoluer de façon maligne.

Pour ces motifs, ce seront surtout des ulcères duodénaux qui relèveront de l'approche psychosomatique. Ils vont permettre d'illustrer l'articulation du traitement local au traitement psychologique.

Le médecin habitué à traiter exclusivement de manière médicale ou chirurgicale de telles affections peut se demander comment le psychosomaticien va s'y prendre devant un tel malade dont on reconnaîtra volontiers qu'il est peut-être un peu nerveux, mais certainement pas malade mental.

Or, les médecins savent qu'il y a d'une part le syndrome ulcéreux lié à des conditions locales où interviennent toute une série de réflexes et de réactions neuroendocriniennes partant de ou agissant sur la muqueuse digestive et d'autre part, des phénomènes beaucoup plus imprécis, mal définis, qu'on appelle la maladie ulcéreuse. Ces régions un peu obscures s'éclairent lorsqu'on y réintroduit la personnalité du malade. Le développement technique et les progrès de thérapeutiques scientifiques médicochirurgicales apportent souvent des satisfactions suffisantes tant au médecin qu'à son malade pour que n'apparaisse pas la nécessité de recherches moins habituelles. Il existe pourtant des cas rebelles aux thérapeutiques usuelles qui justifient de tels efforts. La haute technicité qui caractérise de plus en plus la médecine moderne et surtout la médecine hospitalière, est une médecine locale qui ne peut pas toujours se préoccuper de la personnalité du malade. Tout se passe comme si, dans la recherche médicale, le sujet était escamoté. Le rôle du psychosomaticien consiste à réintroduire le sujet pour que ne soit pas traitée seulement une souffrance localisée, mais qu'il soit tenu compte de l'échange de mauvais procédés entre cette localisation précise et l'ensemble de la personne malade.

En partant de cette conception, on s'apercevra que toute maladie peut être étudiée comme une situation globale. On précisera d'abord les circonstances au cours desquelles est survenue la crise ulcéreuse. Le malade était-il fatigué, tendu, contrarié? Avait-il subi un échec, une humiliation, un deuil? Ou bien, au contraire, était-il sur le point de réaliser un projet, s'attendait-il à une satisfaction? On ne peut énumérer toutes les situations particulières qui peuvent constituer un changement dans l'existence d'une personne, même si ce changement est extrêmement minime ou peu apparent pour autrui.

Importance des situations répétitives.

Après avoir tenté de préciser les circonstances mêmes de la crise, on étudiera la personnalité du malade. On essaiera de rechercher, soit des crises analogues dans ses antécédents, soit d'autres incidents pathologiques, et on recherchera là encore l'ensemble des circonstances accompagnant ces éventuels accidents antérieurs. L'existence de certaines répétitions sera un guide extrêmement précieux, car elle permettra de rechercher ce que peut signifier pour le sujet en question cette situation répétitive. On se trouvera là devant une véritable tâche psychothérapique. En l'absence d'une telle découverte, l'investigation de la personnalité sera plus délicate, et ceci en grande partie parce que le malade, habitué à la médecine traditionnelle, n'aura jamais appris à parler de lui à son médecin. Toutefois, l'exemple de l'ulcéreux a été choisi justement parce que des tableaux psychologiques de ces malades ont fréquemment été décrits. C'est ce tableau qui a été évoqué plus haut, de personnes actives ayant besoin d'un emploi du temps précis et supportant mal l'imprévu et la surprise. Ceci leur donne souvent un aspect rigide ou sévère. Ces caractères peuvent entraîner une excellente efficacité, et l'on a pu dire par boutade que l'ulcère était l'un des critères de la réussite sociale.

A partir de ces constatations, il devient aisé de voir que la personnalité de l'ulcéreux et les circonstances d'apparition de la crise ne sont pas sans rapports. Les circonstances en question marquent toujours une rupture dans la routine quotidienne, une de ces situations imprévues qui dérangent le futur ulcéreux, le font sortir de ses habitudes pour l'obliger à faire face à des conditions qui le dépassent du fait de leur nouveauté. La médecine psychosomatique ne prétend pas expliquer des processus physiopathologiques qui mènent de l'émoi ayant créé un désarroi dans la personnalité à la lésion. Par contre, elle peut fort bien amener le malade à découvrir comment des circonstances particulières de son histoire l'ont amené à éviter certaines situations. Il pourra ainsi se rendre compte que si de tels émois ont pu être menaçants pour l'équilibre de sa personne à un certain moment de sa vie et notamment dans son enfance, cela n'est plus le cas pour sa personne actuelle. L'amener à renoncer au maintien, fût-il imaginaire, de certains éléments de sa vie passée sera la tâche de la psychothérapie qui est la méthode d'action spécifique du traitement psychosomatique.

Un autre exemple permettra de mettre en évidence de nouveaux traits de la personnalité de ces malades.

Affections dermatologiques.

Les dermatologistes connaissent bien les eczémas survenant lors d'une séparation. C'est le cas de jeunes filles quittant leurs parents pour se marier, le cas aussi de fonctionnaires mutés dans un nouveau poste, etc. Les exemples de séparation ne manquent pas. Ce qu'il importe de souligner est la répétition des poussées eczémateuses chaque fois qu'intervient une nouvelle séparation ou un nouvel événement rappelant les circonstances de la séparation. Cette séparation exige d'être examinée de plus près. « Quelles sont les personnes dont le patient se trouve séparé? » C'est évidemment la première question à résoudre. Le plus souvent, il s'agira d'une mère ou d'un substitut maternel. A partir de ce point, pourra avoir lieu une investigation plus approfondie de la personnalité de ces malades. N'importe quelle séparation ne déclenche pas d'eczéma chez n'importe qui. Il faut qu'il y ait eu antérieurement une relation particulière entre le futur eczémateux et le personnage support. Ce terme indique l'existence d'une véritable symbiose qui se manifeste chez l'eczémateux par une dépendance importante par rapport à ce support. Le malade n'a jamais perdu l'habitude infantile de soumettre toutes ses décisions à l'approbation d'autrui, et c'est pourquoi le premier exemple de séparation cité a été le cas du mariage. Il n'est pas rare en effet de découvrir dans le récit que font ces personnes de leur mariage, les traces de certaines difficultés. Il peut s'agir de mauvaise entente avec le conjoint, parfois même on rencontre des expressions comme: « je savais d'avance que je serai malheureuse avec mon mari ». D'autre fois, il existe un véritable sentiment de culpabilité parce que le mariage s'est fait sans le consentement des parents, ou tout au moins ce consentement ne fut pas donné sans réserve. On a là toutes les amorces à un désir de retour auprès de la mère, désir de retour auquel on donne parfois satisfaction par des procédés substitutifs, comme confier les enfants à cette mère ou faire venir les parents auprès du jeune couple.

La relation d'objet psychosomatique.

On peut imaginer la multiplicité des signes qui viennent marquer la dépendance selon les personnes en jeu. Le sentiment sous-jacent que l'on découvrira fréquemment chez l'eczémateux est celui de représenter une partie du support qui souffrirait, du fait de l'éloignement, d'une véritable amputation. On a décrit en psychanalyse l'existence de modes particuliers de relations dites relations d'objets, caractéristiques de la structure de certaines personnalités. On a ainsi pu décrire une relation d'objet « allergique » dans certains cas d'eczémas, d'asthme, etc. On peut généraliser ces particularités à une relation d'objet psychosomatique.

Maladies dysplasiques du sein.

Un dernier exemple sera choisi parmi les affections moins classiquement considérées comme psychosomatiques: il s'agit de maladies dysplasiques du sein. Ces exemples, extraits d'un travail de Ch. Gros et L. Israël cité en bibliographie, seront rapportés avec quelques détails, car ils illustreront en même temps comment peut être menée une première exploration psychosomatique pratiquée au cours d'une hospitalisation pour bilan. Ces deux exemples montrent clairement une variante du comportement, qui a été décrit plus haut à propos des eczémateux, qui est le besoin de justifier sa propre existence par un dévouement perpétuel à autrui.

a) *Madeleine* a découvert il y a trois ans une grosseur dans son sein gauche. A la palpation, on notait dans la partie supérieure gauche du sein une masse de 3 cm avec voussure et circulation un peu accentuée. Peau et mamelons n'étaient pas fixés mais avaient perdu leur mobilité. Il existait une petite adénopathie gauche.

A la radiographie, on voyait deux kystes qui se superposaient sur le cliché de profil. L'un, externe, était seul palpable.

Ce kyste put être ponctionné; la ponction ramena un liquide ocre, trouble, donnant un sédiment de faible abondance. A l'examen microscopique, présence de nombreux fragments cytoplasmiques et nucléaires. Pas de cellule cancéreuse.

Deux ans plus tard, on ponctionnait un nouveau kyste du sein gauche. Une nouvelle récidive, un an plus tard détermina le recours aux psychosomaticiens.

Madeleine déclare d'emblée avoir souffert de « complexes ». C'est à peu près la première phrase qu'elle prononce lorsque arrivée à la consultation psychosomatique on lui propose de s'exprimer. La nature de ses complexes sera précisée d'une façon plus réticente. Mais il apparaîtra pourtant qu'il s'agit de ceux de la jeune fille sans argent épousant le fils du patron. Il n'est pas certain que la belle-famille dans laquelle entrait Madeleine lui ait fait sentir qu'elle était la jeune fille pauvre épousée par le fils de la maison, mais elle-même n'a pas manqué une seule occasion de se le rappeler. Fille unique d'un petit industriel ruiné et mort alcoolique, elle travaille depuis l'âge de 13 ans comme apprentie-vendeuse dans un magasin et elle épousera ensuite le fils du patron. Il n'y eut pas véritablement de relation amoureuse, mais il s'agissait pour elle d'un mariage de raison qui devait lui permettre de subvenir aux besoins de sa mère. Le mari ainsi choisi était lui-même dominé par un père tyrannique et exigeant. Madeleine revendiqua pour elle ses exigences au point d'en débarrasser en grande partie son mari. Depuis lors, ces exigences continuent à la poursuivre: il faut travailler, être partout à la fois, satisfaire tout le monde. Il faut être une bonne fille, une bonne belle-fille, une bonne épouse et une bonne mère. Qui trop embrasse, mal étreint, et il est ainsi facile à Madeleine de se reprocher un échec sur toute la ligne, échec qui paraît plus imaginaire que réel puisque l'entreprise à la tête de laquelle elle se trouve est actuellement l'une des plus florissantes de la région. Les différents magasins prospèrent; au point de vue conjugal, elle s'entend bien avec son mari, ne se plaint pas de frigidité, elle est mère de trois enfants dont l'aîné est marié, mais elle réussit à considérer ce mariage comme un échec puisque la bru ainsi introduite dans la famille, bien qu'elle n'ait pas détourné son mari de la profession familiale, n'a pas voulu se soumettre au régime de travail forcé instauré par le grand-père. Un point qui pourrait être considéré réellement comme un échec est plutôt vu par elle comme un succès: sa seule fille est en effet célibataire. Cette fille avait ébauché une liaison avec un don Juan paresseux, rencontré au cours d'un voyage lointain, qui n'aurait certainement pas fait le poids dans cette famille de travailleurs lourds. Mais Madeleine se chargea de faire rompre cette liaison. Du coup sa fille a présenté des troubles qui sont pour le moins psycho-somatiques, et elle est tombée sous la domination de la mère qui la couve et la gave. C'est une préoccupation constante pour Madeleine de voir cette fille qui ne mange pas, qui est pâle, qui se languit. Elle rappelle à ce sujet qu'elle a nourri au sein ses deux derniers enfants pendant un an, mais qu'elle n'a pu nourrir l'aînée que pendant trois mois parce qu'il fallait travailler. Elle a toujours eu énormément de lait. Lorsqu'on lui suggère au cours de l'investigation que le kyste du sein est peut-être rempli de lait, elle amène ce rêve répétitif: elle se voit en face d'un nourrisson qu'elle ne peut pas nourrir. Sans qu'il ait été nécessaire au cours de cet unique entretien de tenter une interprétation quelconque de ce rêve, les voies de l'asso-ciation menaient à la fonction maternelle. Le nourrisson du rêve était peut-être bien Madeleine elle-même; car à ce point de l'entretien apparaît à nouveau une situation dans laquelle elle juge qu'elle n'a pas assez payé: c'est sa mère qu'elle évoque, cette mère à laquelle elle n'a pas pu rendre ce qu'elle devait, cette mère qui est devenue alcoolique comme le père. Encore une soif que son sein n'a pas pu étancher alors qu'elle aurait désiré le faire.

b) *Marie* souffre également d'un kyste du sein. Plusieurs radiographies ont montré de nombreuses pommelures plus ou moins confluentes vers la région mamelonnaire externe, avec de nombreuses irrégularités dans les deux seins. Image de type hyperplasique dans un sein en voie de méno-pause.

Les radiographies ont été renouvelées 4 ans plus tard sans que les images se soient modifiées. On pouvait donc éliminer toute suspicion de cancer.

Devant l'image dysplasique du sein, une exploration psychosomatique fut demandée.

Comme la précédente malade, Marie est une personne qui n'en fait jamais assez. Elle a 7 enfants, 5 petits-enfants et elle est constamment en train de nourrir tout le monde, d'habiller, de donner l'hospitalité, de payer les impôts, de tenter d'effacer la dette sous toutes ses formes. Cette dette, Marie a réussi à la matérialiser en s'endettant pour toujours: elle aussi a épousé un homme d'un niveau social supérieur au sien. Mais elle n'avait pas attendu son mariage pour se sentir endettée, et l'un des principaux souvenirs est celui d'une revendication maternelle: « Tu ne me dis jamais rien, tu n'as jamais rien pour ta mère ». Ce « tu ne me dis jamais rien », qu'il faut entendre comme un « tu ne me donnes jamais rien », a peut-être été formulé par la mère mais Marie s'attendait à l'entendre. Pour compléter ce résumé, il n'est peut-être pas inutile de rapporter quelques passages de l'entretien avec Marie.

« Que voulez-vous que je vous dise?

J'ai été un peu surprise lorsqu'on m'a dit que je devrais venir ici. Je pensais qu'on allait me questionner. Je me croyais une personne normale. Je sais que je suis anxieuse et tracassée, mais je n'éprouve pas le besoin de raconter.

J'ai déjà été hospitalisée il y a dix ans, j'avais un adénome au sein qui a été opéré...

J'ai eu une vie assez occupée. J'ai 7 enfants et 5 petits-enfants. Je n'ai donc pas de temps à perdre à m'occuper de moi. On se doit aux autres. »

Le médecin: « On se doit? »

« Pourquoi, ça n'est pas normal? Je ne dois pas vous dire ça? Ça peut aussi faire plaisir. Ce que je fais, je le fais de bon cœur. J'ai besoin de tout le temps travailler et d'être active. Je ne suis pas folle. Je suis venue pour faire soigner mon sein. »

On rassure Marie en lui expliquant qu'il n'est pas rare de trouver chez des personnes souffrant de maladies du sein une certaine angoisse dont on pourrait les débarrasser. La malade rapporte alors des détails biographiques justifiant son angoisse, notamment que sa mère ainsi qu'une de ses sœurs ont eu à souffrir d'affections du sein. Elle-même eut également un abcès du sein au cours de l'allaitement du 7ᵉ enfant, ce qui fait que cet enfant n'a pu être allaité que pendant huit jours.

Il est ensuite question du mari.

« On s'entend bien. Mais on s'entend mieux encore quand les enfants ne sont pas là. Il dirige un groupe industriel. Mais c'est moi qui suis préoccupée de tout ce qui reste à faire de ce qu'on n'a pas fait. Je ne dors pas bien. Je me réveille parce que je crois qu'on n'a pas payé les impôts, qu'on n'a pas fait une déclaration correcte, qu'on a oublié d'expédier le courrier important. J'ai le sentiment qu'il faut que je pense à tout. C'est pour ça qu'on s'entend mieux quand les enfants ne sont pas là, parce que quand les enfants sont là, même ceux qui sont mariés, il y a encore plus de gens à qui il faut que je pense, ils ont besoin de moi. C'est normal? »

Le médecin: « Et vous? »

« Je ne voudrais pas avoir besoin des autres. Surtout pas des médecins. »

Un silence et on lui demande à quoi elle pense.

« Je pense que j'ai invité des gens pour la semaine prochaine, et qu'ils ne viendront pas. J'aime bien quand des gens sont là. Mais je n'aime pas préparer ce qu'il faut pour les accueillir. A quoi est-ce que ça sert que je vous raconte tout ça? Je n'aime pas parler. Je ne voudrais pas avoir d'amis à qui je serais obligée de tout dire. »

Le médecin: « Tout dire? »

« Je n'ai jamais aimé me confier. On me le reprochait déjà quand j'étais toute petite. Ma mère, ma maîtresse. Je me demande ce que vous allez tirer de tout ça? »

L'observation de ces deux malades présente de nombreuses analogies. Ces personnes se dépensent sans compter pour autrui. Elles ont réussi en outre à se mettre dans des situations légitimant pour ainsi dire un tel comportement. Issues d'un milieu modeste elles épousent un homme qui leur est socialement supérieur. Elles se sentent débitrices envers leur mari. Mais ce n'est là qu'un déplacement, et la dette dont il s'agit vraiment est inconsciente. Cette autre dette va fonctionner comme modèle, attirant toutes les situations où le scénario du paiement, du remboursement, pourra se répéter.

Le sein devient organe payeur.

Les malades dont il a été question n'ont pas été soumises à une psychanalyse. On ne peut donc pas poursuivre très loin le sens particulier qu'a pu éventuellement véhiculer pour chacune d'elles la maladie du sein, symptôme psychosomatique dont une partie seulement est élucidable par des formulations verbales et une autre partie, la plus importante peut-être, risque d'être pendant longtemps encore impénétrable, opaque aux efforts de discernement.

Mais il n'est pas interdit, sous réserve de se souvenir qu'il s'agit d'hypothèses, de raisonner par analogie. La dette ne peut-elle marquer le lieu où fut refoulé un don interdit? Aller plus loin ne peut que mener aux généralités concernant les amours interdites. Le sein malade, pierre tombale d'un impossible amour. Cette formulation provisoire rend compte d'un certain nombre de situations qu'il a été possible d'étudier jusqu'ici.

Et s'il fallait un argument supplémentaire pour étayer le sein conçu comme gage, on pourrait rappeler que ce n'est pas un psychosomaticien qui a exprimé: « que le dédit indiqué soit une livre pesant de votre belle chair »; cette chair à prélever « tout près du cœur » ne saurait être bien loin du sein!

D) *LA MEDECINE PSYCHOSOMATIQUE EN CRISE DE CROISSANCE*

Les exemples qui précèdent ont été donnés afin que le médecin se rende mieux compte combien il est inévitablement concerné par la dimension psychosomatique de la médecine au niveau de son activité la plus quotidienne, qu'il soit généraliste ou spécialiste, interniste ou chirurgien. C'est pourquoi il est nécessaire de lui présenter la médecine psychosomatique avec toutes les difficultés liées à une croissance et une extension rapide. Les espoirs qu'a fait naître cette méthode nouvelle s'avéreraient vains si l'on ne tenait pas compte des difficultés qu'elle soulève, et après avoir été considérée comme la panacée, elle risquerait d'être rejetée comme dénuée d'intérêt. Ces deux attitudes seraient également erronées.

Extension du champ.

A ses débuts, la médecine psychosomatique limitait son domaine à quelques maladies seulement: maladies ulcéreuses du tube digestif, asthme, eczéma. Ces deux dernières affections allaient ouvrir les portes à l'allergie qui fut accueillie tout entière dans le cadre de la médecine psychosomatique. C'était là une conquête importante venant constituer une solide plate-forme de départ pour la colonisation de toute la médecine. Toutes les affections évoluant par poussées allaient trouver leur place sous la nouvelle bannière. Les maladies infectieuses, malgré l'objectivité apparente du germe qui les provoque constituent de bonnes recrues, puisque dans un très grand nombre de cas, l'agent causal est constamment présent à titre de saprophyte, et il faut une véritable « complicité » du terrain pour qu'il recouvre sa virulence. De même pour les traumatismes: on a constaté, non pas que ce sont toujours les mêmes qui se font tuer, mais que ce sont toujours les mêmes qui se blessent. Là encore la personnalité joue son rôle. Il n'y a guère que les affections néoplasiques ou les affections lentement mais irréversiblement évolutives que les psychosomaticiens n'ont pas revendiquées pour eux. Et encore, car leur étude ne serait certainement pas sans intérêt.

Cette inflation psychosomatique ne concerne pas que le champ auquel elle s'adresse. Les visées s'amplifient. On a tenté de proposer des théories psychosomatiques de l'étiopathogénie ainsi que du dynamisme psychique, en plus, bien entendu, du traitement. La tâche s'accroissant en flèche, la quantité de médecins devenant psychosomaticiens grandissait proportionnellement.

Développement des objectifs.

Alors qu'au début, on était en présence de maladies à traiter, la psychosomatique était essentiellement une thérapeutique nouvelle. Elle devenait ensuite une pathologie et finalement une attitude générale du médecin où l'on reconnaissait que l'un des facteurs en jeu dans le dynamisme de la maladie était la relation malade-médecin. Il est tout à fait symptomatique de constater que la « Revue de médecine psychosomatique » a tout récemment modifié son titre pour devenir « Revue de médecine psychosomatique et de psychologie médicale ».

Multiplication des questions.

En ne considérant que le seul domaine clinique, de nombreuses questions sont soulevées qui suscitent des réponses diverses ayant chacune d'ardents défenseurs. La question de la personnalité, par exemple. Y a-t-il une personnalité psychosomatique que l'on retrouverait, à quelques variantes près qui ne seraient que les formes cliniques, dans toutes les maladies relevant de ce domaine? Ou bien, une certaine personnalité, chaque fois différente, correspond-elle à chaque type d'affection psychosomatique? Ou enfin, n'y a-t-il aucune personnalité particulière dans ces maladies? Il en va de même pour la séméiologie somatique. Un syndrome donné est-il le résultat d'un mécanisme à peu près constant tel que l'illustrent les schémas d'Alexander? Par exemple, l'anxiété et ou la culpabilité entraîne une dépendance infantile qui déclenche des sentiments d'infériorité auxquels le sujet réagit par une protestation narcissique qui aboutit à une surcompensation, donc à des effets entretenus par une agressivité compétitive sur laquelle se greffe une hostilité qui par le truchement du système nerveux sympathique, va déterminer d'une part des réactions de peur, et d'autre part une stimulation des systèmes neuroendocriniens retentissant eux-mêmes sur l'ensemble des barorécepteurs, ce qui déterminera une augmentation de la tension artérielle. Le même schéma qui va de l'anxiété à l'agression donnerait naissance à partir de la dépendance infantile, à un désir d'être nourri qui, barré par l'orgueil, retentirait à nouveau sur le système endocrinien qui, cette fois, déterminerait la maladie ulcéreuse. Ces schémas ne sont pas sans mérite, d'autant plus qu'ils furent parmi les premières théories de la médecine psychosomatique, mais ils se heurtent à une difficulté illustrée par le saut du psychique au somatique. La question a pu ensuite se poser d'une structure psychosomatique. On sait en effet que, par exemple les névroses, malgré la diversité des tableaux cliniques, correspondent à une seule et même structure fondamentale. Il en va de même des psychoses. Aussi a-t-on pu se demander si les maladies psychosomatiques ne pourraient pas avoir elles aussi en commun une même structure inconsciente de la personnalité. Les discussions sont loin d'être éteintes et c'est là que le clinicien pourrait à bon droit s'étonner en se disant qu'il suffirait d'observer pour conclure.

Or, l'abondance du matériel actuellement réuni n'est qu'une illusion. Il s'agit d'un matériel hétérogène recueilli par des médecins de formations très diverses et dans des conditions variables. Il est évident que le bilan statistique, obtenu par un allergologiste utilisant un questionnaire-type, sera différent du matériel recueilli par un psychanalyste au cours d'une psychanalyse, et ces deux types de matériel seront encore différents de ce qu'on pourra recueillir dans un groupe de malades traités par relaxation ou par une étude psychotechnique, par tests projectifs, dans une quatrième population. Les observations les plus complètes qui pourraient prétendre à une exhaustivité seraient des psychanalyses orthodoxes. De tels cas sont rarement publiés et plus rarement encore exploités dans un sens psychosomatique.

Tout ceci amène une dernière question: qui psychosomatise?

Qui peut se dire psychosomaticien?

La médecine psychosomatique a été classée parmi les « tentations » du médecin. Autrement dit, le fait que certains se parent du titre de psychosomaticien suscite chez les autres le désir d'en faire autant, toujours en fonction de cette conviction que, puisqu'il s'agit de psychisme, il suffit d'être humain pour être psychologue.

Il est donc certain que tout médecin conscient que le malade aussi est un homme, sera capable d'entrevoir les avantages que le patient tirerait d'une médecine psychosomatique. Par exemple, pour reprendre les facteurs décrits dans l'ulcère duodénal, le médecin sera rapidement capable de mettre en évidence la personnalité particulière de son malade, ainsi que les circonstances qui ont accompagné l'apparition de la crise ulcéreuse.

Nanti de ces informations, que va pouvoir en faire le praticien?

Une première attitude est celle de la satisfaction de soi. On a examiné son malade, on l'a écouté en appliquant les dernières nées des méthodes d'investigation psychologique, on a fait pour lui tout ce qu'il était possible de faire. Et ce *satisfecit* décerné, on continue à le traiter médicalement ou chirurgicalement comme par le passé, sans rien changer. Cette attitude est certainement dangereuse, car elle étouffe toute possibilité d'action psychosomatique. Elle n'est pas sans évoquer l' « ignorant ami ». On fait à la médecine psychosomatique une place parmi les autres acquisitions modernes, pour être au goût du jour, pour se mettre à la mode, pour être dans le vent. On se comporte comme ces « bibliophiles » qui achètent un livre précieux, l'exhibent dans leurs bibliothèques mais se gardent bien d'en couper les pages. On s'ouvre à la psychosomatique pour mieux la phagocyter.

Cette première attitude consistait donc à stériliser l'information acquise, comme si elle était nocive. Et il est vrai que l'ouverture sur le monde de l'inconscient est angoissante, menaçante même pour certaines habitudes de confort intellectuel. Ceci dit, comment les renseignements fournis par l'investigation psychosomatique peuvent-ils être utilisés par le médecin?

Tout d'abord ils lui apportent une meilleure connaissance de son malade. Et progressivement, cette connaissance l'amènera à élaborer sa conception personnelle de l'humanité. De s'arracher ainsi à une connaissance traditionnelle poussera le médecin à sortir de certaines limites conventionnelles de la connaissance pour jeter un regard neuf sur sa fonction. Et sa propre évolution servira de guide au malade qui sera conduit, lui aussi et presque à son insu, à introduire dans sa vie une dimension neuve. Il y a dans ce simple fait qui évolue comme par contact, alors qu'il est en réalité communiqué par d'imperceptibles variations dans la parole, dans le discours, dans le comportement, une source très puissante d'efficacité psychothérapique qui n'exige pas de formation technique particulière, mais qui est limitée à l'aptitude de chaque médecin à supporter le risque de se mettre en question. Ce qui est évidemment très variable d'un individu à l'autre. Cette transformation progressive et subtile de la personnalité du médecin qui constitue sa véritable formation psychologique au sens le plus fort du terme peut être favorisée par diverses expériences. C'est elle qui détermine une authentique efficacité thérapeutique qui se dégage de certaines personnalités médicales. Mais on ne saurait considérer de telles aptitudes hautement individuelles comme des possibilités généralisables. Ce qui fait que, pour beaucoup de médecins, ne sera pas résolue après l'investigation, la question: que faire du matériel reconnu?

Y a-t-il des thérapeutiques psychosomatiques?

Pour beaucoup de médecins, la découverte de particularités psychiques chez leur malade justifiera le recours à la thérapeutique médicamenteuse, à la chimiothérapie spécifique psychotrope. Les résultats obtenus sont extrêmement variables, et cette inconstance devrait suffire à démontrer la multiplicité des facteurs en jeu. Que les médicaments psychotropes aient une action manifestement démontrée dans des expériences minutieusement menées n'est pas à mettre en doute, du moins pour bon nombre de médicaments sérieux, les autres relevant de la mythologie thérapeutique. Mais les chaînes physiopathologiques qui

peuvent être modifiées par ces drogues ne sont pas entièrement connues, et en dehors des entités psychiatriques
classiques, le recours aux psychotropes est souvent un
peu arbitraire. Traiter ces malades de simulateurs n'est pas
possible, puisqu'ils souffrent d'une affection somatique objective (les névrosés n'ont, hélas, pas cette chance). Il faut
donc bien reconnaître qu'il existe d'autres mécanismes que
les méthodes scientifiques traditionnelles sont pour l'instant
incapables de saisir. Ainsi, lorsqu'un médecin prescrit un
tranquillisant à un ulcéreux, il agit peut-être sur les catécho-
lamines qui vont, par l'intermédiaire des fibres vasomotrices
ou sécrétrices, diminuer l'acidité gastrique; seulement, les
expériences ont montré que des placebos peuvent obtenir
les mêmes résultats. Une anecdote mérite d'être rapportée
ici. Un médecin, honnête et compétent, avait l'habitude
de prescrire à certains malades souffrant d'arthroses diverses, un médicament associant une substance antalgique
et une substance qu'il croyait tranquillisante. Il recomman-
dait à ses malades de prendre ce produit le soir au coucher
et il avait obtenu ainsi d'excellents résultats dans les
insomnies fréquentes chez ces arthrosiques. Jusqu'au jour
où, après avoir revu la documentation fournie par les
laboratoires fabriquant le produit, il s'aperçut que ce qu'il
avait considéré jusque-là comme un tranquillisant était en
fait un dérivé des amphétamines, à fonction stimulante,
originellement destiné à corriger les éventuels effets inhi-
biteurs sur l'activité psychique de la fraction antalgique
du médicament. Ceci pour illustrer le domaine des interac-
tions entre chimiothérapie et psychothérapie, domaine qui
commence à peine à être défriché. S'y entrecroisent la
réactivité personnelle du malade, la relation qui le lie à
son médecin, elle-même fonction de la personnalité de ce
médecin, et enfin le bain de publicité commerciale dans
laquelle les laboratoires plongent le médecin, et dans certains pays et pour certains produits, le malade lui-même.
Donc, lorsque le médecin, dans un but de thérapeutique
psychosomatique, soumet son malade à un traitement médicamenteux psychotrope, il pratique déjà, même s'il l'ignore,
beaucoup plus qu'une simple chimiothérapie.

Est-il possible pour le praticien non formé à la psychothérapie, de dispenser malgré tout à son malade une certaine forme de psychothérapie consciente et organisée? Il existe évidemment toute une série de techniques psychothérapiques qui sont à la portée de tout praticien qui s'y intéresserait. C'est le cas de la relaxation (training autogène de Schultz) ainsi que de l'hypnose, par exemple.

Les difficultés naissent à partir du moment où il est question de psychothérapies exclusivement verbales. Faut-il être psychanalyste pour pratiquer une psychothérapie? Les réponses sont diverses, même à l'intérieur d'un même groupe. Certains psychothérapeutes estiment que leur travail serait beaucoup plus efficace et approfondi s'ils étaient psychanalysés. Par contre, certains psychanalystes orthodoxes considèrent que les applications psychothérapiques de la psychanalyse sont un ravalement dangereux pour la psychanalyse elle-même. A l'inverse, certains enseignements exigent que le futur psychothérapeute soit psychanalyste, ce qui fait perdre à la psychanalyse sa dimension d'engagement personnel et ne peut pas ne pas entraîner un certain gauchissement. Ces querelles actuelles sont loin d'être épuisées. On peut même s'attendre à ce qu'elles se développent encore pendant longtemps, les arguments apportés étant en général plus théoriques que pratiques. Car il y a en effet un point sur lequel tout le monde s'accorde, c'est la longueur des traitements psychothérapiques appliqués à des malades psychosomatiques, et leurs difficultés. Chacun est donc amené à utiliser dans la discussion non seulement ses propres observations qui sont peu nombreuses, mais ses conceptions préalables, issues de ses propres options et convictions.

Tout ceci limite pour l'instant l'essor d'une médecine psychosomatique qui est encore à la recherche de sa doctrine. Une dernière limite vient s'ajouter aux précédentes: c'est la réticence du médecin en face de certains cas somatiques.

On a déjà souligné l'objection des gastroentérologues lorsqu'il s'agit de l'ulcère d'estomac. Et il est bien évident que tout médecin psychosomaticien hésitera à traiter par les seules voies de la parole un malade qui risque de se cancériser. Tout ceci suppose un diagnostic médical rigoureux et non pas ces approximations auxquelles se livre parfois une pensée trop psychologisante, approximation qui tend à confondre dans un même tableau, ulcère gastrique et ulcère duodénal, voire syndrome ulcéreux et banale gastrite. Ce qui ne veut pas dire qu'il ne faille pas traiter une gastrite sur le plan psychothérapique, mais qu'il ne faut pas, ce faisant, prétendre avoir traité un ulcère. On pourrait se dire, adoptant une attitude psychanalytique, qu'il n'y a peut-être pas de raison valable d'éviter une approche psychanalytique de maladies cancéreuses. Il est probable qu'une telle investigation pourrait approfondir les connaissances et peut-être apporter un soulagement au malade. Peu de psychanalystes oseraient avouer qu'ils espèrent peut-être une certaine efficacité thérapeutique par cette approche. Tout ce que l'on peut affirmer actuellement, c'est que la recherche en ce domaine est loin d'avoir dit son dernier mot. Ce qu'il est par contre possible d'étudier, ce sont les motifs d'hésitation du médecin à aborder certains cas par une voie psychothérapique. On a vu que la relation médecin-malade était une véritable relation d'objet, en ce sens que le médecin considère souvent le malade comme un être hétérogène, un objet par rapport à lui. Pour nouer une relation psychothérapique, il faut tout d'abord que le médecin soit apte à se reconnaître lui-même dans son malade qui devient ainsi un *alter ego*. Il est déjà angoissant de s'identifier à un sujet atteint de maladie banale. On l'a vu en étudiant la douleur et l'amputation. Mais cette identification devient totalement intolérable lorsqu'il s'agit d'une maladie léthale. C'est là que la traversée de l'expérience psychanalytique devient nécessaire pour assumer cette angoisse. On pourrait se dire que certaines expériences religieuses devraient également le permettre, mais peut-être sont-elles plus rares encore que l'expérience psychanalytique. Toujours est-il que peu nombreux sont les auteurs qui ont abordé l'étude de ces cas ou de la problématique qu'ils soulèvent dans la relation malade-médecin. Les travaux de Mme Raimbault, par exemple, montrent que le comportement et le discours de l'entourage de tels malades ne sont pas sans effet sur le dommage lésionnel lui-même.

E) *LA RECONNAISSANCE DE DIFFICULTES N'EST PAS UNE ATTITUDE SCEPTIQUE*

Après avoir lu ce qui précède, on pourrait être saisi d'une certaine lassitude et se détourner de la médecine psychosomatique en croyant y avoir reconnu un de ces trop nombreux miroirs aux alouettes par lesquels se font périodiquement tenter les médecins. S'ils recherchent une toute-puissance, ils seront toujours déçus. Par contre, s'il s'agit de mieux connaître et de mieux diriger leur action, les recherches psychosomatiques peuvent leur apporter une aide précieuse. Même si la théorie ne présente pas pour l'instant une unité satisfaisante, elle peut déboucher sur toute une série de traitements. On a vu déjà comment la médication psychotrope peut être intégrée dans une thérapeutique globale des cas psychosomatiques en détachant le malade de la préoccupation centrée sur l'organe malade, pour lui permettre d'intégrer toute sa personnalité. En découvrant la participation globale à la maladie, il acquiert un potentiel autothérapique largement accru. Il n'est plus passivement lié à la maladie, mais peut activement participer à la guérison et surtout à la prévention des rechutes. On a vu également l'intérêt de méthodes simples comme la relaxation. Celle-ci rend au malade le contrôle volontaire et conscient de toute une série de phénomènes réputés végétatifs, lui montrant qu'il peut acquérir la maîtrise de son corps. En outre, au cours de cette relaxation, il apprendra à oser parler de lui à son médecin. Les relations ne se borneront plus à un examen quasi vétérinaire, mais s'étendront à une connaissance plus complète de toute l'existence du sujet. La possibilité sera créée de véritables entretiens psychothérapiques au cours desquels le médecin apprendra à écouter et à découvrir des facteurs capitaux dans la genèse de la maladie, qu'il avait jusque-là méconnus. La possibilité existe d'une véritable formation psychothérapique du praticien au cours de laquelle il apprendra à situer les moments « traumatiques » de la vie du malade. Progressivement, ces situations s'ordonneront et mettront en évidence les inévitables répétitions qui auront marqué toute l'histoire d'un sujet. Ces répétitions sont la marque de l'inconscient qui impose un scénario, véritable symptôme de quelque chose qui cherche à se faire entendre et dont le malade ne sera délivré que lorsque le sens aura pu être saisi par la parole.

C'est là que se situe la frontière qui ne pourra être franchie que par l'expérience psychanalytique, qui seule permet à un médecin de découvrir en lui-même des mécanismes analogues et de prendre conscience surtout de l'extraordinaire imprévisibilité des voies choisies par l'inconscient pour se révéler. Ce n'est que dans ces conditions qu'on pourra proposer au malade soit une psychothérapie analytique, soit une psychanalyse en règle. Il faut pourtant préciser que ces deux méthodes sont encore plus difficiles dans les cas de maladies psychosomatiques que dans les cas de névrose, par exemple, le symptôme névrotique comme une phobie ou une obsession offrant des amorces d'intelligibilité qui orientent la recherche alors que le symptôme psychosomatique est, pour l'instant encore, noyé dans une opacité qui ne peut partiellement prendre un sens que par des voies indirectes. C'est dire que même pour le psychanalyste, la médecine psychosomatique reste extrêmement difficile et exigera de lui une formation complète et des efforts tels qu'ils expliquent un certain manque d'enthousiasme de la part de la psychanalyse orthodoxe pour la médecine psychosomatique.

Un champ d'exploration est ouvert. Il constitue une tentation par l'importance de l'intérêt que l'on y pressent. Mais ce champ n'est pas d'un accès immédiat. On n'y accède qu'au prix d'efforts proportionnés au profit escompté.

BIBLIOGRAPHIE

F. Alexander, *La médecine psychosomatique*, Payot, 1962.

P. Geissmann et R. Durand de Bousingen, *Les méthodes de Relaxation*, Dessart, 1968.

G. Groddeck, *Au fond de l'homme, cela*, N.R.F., 1963.

Ch. Gros et L. Israel, *Approche psychosomatique des maladies du sein*, Revue de Méd. psychosomat., 1964, 6, 3, 233-251.

P. Marty, M. de M'uzan, Ch. David, *L'investigation psychosomatique*, P.U.F., 1954.

G. Raimbault, *Recherche psychanalytique et recherche médicale en pédiatrie, première évaluation*, Revue de Méd. psychosomat., 1966, 8, 4, 359-365.

J. P. Valabrega, *Les théories psychosomatiques*, P.U.F., 1954.

Chapitre 13

LA MALADIE IATROGENE

Etre malade d'une maladie, ou bien des médicaments.
(Lichtenberg, Aphorismes, 3ᵉ cahier.)

Il existe une catégorie de maladies souvent confondues par les médecins avec les maladies psychosomatiques. Il s'agit de ces troubles consécutifs à des traitements médicaux ou chirurgicaux: on connaît, par exemple les revendications inlassables des balafrés de l'abdomen ainsi que les lendemains douloureux des cholecystectomies.

Un cas.

Une lettre d'une malade, destinée à son psychiatre (les malades écrivent souvent à leur psychiatre) servira d'introduction à ce chapitre.

Lettre de Rolande:

« Cher Docteur,

Je voudrais vous expliquer toutes mes maladies pour que vous m'aidiez à les comprendre.

A la fin du mois de mars 1960, j'ai eu une angine. Le médecin m'a dit qu'elle était déjà très avancée et il m'a immédiatement fait une piqûre. Le matin à mon réveil, je ne sentais plus mon mal de gorge, mais en me levant, je constatais que la douleur avait passé dans les genoux.

Quand ce même matin, le docteur est revenu pour la deuxième piqûre, il a constaté lui aussi le changement et m'a fait immédiatement un autre traitement. Cela s'est un peu amélioré, mais il n'y a pas eu de guérison complète. Par la suite, mon médecin m'a donné une lettre pour le professeur X, à l'hôpital de A. Là, on m'a fait une radio et tout de suite un plâtre à la jambe gauche, allant de la cheville jusqu'au haut de la cuisse, et comme il n'y avait pas de lit vacant, on m'a renvoyée chez moi en ambulance.

Je suis restée alitée un mois, jusqu'au jour où ma sœur est venue me rendre visite et a constaté que mon pied gauche était devenu bleu. Elle s'est mise en relation avec le professeur X et le même jour je fus hospitalisée. On m'enleva le plâtre, on me fit des examens à la suite de quoi on fit une petite opération à l'intérieur du genou gauche, je crois qu'il s'agissait d'une biopsie. On envoya ce prélèvement au laboratoire et je séjournai deux mois et demi à la clinique de A, après quoi je fus renvoyée à la maison avec une lettre pour mon médecin afin qu'il m'adresse à un centre de physiothérapie. Je fus traitée par massages, rayons et bains. A la suite des massages, je ressentis une douleur dans la hanche gauche. On refit des radios qui ne montrèrent rien. Le médecin du service de physiothérapie me renvoya chez le professeur X, qui m'adressa à un service de neurologie. On me dit qu'il n'y avait pas d'urgence et on me renvoya chez moi en me conseillant de revenir à la consultation externe un mois plus tard.

En rentrant chez moi, je rencontrai une dame qui avait été traitée par le docteur Y qui travaille à la clinique B. Cette dame était extrêmement satisfaite et je décidai d'aller voir le docteur Y à mon tour. J'obtins une consultation et je pus être hospitalisée tout de suite dans son service. Là, on m'a refait des radios, pas seulement du genou et des hanches, mais aussi de la colonne vertébrale. Le docteur Y diagnostiqua une hernie discale. Il se mit en relation avec le professeur X et je fus immédiatement opérée. On m'a dit qu'il s'agissait d'une hernie L5-S1. Après cette opération, tout alla bien pendant quelques semaines. Au cours d'une visite de contrôle chez le professeur X, il constata que ma jambe était à nouveau bleue et me demanda de revenir en observation.

On a mesuré mes oscillations et on m'a fait prendre des bains de pieds chauds et froids. D'une semaine à l'autre, les oscillations diminuaient rapidement. Je fus alors transportée à la clinique C car on devait m'injecter quelque chose dans les veines pour faire des radios. C'est alors que le professeur X m'annonça qu'une troisième opération était nécessaire. Il m'expliqua que les vaisseaux de la jambe gauche devaient avoir la grosseur d'un doigt et que les miens n'avaient plus que l'épaisseur d'une mine de crayon. L'opération, une sympathectomie, eut lieu, et trois jours après, j'eus une nouvelle douleur dans la jambe gauche, avec fièvre: c'était une phlébite. C'était environ à Pâques 1962. Ceci a prolongé mon séjour à la clinique, mais à partir de septembre 62, j'ai recommencé à travailler. Tout alla bien jusqu'en décembre 1964. En me rendant à mon travail à 7 h du matin, alors que je circulais à bicyclette, un homme m'a doublé avec un cyclomoteur; il s'est arrêté et au moment où j'arrivais à sa hauteur, il me demanda ma pompe à bicyclette. Je n'en avais pas, et comme je tentais de m'éloigner il me poussa et me renversa. Je réussis à m'échapper en luttant avec lui. Pendant les deux jours suivants, je souffris de douleurs que je crus être des courbatures. Mais ce n'était pas le cas. Je dus me mettre au lit et mon médecin a diagnostiqué une inflammation des nerfs du côté gauche. Il a fallu refaire des radios et je fus traitée par des infiltrations. Je restai à la maison pendant 9 mois jusqu'à ce que le médecin-conseil me suggère de reprendre le travail à mi-temps. Il pensait que cela valait mieux pour moi, et après quelques mois, je travaillais à nouveau par journées complètes. Tout alla bien jusqu'en octobre 1966 où s'installa une inflammation des nerfs du côté gauche de l'épaule et du cou. Au prix de gros efforts, je réussis à travailler encore cinq jours. Ceci ne fit qu'aggraver mon mal et c'est alors que mon médecin traitant m'adressa au docteur Z qui me traita en me piquant dans le corps des aiguilles d'or et d'argent. Après la première séance je fus un peu soulagée, mais après la deuxième, des douleurs apparurent dans la jambe gauche et toute la colonne vertébrale. En même temps, ma jambe gauche avait perdu toute sa force. Mon médecin m'adressa alors au docteur W spécialiste en neurologie, qui se mit en rapport avec le professeur X. Ils me dirent que c'était une maladie psychosomatique et que je devais me faire traiter en clinique psychiatrique. »

Quelques éléments d'information biographique suffiront à compléter le tableau de cette malade qui après avoir été plâtrée pour une soi-disant arthrite infectieuse, fut successivement biopsiée, laminectomisée, sympathectomisée, infiltrée, acupuncturisée avant d'aboutir en clinique psychiatrique où un traitement psychothérapique fut mis en place, qui permit une sortie rapide et une réadaptation socio-professionnelle satisfaisante.

Cette malade, âgée de 29 ans à son admission en service de psychiatrie, célibataire, était la benjamine de cinq enfants. Sa mère avait divorcé lorsque Rolande avait cinq ans. Cette dernière n'a pratiquement pas connu son père et elle vit seule avec cette mère et l'un de ses neveux, né avant le mariage de la sœur. Les autres frères et sœurs ont expliqué à la malade que, puisqu'elle est la plus jeune et qu'elle gagne bien sa vie (elle occupe un poste de responsabilité technique dans une entreprise de textiles), c'est à elle qu'il incombe de s'occuper de sa mère âgée de 70 ans environ au moment de l'hospitalisation de Rolande en psychiatrie. Cette mère ne supporte Rolande que lorsqu'elle lui apporte de l'argent. « Ce n'est pas moi qui l'intéresse, ce sont mes sous. » Et encore la mère reproche-t-elle parfois à sa fille de ne pas gagner son argent en travaillant, mais en « courant » avec les garçons.

On voit que la vie de ce couple où la fille remplace un père éliminé par la mère, est des plus orageuses, mais s'est maintenue contre vents et marées, Rolande, après une première déception sentimentale à 18 ans, se contentant d'amours de passage et ne désirant pas se marier (tout ceci se modifia radicalement au cours du traitement psychothérapique).

L'exposé de ce cas contient pratiquement tout ce qui

relève de la maladie iatrogène, cette maladie provoquée en partie par des actes médicaux intempestifs, eux-mêmes conséquence d'une incompréhension dans la relation malade-médecin.

Il est possible, après cette introduction et sans autre développement sur le type d'affection ici dénoncé, résultant de la méconnaissance la plus élémentaire du « primum non nocere », d'établir certaines catégories de maladies iatrogènes qui mettent toutes en jeu une méconnaissance, pour ne pas dire ignorance du médecin, mais par des mécanismes divers qui seront étudiés séparément.

A) *LES PROPOS INOPPORTUNS*

Les paroles des médecins peuvent engendrer des troubles, et la tournure usuelle, qui évoque des « paroles blessantes » n'est pas un vain mot. Il convient de l'entendre à son sens le plus fort. Une moquerie, un affront, une injure peuvent avoir des conséquences graves, nuisibles aussi bien à la santé physique que psychique de la victime. De même, un compliment, un mot tendre peuvent avoir des vertus curatives. Mais le discours du médecin ne se situe pas dans ces registres, du moins consciemment. Le médecin sait-il d'où viennent les mots qu'il prononce et ce qu'ils atteignent chez le malade? Quelques exemples dispenseront de commentaires théoriques.

Le cas Marc.

Marc est hospitalisé dans un service de médecine générale pour de vagues malaises et quelques douleurs abdominales légères. 36 ans, marié, père de famille, il exerce depuis de nombreuses années un métier difficile. Il est bien adapté dans tous les domaines. On procède à un bilan somatique et on découvre un rein ectopique. Chuchotements des médecins autour des clichés, présentations aux stagiaires, exposés des chefs de service. Le malade demande des éclaircissements: on le rassure. « Ne vous en faites pas, il n'est pas nécessaire de vous opérer. » Le malade est de plus en plus inquiet. Et comme certains sujets sont poursuivis par la guigne, l'infirmière chargée des traitements dit à Marc en lui faisant une piqûre sédative qu'elle n'a pas le droit de lui dire quel produit on lui injecte. Le malade est alors convaincu qu'on lui cache une lésion extrêmement grave. Il écrit à sa femme qu'il va mourir, qu'il est condamné, qu'il ne veut pas attendre une agonie épouvantable, que les médecins eux-mêmes ont dit qu'ils ne pouvaient l'opérer et qu'il ne lui reste donc plus qu'à se suicider. La lettre est découverte, le malade est transféré en service de psychiatrie, car on craint qu'il ne soit dangereux pour lui-même.

A son admission, le sujet est en effet dans un état de dépression profonde, avec des idées d'incurabilité. Il est convaincu d'avoir une tumeur et son état est tel que l'on pratique des électro-chocs. (Cette observation est antérieure à l'introduction des thymoanaleptiques contemporains.) Après cinq semaines de séjour les troubles ont régressé, le malade explique en riant leur genèse et décrit l'atmosphère de mystère qui s'était créée autour de lui. On le renvoie au service de médecine en lui conseillant de se présenter à la consultation de psychiatrie à la fin de son hospitalisation.

Au bout de trois semaines, c'est à nouveau un sujet anxieux, tremblant, déprimé qui se présente. Les examens sont terminés. Les symptômes somatiques liés à une petite infection rénale ont disparu. Mais le malade raconte l'épisode suivant: le jour fixé pour son départ, le chef de service fait sa visite. Il s'arrête devant le lit de Marc. L'interne lui rappelle le cas. Alors le chef de service, sentencieusement: « Et l'autre rein, l'avez-vous examiné? » On lui explique que le malade est sur le point de partir. « Ah, très bien. Alors au revoir, mon ami, nous verrons cela une autre fois. »

C'est le mot de la fin qui est ici le mot de trop. Il n'est pas rare, au moment où la concentration se relâche, lorsque la consultation est terminée, l'ordonnance signée, que le médecin s'octroie un peu de détente. Les barrières, les conventions professionnelles sont en partie levées; et l'on dit le mot qu'il ne fallait pas dire, le mot blessant, angoissant. On ne voulait pas blesser, bien sûr. En fait, en est-on si sûr? Il y a des malades si ennuyeux, le médecin est parfois si fatigué.

Un autre cas illustre un véritable arrosage permanent de propos inopportuns.

Le cas Emma.

Emma est une petite dame de 65 ans, légèrement voûtée. C'est une personne active, mère de famille, ayant fort bien éduqué ses enfants et tenant elle-même son ménage. Apparaissent des bourdonnements d'oreille. Une amie bien intentionnée lui conseille après qu'un premier traitement n'eut pas amené d'amélioration, de consulter un spécialiste renommé d'Outre-Rhin qui la guérira radicalement.

Emma se rend chez ce spécialiste qui l'hospitalise dans sa clinique privée et lui explique avec force détails tout ce dont elle souffre et le traitement qu'il va pratiquer. Ceci à grands renforts de termes techniques. Une lettre confiée à la malade offre un assortiment de ces termes. Il n'est question que de « biokatalytische Sauerstoffkurven », de « linksventrikuläre Belastungsischemie[1] », de traitements par « Transmineralisation, Eiweissverschiebung und Bindegewebsmassage ».

On complète l'effet obtenu par ces explications par une mise en garde: il y aura sûrement des « leichte Kurreaktionen[1] » et on termine en disant à la malade qu'en cas d'échec, une « Elektroschocktherapie[1] » serait nécessaire. Le résultat ne se fait pas attendre. Huit jours après le deuxième séjour en cure, la malade se présente à la polyclinique psychiatrique dans un tableau frisant le délire

---

[1] Successivement, courbes d'oxygène biocatalytiques (?), ischémie et surcharge ventriculaire gauche, transminéralisation, déplacement d'albumine, massages conjonctifs, légères réactions de cures, sismothérapie.

hypocondriaque, avec interprétations pathogènes fantaisistes où la malade utilise avec complaisance toute une série de termes techniques qu'elle a saisis au cours de son séjour hospitalier. Après huit mois de traitement régulier, accompagné d'une psychothérapie épuisante pour le médecin, Emma est réadaptée à la vie normale. Elle a traversé un épisode de revendication intense à l'égard du confrère trop bavard, a mis les nerfs de son mari et de sa famille à rude épreuve, a copieusement injurié le corps médical en la personne de son psychothérapeute. Et actuellement encore, elle affirme: « Tout va très bien, mais je me demande ce qui va se passer lorsque les « Reaktionen » prévues par le médecin vont apparaître. »

Le maniement de termes incompréhensibles a une action véritablement magique: le médecin fait miroiter devant son malade les signes d'une puissance qui ne peut être que secrète. Il détermine chez le malade un sentiment d'exclusion, de rejet. Ce qui va alimenter une revendication pouvant devenir dangereuse.

Il existe d'autres types de propos inopportuns. Ceux qui naissent par exemple, au cours d'une visite, mais qui ne s'adressent pas directement à un malade précis. Si le gynécologue passant dans son service se tourne vers l'un de ses assistants pour lui parler du dernier spectacle de strip-tease auquel il a assisté, la malade devant le lit de laquelle cette idée aura jailli pourra se sentir, selon son caractère, offensée ou flattée. Toutefois, l'incident sera moins grave que si le médecin passant devant un malade avait subitement parlé à ses collègues de l'enterrement d'un confrère.

On ne peut dresser un inventaire des propos inopportuns. Il ne sera jamais complet. En général, leurs effets ainsi que leurs causes sont si aisément compréhensibles qu'on pourra souvent soupçonner qu'ils ont été simplement inventés par le malade, à moins qu'ils ne résultent d'une interprétation tendancieuse des paroles du médecin.

Toutefois, il est un propos dont on ne dénoncera jamais assez la nocivité: dans sa prudence mesquine qui évite au médecin de se compromettre, il condamne le malade à la maladie à perpétuité. C'est le trop fréquent: « Mon médecin m'a bien dit que je ne guérirai jamais tout à fait. » Il est des cas où une telle affirmation permet de guérir un peu. Mais ils sont les moins fréquents.

L'arsenal du médecin ne comporte pas que des mots blessants: il existe aussi d'autres poisons.

B) *LES MÉDICAMENTS QUI RENDENT MALADES*

L'intolérance aux médicaments ainsi que les réactions secondaires sont des incidents bien connus qui peuvent être entraînés par chaque catégorie de drogue dont ils sont, pour ainsi dire, un test d'efficacité. Il n'existe pas de médicament actif au compte duquel on ne puisse inscrire, parfois, quelques conséquences fâcheuses plus ou moins graves. Il n'est nullement nécessaire d'invoquer une erreur thérapeutique ou une faute professionnelle pour expliquer ces incidents, il s'agit le plus souvent d'une susceptibilité individuelle imprévisible ou de réactions particulières à certains produits chimiques qui n'avaient pas été observées jusque-là. Parfois de tels accidents ne se manifestent qu'un temps assez long après la prise du médicament: ils n'en sont alors que plus graves, car il n'est plus temps d'interrompre la thérapeutique.

Il ne s'agira pas ici de complications de cette nature, mais de circonstances où le traitement a été appliqué à mauvais escient par suite d'une erreur psychologique dans la relation médecin-malade.

Le médicament anodin.

Il existe différentes catégories de telles thérapeutiques malencontreuses. La plus répandue qui peut à la rigueur paraître légitime à certains, consiste à prescrire au malade un médicament que l'on sait anodin afin de lui donner le sentiment que l'on a compris sa maladie. Ceci se produit surtout devant l'un de ces nombreux malades-qui-n'ont-rien, c'est-à-dire un de ces malades où l'on n'a rien trouvé ou plutôt rien compris. Pourquoi dans ce cas évoquer une erreur psychologique? Le médicament utilisé est inoffensif: de telles drogues ne manquent pas dans l'arsenal thérapeutique. L'erreur consiste à proposer un traitement pour une maladie à laquelle on ne croit pas. On est ainsi conduit à adopter à l'égard du malade une attitude mystifiante. On lui ment en se comportant comme si on avait vraiment décelé un trouble. On l'enferme ainsi dans son aliénation. Les symptômes dont il se plaignait avaient certainement un sens qui aurait pu être mis en évidence, apportant au sujet une meilleure connaissance de lui-même. Au lieu de cela, on l'ancre dans la conviction qu'il souffrait d'une affection organique dénuée de signification: on le prive d'une partie de son sens propre. La conséquence est une véritable réduction de la personnalité du malade et ce n'est pas l'un des moindres torts d'une médecine méconnaissant l'homme, que cette conspiration non pas du silence, mais de la surdité à certains appels.

Les médicaments mystifiants.

Un pas de plus est franchi lorsqu'on ne se contente plus de prescrire une drogue quelconque au malade pour le rassurer, mais lorsqu'on accroît intentionnellement la mystification en renforçant toutes les fantaisies voire les croyances magiques qui lient le malade au médicament. C'est le cas lorsque le médecin faisant allusion à des questions de concurrence commerciale ou de rivalité scientifique dont il serait informé, conseille à son malade de se procurer tel médicament d'origine étrangère sous prétexte de meilleure qualité, de plus grande pureté, de développement technique supérieur. De telles conduites ne sont pas très éloignées de l'exploitation des malades incurables que les charlatans promettent périodiquement de guérir à grand renfort de manifestations dans la presse à sensation.

Dans toutes ces attitudes, le médecin ne fait qu'afficher son mépris pour l'être humain, soit qu'il le considère comme une machine dont il importe uniquement d'assurer le rendement par tous les moyens, soit qu'il estime que son malade est trop bête pour comprendre la signification éventuelle de ses symptômes.

Les médicaments intempestifs.

Le souci du rendement à tout prix conduit parfois à utiliser des drogues d'une puissance disproportionnée par rapport au mal à vaincre. Sans même tenir compte ici des perturbations purement biochimiques entraînées par de tels procédés, comme par exemple l'accroissement de la résistance aux antibiotiques par une utilisation anarchique de ces derniers, il faut tenir compte de la possibilité de réactions secondaires plus graves que le trouble initial. Trop de praticiens confondent par exemple, deux catégories de médications psychotropes: les neuroleptiques et les tranquillisants. Les premiers ne devraient être utilisés que dans les cas de troubles psychiques majeurs. Leurs effets secondaires qui vont de la sécheresse de la bouche au syndrome extrapyramidal ne sont alors que des inconvénients minimes par rapport au bénéfice obtenu. Par contre, si par ignorance on prescrit des butyrophénones dans de légers états d'impatience fébrile ainsi que cela s'est vu, c'est à juste titre que le malade et son entourage s'alarmeront de voir un état parkinsonien venir compliquer une banale angine. Ce type d'incident qui ne relève que de l'ignorance que l'on pourrait plus charitablement désigner par manque d'information du médecin, ne mérite pas qu'on s'y arrête bien longuement pour consacrer plus d'intérêt à une dernière catégorie de thérapeutiques intempestives. L'exemple le plus frappant sera emprunté à Mahler qui le cite dans un travail sur la névrose iatrogène. On sait que l'un des symptômes majeurs de l'anorexie mentale est l'aménorrhée. Ce symptôme peut précéder pendant longtemps l'apparition clinique de l'amaigrissement ou de la perte de l'appétit. Les solutions purement endocrinologiques du problème de l'anorexie mentale sont dénoncées comme insuffisantes par les endocrinologistes eux-mêmes. Il s'agit d'un trouble de la personnalité très proche de certaines structures névrotiques, impliquant par là une problématique relationnelle entre le malade et l'entourage. La connaissance de cette dimension ne peut s'improviser. Elle exige que le médecin praticien qui se trouvera confronté à de tels cas ait reçu sur l'anorexie mentale un enseignement suffisamment précis pour qu'il soit capable au moins de cataloguer les symptômes qu'il décèle. Cette notion même de catégories de symptômes peut étonner. Un symptôme n'est-il pas toujours la manifestation clinique d'une lésion anatomique ou d'une perturbation d'un processus physique, chimique ou physiologique? Il y aurait là déjà différentes catégories de symptômes. Mais l'être humain ne peut se réduire à des organes ou à des systèmes. Il est nécessaire de rappeler que l'insulte ou la colère font pâlir, la honte, le désir font rougir, et que la peur peut diminuer le tonus musculaire strié ou accélérer le transit intestinal. Et si l'effet de ces affects est transmis par des variations physicochimiques, celles-ci ne peuvent en être que les voies et nullement les causes. On sait que les règles sont extrêmement sensibles aux variations de la vie émotionnelle. Combien de couples d'amants n'ont-ils pas été plongés dans l'angoisse par un retard de règles qui ne faisait que signifier l'appréhension de la grossesse et non sa réalité. De même, de nombreuses jeunes filles souffrent de dysménorrhées parce que dans leur entourage les règles avaient toujours été vécues comme une maladie.

Un symptôme
doit être compris par le médecin et par le malade.

Dans l'anorexie mentale, l'aménorrhée peut, schématiquement, s'inscrire dans le cadre d'un refus de grandir. Peu importe qu'il s'agisse d'un refus de la sexualité dans son ensemble, d'une peur de la maternité, du désir de rester une petite fille à l'abri dans le milieu parental. Ce qu'il est absolument nécessaire de comprendre, c'est le sens même du symptôme. Le plus souvent, le médecin ne s'attardera pas à la recherche d'une quelconque signification et se bornera, après quelques mois d'arrêt des règles, à proposer un cycle artificiel. L'effet d'une telle thérapeutique hormonale sera toujours le même: les règles réapparaîtront pour une ou tout au plus pour deux périodes, mais les autres symptômes de l'anorexie mentale subiront un véritable coup de fouet. La perte de l'appétit et ses variantes: refus d'alimentation, vomissements, entraîneront un amaigrissement foudroyant pouvant aller jusqu'à compromettre la vie de la malade. En ne comprenant pas un symptôme qui avait un sens et qui servait véritablement de défense inconsciente à la malade, on aura affaibli la résistance de la personne pour l'obliger à se servir de mécanismes de défense beaucoup plus dangereux et dont la signification sera non seulement plus difficile à saisir, mais encore beaucoup plus difficile à lui faire comprendre. Un tel exemple s'oppose littéralement à une conception purement vétérinaire ou physicochimique de la médecine. Il faut affirmer ici qu'un grand nombre de symptômes qui sont le plus souvent la traduction immédiate d'une lésion ou d'une perturbation biologique, peuvent parfois être l'expression d'une défense psychologique inconsciente de la personnalité. Le « guérir » revient ici à affaiblir l'organisme. C'est là le point nodal où le médecin de formation traditionnelle ne peut pas ne pas se révolter. Il considérera une telle affirmation comme un postulat régressif, revendiquant un retour à une médecine expectante qui souhaitait que l'intervention médicale soit réduite au minimum afin que la maladie puisse librement suivre son cours naturel. On touche à des positions de principe qui obligent à se poser en toute rigueur la question des origines et des processus, et qui imposent leur distinction. Si tous les processus peuvent être suivis dans l'éprouvette ou sous le microscope du chercheur, certaines causes ne peuvent être repérées que dans le champ du désir, lequel ne doit pas être purement et simplement confondu avec un quelconque instinct d'ordre biologique ou naturel. L'homo sapiens s'affirme ainsi être de culture jusque dans sa pathologie: il ne s'agit pas là d'un acte de foi mais du principe même de toute médecine humaine. Ce principe ne pourra être appliqué et ne servira à accroître l'efficacité thérapeutique que lorsque la formation psychologique sera redevenue équivalente à la formation biologique. Sinon, la catégorisation des symptômes restera impossible. Il faut rappeler ici que très souvent les médecins sont effrayés des dangers que ferait courir aux malades une approche exclusivement psychologique de leurs symptômes. Ce qu'ils ignorent, c'est que l'appréhension exclusivement somatique est tout aussi dangereuse.

La psychothérapie n'est pas inoffensive non plus.

La conception du symptôme comme défense ne pourra être acquise qu'au terme d'une formation psychologique complète. Un tel projet est encore utopique dans de nombreux pays. Mais à défaut d'une formation générale, chaque médecin sera libre selon son goût ou son tempérament, d'accéder individuellement à cette forme de médecine totale. Il apprendra ainsi à interpréter la signification de certaines expériences quotidiennes. On connaît de nombreux malades qui viennent en consultation pour un symptôme A. Sous l'effet du traitement, le symptôme A disparaît pour faire place, peu de temps après, à un symptôme B, et ainsi de suite. On assiste à une véritable substitution de défense. Mais si l'organisme ne peut offrir de défense substituée, on assistera à un effondrement de la personnalité. La suppression du symptôme A peut être l'effet de la thérapeutique médicamenteuse. Elle peut être également l'effet d'une psychothérapie trop rapidement « efficace ». Les deux exemples suivants, recueillis par des psychothérapeutes débutants, illustreront les méfaits de telles interventions « psychologiques » iatrogènes. Par l'identité de leurs effets, ils justifient de figurer dans ce chapitre consacré aux méfaits médicamenteux.

Une jeune femme souffre de migraines qui se sont installées peu de temps après son mariage. Le psychothérapeute s'attache à mettre en évidence un regret de la séparation du milieu familial, plus précisément une nostalgie de l'affection paternelle. Rapidement les migraines disparaissent par un effet de ce qu'un psychothérapeute chevronné aurait facilement saisi comme un refuge dans la guérison. Mais à partir de ce moment, la vie du jeune couple devient impossible: ce ne sont que critiques et revendications permanentes à l'égard du mari, négligence du ménage et réactions dépressives. Etant donné qu'il s'agissait d'un cas suivi en « supervision psychothérapique », un élargissement des problèmes mis en cause permit de rétablir la situation.

Un autre exemple prit une expression dramatique. Il s'agissait d'un ulcère duodénal qui avait été adressé à une consultation psychosomatique pour entreprise d'un traitement. Après un seul entretien au cours duquel le malade fit une énumération de tous ses échecs et fut amené à deux doigts de prendre conscience d'une tendance homosexuelle comme source de ses échecs, le syndrome ulcéreux disparut. Mais il avait fait place à une expérience délirante de persécution qui ne put être dépassée qu'après une psychothérapie analytique longue et difficile. La seule erreur technique de ce premier entretien psychothérapique avait été la longueur exceptionnelle de la séance qui avait duré deux heures. Cet intérêt du médecin pour le malade avait évoqué chez lui des fantasmes homosexuels contre lesquels le syndrome ulcéreux servait ici de défense.

On en arrive ainsi à cette notion que certains symptômes doivent être respectés, du moins aussi longtemps que leur signification n'a pas été comprise. La hâte thérapeutique peut avoir un effet iatrogène. Elle ne permet pas de comprendre le malade, mais elle évite aussi au médecin de s'interroger sur ses propres réactions transférentielles.

C) *DU COTE DES CHIRURGIENS*

« Prenez garde à la sculpture », parodiait quelque part Francis Jourdain. Parodiant la parodie, c'est « Prenez garde à la chirurgie » que devrait s'intituler ce sous-chapitre qui pourrait se découper en interventions inutiles, abusives et agressives. Des accidents comme le tampon oublié ou le cholédoque sectionné ne seront pas envisagés: pour grossiers qu'ils soient, ils sont les plus excusables, liés à l'erreur ou la fatigue humaines.

Interventions inutiles: elles sont bénignes le plus souvent et la maladie iatrogène qu'elles infligent est de courte durée. Combien d'amygdales à peine plus grosses que d'autres, combien d'appendices non enflammés sont-ils extraits du corps des malades? Il appartiendra à chaque chirurgien de placer ici sa statistique personnelle.

Bien entendu, tout ce qui a été dit précédemment concernant la suppression de symptômes défensifs garde ici toute sa valeur.

Parler d'interventions abusives peut paraître discourtois. Il s'agit bien plutôt d'interventions pour lesquelles l'indication peut être discutée, tant dans sa justification que dans sa technique, et qui subit ainsi des fluctuations liées à l'évolution des connaissances. C'est le cas notamment de la gastrectomie et de la cholécystectomie. Pour cette dernière les lendemains douloureux sont dénoncés dès les questions d'internat. Mais quelle aubaine aussi pour le médecin de découvrir chez cette malade qui se plaint de troubles dyspeptiques, de pesanteur post-prandiale, d'algies abdominales vagues, quand ce n'est pas simplement de fatigue, de tristesse, ou de migraines, une vésicule calculeuse. Par malheur, l'intervention non seulement ne supprimera pas les troubles précédents, mais ajoutera aux plaintes des douleurs locales qu'on baptisera adhérences, et pour aller jusqu'au bout de ce qui ne devrait rester qu'une caricature (hélas, tous les cas décrits sont réels), on interviendra pour décoller les adhérences, quitte à laisser une éventration comme séquelle, ce qui n'empêchera pas de nouvelles interventions qui feront de la malade la classique balafrée de l'abdomen.

Font partie de ce groupe les hystérectomies pour fibrome discret, certaines interventions pour kystes de l'ovaire, mastites chroniques, etc, sans parler de ligatures de trompes complaisamment proposées en sus de nombreuses laparatomies, sans que le chirurgien se rende compte que c'est bien une mutilation qu'il propose à sa patiente, la précipitant souvent dans une névrose dont il n'aura guère l'occasion de se rendre compte, puisque c'est le psychiatre qui en aura la charge.

Il y aurait beaucoup à dire aussi de certaines interventions portant sur les glandes endocrines. Ce n'est jamais de gaieté de cœur qu'un chirurgien se résigne à une surrénalectomie. Mais on sait moins les séquelles de thyroïdectomie. On objectera que devant certains Basedow incontrôlables par la médication, devant la menace de thyréotoxicose, on n'a guère le choix. C'est pourtant là un domaine où l'on ferait bien d'avoir recours au psychosomaticien. Le « facteur » psychique manque rarement dans les hyperthyroïdies. Il est fréquemment utilisable au point de vue thérapeutique. Par contre, les psychoses réactionnelles à des thyroïdectomies intempestives sont souvent graves et parfois irréversibles.

Puisqu'il est question de psychiatrie, c'est à la psychochirurgie que seront empruntés les exemples d'interventions agressives. La vogue éphémère des lobotomies ne le fut pas assez cependant pour que l'on n'ait pas aujourd'hui encore à résoudre quelques problèmes posés par ses victimes. Le simplisme des raisonnements qui justifient quelques-unes des interventions proposées, et réalisées, n'a d'égal que la grossièreté de leur technique, qu'il s'agisse de la leucotomie transorbitaire ou du « shunt » artério-veineux soi-disant destiné à accroître le débit sanguin cérébral pour mieux nourrir les cerveaux oligophrènes. On a pratiqué dans ce même but des sympathectomies péricarotidiennes. On n'est pas tellement loin de la « mentalité primitive » pour laquelle manger le cerveau de l'adversaire permettait d'assimiler son intelligence. On sait que certaines thérapeutiques contemporaines à prétentions neurochimiques n'ont guère dépassé ce stade.

Avant de clore ces quelques considérations sur les troubles iatrogènes post-chirurgicaux, il faut souligner que le chirurgien n'est pas toujours seul en cause, et que très souvent il aura eu littéralement la main forcée par la ruse ou l'exigence du malade. Ce rôle du malade dans la iatrogenèse sera repris plus bas, car il est le même quelle que soit la thérapeutique utilisée.

D) *LA MALADIE IATROGENE STRICTO SENSU*

Il s'est agi jusqu'à présent d'une étude analytique de processus partiels mis en jeu dans la création d'une véritable maladie artificielle. Pour arriver à ce chef-d'œuvre qu'est la maladie iatrogène complète, le médecin iatrogéniseur aura à sa disposition tous ces éléments qu'il lui appartiendra d'associer dans une harmonieuse symphonie. Quelques exemples suffiront à rappeler l'esprit qui préside à ces œuvres. Un premier exemple était déjà contenu dans la lettre servant d'introduction à ce chapitre.

Quelques cas.

Niobé est âgée de 56 ans lorsqu'elle apparaît pour la première fois en consultation psychiatrique externe. Une de ses amies lui a vivement conseillé de s'y présenter. Elle a suivi ce conseil pour ne pas avoir de reproches à se faire et pour être bien sûre que tout aura été tenté, mais elle sait bien qu'elle est perdue: l'air soucieux, les visites répétées et les ménagements de son médecin traitant le lui prouvent.

Il n'est pas question pour elle de se considérer comme relevant d'un traitement psychiatrique, mais peut-être les psychiatres lui donneront-ils des médicaments qui la soulageront ou lui procureront une mort douce, puisqu'elle se sait perdue, ce qui la terrorise, mais en même temps elle ne sait plus si elle a encore envie de vivre, tant elle souffre.

Au juste, de quoi se plaint-elle? De douleurs précordiales, de palpitations, d'oppression, de lipothymies, de lassitude extrême, de fatigabilité. Le moindre effort l'épuise, c'est pourquoi depuis trois ans, elle ne quitte pratiquement pas le lit. Ça a commencé par un mal de gorge. On croyait à une mauvaise grippe. C'était une angine. Mais très vite le médecin est devenu soucieux. L'angine traînant, on a fait un examen du sang. On lui a dit que c'était une angine à monocytes, on lui a dit aussi que c'était l'une des maladies les plus asthéniantes. Son médecin est venu la voir deux

fois par jour, pendant plusieurs mois. On a refait des lames.
Toujours ces monocytes. Le mot de leucémie aurait été
perçu, murmuré à l'oreille du mari. L'heure des traitements
héroïques avait sonné. Elle se souvient surtout des trans-
fusions. On a parlé d'une hospitalisation pour exsanguino-
transfusion, mais les monocytes eurent le bon goût de se
retirer au dernier moment. L'asthénie persistait: un dosage
des stéroïdes urinaires en expliqua la cause. C'était un
Addison fruste, exigeant une corticothérapie intensive et un
régime d'une complexité extrême: le médecin établissait
les menus pour la semaine, fixait les quantités de viande,
de corps gras, apportait lui-même un sel de potassium
qu'il fallait ajouter aux aliments. Ce traitement aurait
sûrement été curatif si des douleurs précordiales à irradia-
tion dans le bras gauche, n'étaient venues annoncer l'infarctus imminent. L'électrocardiogramme, bien qu'entièrement normal fut fréquemment répété, car une hypertension artérielle, capricieuse mais toujours notable, dont
le chiffre ne fut jamais communiqué à la malade, confir-
mait la gravité de l'atteinte cardiovasculaire. Heureusement,
la pharmacologie moderne est riche en hypotenseurs actifs,
auxquels on ajoutera par prudence quelques anticoagulants.
« Mais à quoi bon, je sais que je suis perdue; mon père
est mort au même âge, et dans les mêmes conditions, d'un
infarctus du myocarde: vous voyez bien que je ne relève
pas de la psychiatrie. »
    Il faut souligner ici que la malade s'était rendue à la
consultation parce que le psychiatre, averti par l'entourage
qu'il s'agissait d'une enfant gâtée, avait formellement refusé
de se rendre au domicile de l'intéressée.
    Niobé raconta longuement son histoire, ainsi que quelques
autres faits. Qu'elle avait déjà failli être aussi gravement
malade à la suite de sa ménopause. Si précoce? Non, elle
avait subi une hystérectomie pour des douleurs pelviennes.
Survenues dans quelles conditions? Elle avait dû se fatiguer
en soignant son mari. Mais ensuite, ils étaient tous deux
partis en voyage et tout s'était remis. Et la maladie actuelle?
Eh bien, elle avait commencé après cette grippe-angine
à monocytes. Cette « grippe » n'avait-elle pas été favorisée

par un effort, un surcroît de travail? « Oh si, et toutes les émotions qui ont suivi le mariage de ma fille. Vous voyez docteur, que vous ne pouvez rien pour moi. D'ailleurs, je sens mon cœur, je dois être en pleine poussée d'hypertension. Voulez-vous me prendre la tension?... Oh, non, je vous en supplie, ne me dites pas le chiffre, non docteur, ne faites pas ça, je ne le supporterais pas, on ne me l'a jamais dit ». « Parce qu'on ne vous a peut-être pas prise pour une vraie femme ». Quelque chose a résonné: « J'ai toujours été couvée, enfant unique, de nombreux oncles, tantes, cousins, aux petits soins. Mon mari ne me laisse rien faire ».

« Votre tension est à 15/8. » L'angoisse s'apaise. « Depuis que ma fille est mariée, je suis inutile. Je voudrais suivre mon mari dans ses déplacements, l'aider dans son affaire. Il ne veut pas, ça me fatiguerait. Il voudrait que je me contente d'œuvres de charité. Il me dit de partir seule en voyage. Je ne veux pas partir sans lui. Ma vie n'a plus de sens, mais j'ai peur de mourir. »

Niobé pleure, mais c'est une femme qui parle, qui se lamente sur son existence vidée de sens.

Un traitement par imipramine paraît légitime, le fond dépressif offrant une certaine authenticité. Y a-t-il lieu de redouter des réactions secondaires qui seraient favorisées par une structure hystérique? Avec tous les médicaments qu'elle a déjà pris, le risque ne paraît pas trop grand pour être assumé. « Donnez-moi encore un bon fortifiant, je suis si faible. » Résister à la tentation du médicament superflu, au piège, le refus lui prouvera qu'on ne croit pas à sa faiblesse. « Non ». — « Que dois-je manger? » — « Ce dont vous avez envie ».

Huit jours plus tard, c'est le miracle. « Docteur, vous avez fait un miracle. » Il y aura encore quelques oscillations, l'euphorie du début va se calmer. Certes, le mari aura droit à quelques coups de patte. S'il ne comprend pas les demandes de Niobé, elle se charge de les lui expliquer. Les collègues, goguenards, voient arriver tous les soirs à 18 h, l'épouse qui vient attendre son époux. Elle se venge aussi des régimes subis en imposant à son mari de manger ce qu'elle aime. Ce furent 15 jours successifs de jambon en croûte, où la gourmandise n'exluait pas une certaine malice. Suprême satisfaction: son premier médecin l'a rencontrée l'autre jour, et il a fait un grand détour pour ne pas être vu par elle, mais elle lui a adressé un petit signe de la main. Niobé guérie se donne toute à la joie d'être grand-mère.

Malheureusement, toutes les maladies iatrogènes ne guérissent pas. C'est le sort de *Michel,* 10 ans, victime d'un accident de la circulation, de sa mère et des experts.

A l'âge de 9 ans, Michel est pour la première fois en vacances hors de sa famille; sa mère, Italienne, courte, obèse et sthénique, l'a confié à sa sœur, loin de chez lui. Au dernier jour des vacances, Michel est renversé par une voiture. Perte de connaissance de quelques instants. Au réveil, une aphonie anxieuse est taxée d'asphyxie qui fait découvrir de très discrets troubles pyramidaux à droite Un électroencéphalogramme aurait montré une altération du rythme de base.

La mère de Michel reprend son enfant: « Plus jamais tu ne sortiras, plus jamais je ne te quitterai. Ah! je suis bien punie de t'avoir écouté: tu es maintenant paralysé et tu ne peux plus parler. »

Michel retourne en classe. Il se conduit mal, désobéit, a de mauvaises notes. Le maître le traite d'âne. Il est puni. Il fait une crise de nerfs.

Expertise: « Madame, votre fils est épileptique. » Interdiction de faire du sport, de grimper, de se baigner. Limitation stricte des boissons. Pas d'aliments épicés. Barbituriques tous les soirs. Invalide à 50 %.

La mère couveuse est devenue destructrice: « Tu vois c'est de ta faute, tu es estropié pour la vie. »

Le psychiatre, témoin impuissant d'une expertise au chapitre de laquelle il n'avait pas voix, obtint que l'on conseille à la mère de Michel une psychothérapie pour son fils.

Un autre rendez-vous fut pris. Michel ne vint jamais. On avait fait de cet enfant, victime d'un accident, ayant eu des troubles de la parole d'origine émotive, et une seule crise névrotique à la suite d'une punition du maître d'école, un infirme pour le restant de son existence.

La maladie iatrogène s'inscrit ici dans un cadre élargi où le médecin n'est plus seul en cause, cadre où apparaît la toxicité de l'être humain pour autrui, où se manifeste la pulsion de mort, découverte par Freud, et qui reste l'un des chapitres les plus obscurs et les plus redoutés de la psychanalyse.

E) *LES VICTIMES*

Il existe en criminologie un champ d'étude particulier concernant les victimes. Cette « victimologie » enseigne que la victime n'est pas choisie arbitrairement, mais qu'elle a en quelque sorte un rôle actif à jouer dans le choix que va faire, par exemple, son agresseur. Ce n'est pas n'importe quelle femme qui se fait violer et les enquêtes sur les viols lorsqu'elles sont bien menées, révèlent fréquemment un comportement provocant, presque toujours déjà fasciné, de la future victime, comme certains animaux sont fascinés par leurs ennemis héréditaires.

Ces exemples sont un peu tendancieux en ce sens qu'ils mettent le malade en position de victime et le médecin dans celle de l'agresseur. Ce serait là une conception simpliste des choses. Qui est la victime? Qui est l'agresseur? Même lorsqu'il s'agit de guerre, il est bien difficile de se prononcer. A plus forte raison, lorsqu'il s'agit de l'acte thérapeutique qui ne devrait souffrir aucune comparaison belliqueuse. Ce qu'il importe de savoir, c'est que de même qu'en criminologie, n'est pas victime de la maladie iatrogène qui veut. On a même proposé de désigner par névrose iatrogène le terrain particulier susceptible de dégénérer en maladie iatrogène.

La maladie iatrogène
est une névrose dégradée.

En fait, on ne peut guère préciser un tel terrain. Il est beaucoup plus vraisemblable que pratiquement tout terrain névrotique puisse former le lit de la maladie iatrogène à une condition, celle de rencontrer le « médecin iatrogène ». Ce genre de rencontre déterminante n'est pas rare en matière de névrose. On a montré l'importance qu'avait eue pour « l'homme aux rats » de Freud sa rencontre avec le « capitaine cruel ». Certains personnages ou certaines situations agissent en catalyseurs sur la personnalité névrotique pour la cristalliser, soit dans une décompensation dépressive aiguë, soit dans la névrose de caractère, soit dans la maladie iatrogène, voire dans la psychose ou la perversion. Grâce à ces rencontres, l' « offre iatrogène » qui se dégage de certains médecins va permettre au malade d'obtenir à moindres frais d'importants bénéfices secondaires. A moindres frais par rapport à cette construction subtile et parfois géniale, toujours montée avec la précision d'un mouvement d'horlogerie, qu'est le symptôme névrotique. Le symptôme névrotique est une plante rare qui ne se développe harmonieusement que dans cette serre chaude de la névrose familiale. Cette plante rare véhicule, comme les fleurs, un langage secret: le symptôme est un mot lâché par l'inconscient. En ceci, il est irremplaçable. Mais peu importent le plus souvent aux êtres humains les messages de leur inconscient. Ils sont beaucoup plus sensibles aux bénéfices secondaires des symptômes: dispense de toute corvée et de toute contrainte. Mais une telle dispense s'obtient plus facilement et d'un consentement plus unanime par un plâtre pelvipédieux que par un scrupule obsessionnel. La maladie iatrogène apparaît comme une forme plus économique de la névrose, mais en même temps comme une forme avilie, car elle est en grande partie privée de sens. Dans la mesure où la responsabilité d'un tel état peut être entièrement rejetée sur l'autre, sur le médecin, elle n'entraîne ni angoisse, ni sentiment de culpabilité qui constituent dans les névroses de si puissantes sollicitations à se dépasser. Le sujet paraît préférer la maladie au risque à courir pour assumer sa véritable place. La maladie iatrogène est, sinon toujours, du moins fréquemment, le prix à payer pour la dispense, l'exemption. De même qu'à l'armée, le major pouvait exempter le soldat du port de chaussures, de même le médecin iatrogénisant assume à son insu la fonction de dispenser son malade d'être homme ou d'être femme.

F) « IL FAUT ETRE DEUX »

Il faut être deux, comme dans certaines autres situations, pour que se constitue une maladie iatrogène. D'une part la victime, ou mieux, le candidat. On a tenté de le définir dans le paragraphe précédent. Il s'agit d'une personne à l'affût d'allègements à la condition humaine, condition trop pesante dans son intégrité pour la majorité des hommes. On pourrait établir un véritable barème des obligations qui pèsent sur l'être humain, obligations évitables au prix d'une série d'échappatoires ou de manœuvres dilatoires. On préfère se cantonner ou retourner à une position régressive où l'on se sent protégé, c'est-à-dire que la place de protecteur est toujours à prendre. Ce qui pourrait se résumer dans la formule approximative: plutôt être enfant qu'adulte, plutôt retrouver les plaisirs connus de l'enfance qu'affronter les joies inconnues qu'il appartient à l'adulte de découvrir ou d'inventer.

Ceci étant établi, il convient d'examiner cette place du protecteur. Qui protège? Un médecin va-t-il s'arroger le droit d'être protecteur? Qu'il s'en trouve ne fait de doute pour personne. S'agit-il là d'une tendance générale à tous les membres d'une profession dont la mission même est la protection de la santé humaine, ou bien d'une déviation d'un certain nombre d'entre eux qui ne distinguent pas protection contre la maladie et évitement d'une tâche? Ce qui ferait déceler chez eux la même tendance que chez leurs malades: la nostalgie d'un monde hiérarchisé comme le monde de l'enfance, avec d'une part des protégés et de l'autre des protecteurs à qui cette répartition assure une cour, une clientèle, des ouailles dociles et soumises. Ce qui fait que le protecteur n'est pas le héros que l'on pourrait croire, mais qu'il a besoin lui aussi d'une situation régressive, qui lui évite la compétition ou le combat quotidien des hommes égaux entre eux.

Il peut donc exister chez le médecin des tendances iatrogénisantes, liées à des attitudes névrotiques inconscientes. Le dialogue malade-médecin s'établit, comme toujours, dans un double registre. Mais alors que dans le registre conscient il s'agit d'une très officielle et très avouable demande d'aide médicale, à laquelle le médecin répond par la plus insoupçonnable des thérapeutiques, dans le registre inconscient se noue entre les deux personnages du dialogue une véritable complicité, chacun s'engageant à être le garant des plaisirs « inavouables » de l'autre. Le contrat thérapeutique se double d'un contrat « névrotique » pour ne pas dire « pervers », qui va lier les deux partenaires en cause. Un tel lien de dépendance est fréquemment décelable dans la relation iatrogène qui vient prendre la place par d'insensibles transitions, de la relation sado-masochique si souvent dénoncée déjà dans le couple malade-médecin.

L'angoisse du médecin
est l'une des principales sources
de la maladie iatrogène.

La structure personnelle du médecin n'est pas remise en question, et elle contient, comme chez n'importe quel homme, des enclaves névrotiques. L'attitude « iatrogénisante » toutefois n'est pas toujours liée exclusivement à une conduite névrotique de la part du médecin. Elle peut être liée aussi à ses habitudes, son caractère. Ces derniers d'ailleurs, peuvent être considérés comme un autre aspect de la névrose individuelle, ce qui ramènerait l'attitude iatrogénisante du médecin à une même origine profonde. Cliniquement, néanmoins, il y a des nuances parfois perceptibles, et qui même devront être perçues lorsqu'il s'agira d'envisager la formation psychologique du médecin. Les différences de conduite sont les suivantes: devant certains malades, le médecin s'angoisse. Les causes en sont multiples: intérêt particulier du médecin pour le malade; rapprochements faits par le médecin entre l'histoire du malade et sa propre biographie ou celle d'un membre de sa famille; souvenir d'un cas analogue ayant présenté des difficultés, etc. Toujours est-il que dans de tels cas se nouent des relations inconscientes avec le malade, qui vont gauchir l'attitude thérapeutique du médecin pour l'amener à agir davantage en fonction de cette relation qu'en fonction d'un rapport objectif conscient.

Lorsque par contre, le caractère du médecin sera déterminant, on n'aura pas affaire à une attitude privilégiée à l'égard d'un certain malade, mais à une conduite systématique envers tout le monde. L'effet iatrogénisant ne sera plus en quelque sorte un effet « sur mesure », mais la conséquence inévitable d'une conduite invariable appliquée à des partenaires différents. Deux facteurs sont en cause: l'incapacité de s'adapter à des situations nouvelles d'une part, l'inaptitude à envisager la relation malade-médecin sous son aspect global, c'est-à-dire avec ses implications psychologiques d'autre part. C'est ainsi qu'on appliquera systématiquement devant toute aménorrhée le même schéma d'investigation et de traitement, en toute ignorance des conséquences de cette conduite en présence d'aménorrhées névrotiques.

La maladie iatrogène se rencontre dans toutes les disciplines médicales. Il est difficile pour l'instant de chiffrer le pourcentage des malades qu'elle frappe. On serait probablement effrayé en le découvrant.

Eliminer la maladie iatrogène permettrait aux médecins de consacrer une importante partie de leur temps et de leurs recherches aux autres malades et de mieux les connaître, car ils ne seraient plus confondus avec des victimes de la médecine.

Cette tâche, l'éradication de la maladie iatrogène, de l'attitude iatrogène, justifierait à elle seule l'existence d'une formation psychologique du médecin.

Les bouleversements que l'on attend ou que l'on redoute de cette formation sont tels qu'ils engendrent des résistances énormes. Il s'agit là d'une véritable réaction névrotique collective de la part d'un grand nombre de médecins qui se défendent, non contre une réalité, mais contre une représentation souvent mal fondée de dangers imaginaires, c'est-à-dire contre un fantasme.

Les voix ne manquent pas pour dénoncer le danger que des médecins psychologisants font courir aux malades: dangers physiques, comme la méconnaissance d'une dégénérescence cancéreuse d'un ulcère d'estomac qui aurait été confié à un psychosomaticien; danger moral par la « libération des instincts », la « pansexualisation », l'incitation à la perversion que préconiserait la psychanalyse.

La stérilité de ces craintes ne doit pas faire oublier leur véritable signification. Ce n'est pas le malade qu'on tente de protéger, mais le médecin lui-même, comme si une formation psychologique pouvait constituer une menace.

En effet, une formation psychologique n'a de sens que si elle concerne la personnalité du médecin et lui permet une remise en question. Et ceci constitue une menace réelle, non pour le médecin, mais pour son confort intellectuel.

BIBLIOGRAPHIE

P. Aulagnier-Spairani, J. Clavreul, F. Perrier, G. Rosolato, J. P. Valabrega, *Le désir et la perversion,* Le champ freudien, Edit. du Seuil, 1967.

Th. Kammerer et L. Israël, *La maladie iatrogène,* Sud Médical et Chirurgical, 1963, 99-2493, 10836-10843.

E. Mahler, *Zur Psychodynamik der sogenannten iatrogenen Neurose,* Psyche, 1966, XX, 12, 942-951.

Chapitre 14

LA FORMATION PSYCHOLOGIQUE DU MEDECIN

> *Tous les journaux viennois et beaucoup d'allemands*
> *ont publié des chroniques ou des articles, la plupart*
> *très élogieux, certains très embarrassés et tortueux...*
> *Le monde officiel, l'Université, l'Académie, l'Asso-*
> *ciation des Médecins, etc., ont complètement ignoré*
> *l'événement.*
>
> Lettre de Freud à l'occasion de son 70ᵉ anniver-
> saire, adressée à la Princesse Marie Bonaparte,
> 10 mai 1926.

L'enseignement universitaire est une provende offerte aux étudiants. Il est censé satisfaire tous leurs appétits. Il contient les réponses anticipées à toutes les questions, même à celles qui n'ont jamais été et ne seront jamais posées.

Bouleversement actuel
de la situation du médecin.

Cette image est périmée. Elle était une variante du « laissez penser ceux qui savent ». Les débuts professionnels pénibles, l'absence de débouchés, le problème des « cadres » traduisent le malaise des intellectuels et la faille qui se creuse entre l'université et les besoins professionnels réels. Aussi peut-on considérer comme une saine réaction l'in- version de la demande. Ce n'est plus l'Université qui offre l'enseignement qu'elle a choisi, c'est l'étudiant ou le jeune praticien qui exigent une certaine formation plus adaptée à leur pratique quotidienne. La fonction des Facultés évolue. Il ne s'agit plus de préparer les futurs titulaires de certaines fonctions soutenues par une hiérarchie basée sur le respect, le prestige, le nom ou la fortune. La société tolère de plus en plus mal les traditions de classe ou de caste. Il n'y a pas encore longtemps, l'efficacité psychothérapique inconsciente du médecin était liée à l'auréole, au halo qui entourait la

profession. Aujourd'hui, les rapports ont tendance à cha-
virer. Le médecin devient un fournisseur parmi d'autres,
un peu moins respecté puisqu'il ne coûte pratiquement rien.
Le médecin vénérable ou le médecin valet sont deux images
qui entraînent des relations aussi fausses l'une que l'autre.
Mais pour que le médecin soit capable de saisir le rapport
qui s'établit, et de le transformer dans l'intérêt du malade,
il faut que l'étude des relations humaines et en particulier
de la relation malade-médecin lui soit familière.

Le malade aujourd'hui n'est plus un être passif. Il veut
et peut participer à l'entreprise thérapeutique. De même,
l'étudiant ne peut plus se contenter d'être un auditeur
passif, rangé avec des centaines d'autres étudiants dans un
amphithéâtre où un maître dispense la bonne parole. L'enseignement contemporain ne peut se concevoir que comme
une collaboration directe entre maître et élève, collaboration
centrée sur un travail scientifique engageant l'étudiant en
matière de sciences fondamentales, collaboration autour
d'un malade pour les disciplines cliniques. Le temps d'un
enseignement rhétorique est passé. L'étudiant veut participer à sa formation.

La demande se fait particulièrement pressante dans les
domaines les plus récents, ou les plus négligés. C'est ainsi
que l'exigence de formation psychologique vient de ceux
qui en éprouvent le besoin, notamment les praticiens débutants. Qu'on n'aille pas croire que si les vieux praticiens
ne demandent plus rien, c'est parce qu'ils ont tout appris!
C'est au contraire qu'ils se sont résignés, qu'ils ont renoncé
à défricher certains terrains, ou qu'ils se sont endurcis,
qu'ils n'entendent plus les appels de leurs malades.

Dans leur recherche d'enseignements, fascinés par les
« psy », les praticiens se sont tournés indifféremment vers
les psychologues, psychiatres, psychanalystes. Ceux-ci ont
répondu selon leurs orientations particulières. D'autre part,
la demande que leur adressent les autres médecins est à la
fois imprécise et multiple: information psychopathologique
ou psychophysiologique, formation psychothérapique, psychosomatique, psychanalytique. Le résultat est une certaine
confusion qui semble actuellement régner en matière de

psychologie médicale. Qu'on ne s'y trompe pas. Cette confusion apparente est soulignée par ceux qui ne désirent pas voir ce qu'elle cache: une fermentation qui fera éclater les structures vétustes d'un enseignement classique et paternaliste, pour le remplacer par une formation dynamique et active, à laquelle l'étudiant participera, et au cours de laquelle il s'engagera profondément et efficacement dans une profession. Il y sera mieux préparé et en tirera davantage de satisfactions. Il s'agit là d'une véritable révolution, visant à restituer au malade sa dignité de sujet. Ce qui implique que le médecin soit capable de l'appréhender dans sa totalité, non seulement au niveau d'une mince couche superficielle consciente, mais dans toute sa richesse inconsciente.

Il est évident que la formation psychologique du médecin ici prônée s'inspire de la psychanalyse, ce qui ne doit pas discréditer d'autres disciplines. Mais les relations humaines dans leur ensemble ne peuvent être saisies qu'en tenant compte de l'inconscient.

L'introduction de l'inconscient à l'Université et dans l'enseignement entraînera les mêmes réactions de défense et de rejet que la psychanalyse suscite partout où elle apparaît, car sa découverte, qui trouble le sommeil du monde, ne peut pas ne pas ébranler les structures empreintes d'une trop olympienne sérénité, sourde aux sollicitations des mortels.

La formation dont il sera question ici aura pour but de sensibiliser le médecin à la dimension de l'inconscient. C'est donc une solution psychanalytique au problème de la formation psychologique du médecin. Ce n'est probablement pas la seule solution possible, car de nombreux non psychanalystes s'intéressent à la question. Peut-être même n'est-ce pas là la seule solution psychanalytique concevable, car nombreux sont les psychanalystes qui pour l'instant réservent leur jugement sur les méthodes proposées ou appliquées et évitent même de participer à certaines expériences de formation auxquelles on pourrait peut-être objecter un certain activisme n'allant pas sans évoquer le passage à l'acte.

Les méthodes d'enseignement traditionnelles paraissent mal adaptées au but projeté. On verra à chaque rubrique les aménagements possibles pour en accroître l'efficacité.

A) *LES COURS*

Distinguer
psychanalyse et psychologie.

Classiquement, les cours sont représentés par l'enseignement magistral. L'intérêt suscité par une telle forme d'enseignement dépend d'un assez grand nombre de facteurs, dont la personnalité de l'orateur, le nombre des auditeurs et bien sûr, la constitution du programme. Apparemment, c'est ce dernier point qui devrait seul retenir l'attention. Etant donné qu'on a choisi une orientation psychanalytique la question se pose d'une introduction à la dimension psychanalytique sous forme d'un enseignement classique. Il est évident que l'aventure psychanalytique ne peut être abordée de la position d'un auditeur écoutant passivement le discours d'un maître. On peut même redouter qu'une telle approche purement théorique de la problématique inconsciente ne fasse pas autre chose que renforcer des résistances à l'égard de la psychanalyse, soit en favorisant l'intellectualisation, qui entraîne justement la méconnaissance de l'inconscient, soit en suscitant des carapaces réactionnelles permettant à l'individu de se rassurer en rangeant la psychanalyse au même niveau que les autres techniques mises à la disposition du médecin. Si la psychanalyse pouvait être classée entre l'EEG et les tests psychométriques, elle cesserait de troubler le sommeil du monde, et le corps médical s'empresserait de lui accorder le « dignus est intrare » auquel a droit toute méthode bien élevée et comme il faut. Toutefois, ces objections, qui sont parfaitement justifiées, ne tiennent pas compte de ce qu'on pourrait appeler l'information psychanalytique ambiante. L'étudiant en médecine, pas plus que tout étudiant, n'échappe à une véritable imprégnation par une diffusion psychanalytique qui prend les formes les plus diverses, allant de l'article d'information de bonne tenue jusqu'à la pire vulgarisation d'une démagogie pseudo-intellectuelle, en passant bien sûr, par tous les niveaux de la littérature. Les confusions et les erreurs qui résultent de la consommation sans discrimination de telles productions sont encore renforcées par la vague toujours croissante d'étudiants se formant à des disciplines psychologiques, dont la position par rapport à la psychanalyse n'est pas suffisamment précise à leurs yeux. On ne dénoncera jamais assez cette tendance erronée de présenter tout ce qui est psychologique comme psychanalytique. On serait bien plus près de la vérité en affirmant purement et simplement le contraire, à savoir que la psychanalyse n'a aucun rapport avec la psychologie. Mais c'est dans les milieux psychologiques justement que la psychanalyse est parée des plus grands prestiges. Aussi, l'un des objectifs inavoués de nombreux étudiants en psychologie est de se faire passer pour psychanalystes. Ce sont ces mêmes personnes qui entreprendront des traitements intitulés « thérapies », où le préfixe psycho aura été pudiquement dissimulé. De tels traitements distribués sous les prétextes les plus divers, ne visent qu'à satisfaire chez les psychologues en question les désirs de puissance et de pouvoir déjà rencontrés lors de l'étude de la vocation médicale. Il va de soi que bon nombre de ces soi-disantes cures effectuées par des personnes ayant pour principale formation leur outrecuidance, font courir aux malades les plus graves dangers. Le manque d'information des médecins risque de les amener à collaborer en toute bonne foi à de pareilles entreprises. Cet argument à lui seul justifierait l'existence de cours théoriques sur la psychanalyse, ce qui ne veut pas dire qu'on ne puisse pas être à la fois psychologue et psychanalyste. Mais l'une des formations ne confère pas automatiquement l'autre.

Cette première partie du programme ne peut être traitée que par des psychanalystes, tout autre enseignant ne pouvant qu'imprimer à ses étudiants ses propres positions à l'égard d'une discipline qu'il ne peut connaître qu'extérieurement. C'est là bien sûr qu'intervient la personnalité de l'enseignant. Enfin, le nombre toujours croissant d'étudiants entache l'enseignement ex cathedra d'un coefficient d'erreurs qui monte en flèche, l'étudiant ne pouvant pas, dans de telles conditions, obtenir les renseignements complémentaires indispensables pour éviter que des interprétations personnelles et souvent inexactes ne viennent combler les lacunes qui existent toujours dans les notes manuscrites.

Multiplier les enseignants.

Ce type d'enseignement ne devrait plus être qu'un vestige historique. Il n'est plus adapté aux nécessités actuelles des études. Mais, plus particulièrement en médecine, le maître, le professeur, occupe une position fortement défendue, profondément investie. Un certain nombre d'années sera encore nécessaire pour transformer des habitudes anciennes et mauvaises. Il n'est plus concevable aujourd'hui qu'un seul enseignant exerce un véritable monopole sur sa discipline. La difficulté et la quantité des connaissances à acquérir exigent un contact plus proche et plus personnel entre l'étudiant et l'enseignant. C'est le travail en petit groupe qui apportera à l'étudiant une aide plus efficace et plus précieuse que la diffusion traditionnelle des connaissances sous forme de conférences magistrales. On peut estimer que la limitation malthusienne du nombre des enseignants était le résultat d'une rigoureuse sélection. A côté de cette recherche de qualité, on ne peut pas passer sous silence d'autres motifs comme la rivalité, voire la concurrence commerciale. De telles attitudes sont des survivances d'une époque où la médecine non encore socialisée, n'était pas à la portée de tous. Il était donc indispensable au médecin de s'assurer une certaine clientèle payante afin de pouvoir secourir charitablement le plus grand nombre possible de malades incapables de le payer: « Je donnerai mes soins gratuits à l'indigent » comme le rappelle le serment d'Hippocrate. L'accès de la totalité de la population à des soins médicaux de haute qualité en même temps que la poussée démographique, rendent néfastes une sélection excessive des enseignants, d'autant plus que le seul critère concevable d'une sélection, à savoir les résultats obtenus, ne sera jamais appliqué. Il résulte de ceci que seule la multiplication des enseignants, ainsi que l'extinction progressive de privilèges qui purent un jour correspondre à des nécessités, mais qui par la suite, faillirent devenir des abus, permettront de transformer le climat dans lequel vivent les étudiants et de modifier profondément la psychologie de l'enseignant et par là même toute la psychologie médicale. Descendant de son piédestal, le maître n'aura plus besoin de se caparaçonner de cuir ou de métal. Il aura le droit de se tromper et en renonçant à son infaillibilité, il apprendra à laisser ouvertes les questions, seule condition d'un progrès scientifique, alors qu'être le détenteur de la bonne réponse à chaque question ne pouvait que tarir le goût de la recherche chez l'étudiant. Le travail en petit groupe constitue ainsi une forme tout à fait concevable de l'enseignement de la psychologie médicale, même et surtout s'il s'agit de psychologie dynamique. Ce qui est actuellement désigné par « enseignement dirigé » se rapproche de ce travail en petit groupe et forme une transition avec les « travaux pratiques » traditionnels, travaux pratiques qui grâce à certains aménagements, pourraient également contribuer à la formation psychologique du médecin.

B) *LES TRAVAUX PRATIQUES*

Une voie d'enseignement
de la discipline psychosomatique.

Cette partie de l'enseignement devrait concerner essentiellement les aspects psychosomatiques de la médecine. Cette discipline est certainement la plus mal lotie au point de vue didactique, étant donné que dans la plupart des facultés, elle ne figure même pas au programme. Il est vrai qu'il paraît peu concevable de la faire découvrir aux étudiants par la voie des cours. Associer à un enseignement de pathologie digestive par exemple, des considérations sur la personnalité des malades, ne permettrait pas aux étudiants de saisir l'unité de ces deux points de vue. Car même s'il est probable qu'un étudiant puisse comprendre un exposé de cas psychosomatiques, un tel exposé restera pour lui une sorte de curiosité peut-être intéressante, mais peu utile. L'apparition de l'histoire personnelle d'un malade dans une observation clinique rend cette observation tellement particulière qu'apparemment toute possibilité de généralisation échappe. Une fois de plus, le médecin est tenté par la réalisation d'un questionnaire exhaustif qui permettrait de sérier, d'inventorier tous les événements d'une existence de façon à établir des relations causales entre circonstances biographiques et maladies somatiques. Un tel espoir sera toujours déçu. Aussi, l'enseignement psychosomatique ne saurait-il être un apprentissage à dresser un certain type d'observation. Il s'agit au contraire, de réussir à se détacher de tout schéma préalable pour se rendre entièrement disponible au malade et le suivre, sans freiner le cheminement de ses réflexions et de ses associations, jusqu'au point où pourra se nouer une relation thérapeutique. Ce serait un leurre de vouloir faire croire ici qu'il est possible de faire de tout étudiant un psychosomaticien. Il n'en est rien. Mais ce qui est peut-être possible c'est de lui permettre de reconnaître quel malade pourrait bénéficier d'un abord psychothérapique et de l'orienter ainsi vers le spécialiste. L'extension des indications de thérapeutiques psychologiques augmenterait l'intérêt du public médical pour ces techniques qui ne seraient plus ainsi entachées de préjugés qui les faisaient considérer comme des jeux d'esprit, réservés aux fous. Ce n'est qu'après le dépassement de ces préjugés que l'équipement médical pourrait enfin répondre réellement aux besoins des malades.

Encore faudrait-il mettre au point des méthodes d'enseignement adaptées à ce propos. L'une de ces méthodes serait la participation à des consultations psychosomatiques, consultations qui sont actuellement encore relativement rares. L'étudiant verrait se dérouler devant lui et se nouer le dialogue malade-médecin. Il est certain qu'une participation assez longue à de tels entretiens serait indispensable. Un temps d'accoutumance est nécessaire pour dépasser la surprise du médecin formé traditionnellement devant un entretien non directif. Cette surprise ne manque jamais, et elle suscite tantôt des réactions de rejet, tantôt des réactions d'enthousiasme, qui sont toutes deux les manifestations de l'angoisse suscitée par un dialogue qui concerne toujours l'inconscient de tous les assistants. La participation affective de l'étudiant consisterait non seulement à obtenir des éclaircissements sur les scènes qui se déroulent devant lui, voire à poser lui-même des questions au malade, mais surtout à tenter de comprendre, avec l'aide du psychosomaticien, les réactions qu'il aurait éprouvées.

Ce type de travaux pratiques pourrait être le deuxième temps d'une formation qui aurait commencé par la participation à des colloques tenus à propos d'un cas pour lequel on tenterait d'élaborer une synthèse complète, clinique, biologique, psychologique et sociale. La possibilité de tels colloques est prévue dans les programmes français actuels. Ils constitueraient, pour l'étudiant, une préparation aux consultations psychosomatiques proprement dites, qui peuvent être assez éprouvantes pour de jeunes médecins non avertis. Mais il semble que la réalisation de tels colloques se heurte à quelques difficultés. Parmi celles-ci, les questions de temps disponible et de nombre d'étudiants ne sont que des justifications qui cachent mal les réticences d'un grand nombre de médecins non formés aux méthodes psychosomatiques. Ces médecins préfèrent éviter les mises en question, les angoisses, les profonds changements d'habitude qui les menacent aussi bien que les étudiants. Il faudra traverser une phase préliminaire de durée variable selon les conditions locales, phase au cours de laquelle les futurs enseignants destinés à accepter la collaboration des psychosomaticiens, pourront eux-mêmes se former et s'habituer à ce travail.

Il semble donc que les possibilités d'initiation des étudiants à la méthode psychosomatique seront au départ limitées faute de cadres, et que d'autres méthodes devront être proposées pour former, d'une part les cadres en question, mais aussi les étudiants et les jeunes praticiens qui n'auront pas encore pu bénéficier d'un enseignement suffisamment organisé. C'est dans cette étape intermédiaire que certains groupes de travail pourraient offrir une solution.

C) *LES GROUPES*

Réintroduire la discussion.

Il s'agit là d'une méthode de travail qui n'avait pas jusqu'à présent été utilisée officiellement ou systématiquement au cours des études médicales. Ce qui ne veut pas dire que les étudiants se soient jamais privés de discuter entre eux. Cette part de leur activité était laissée à leur initiative personnelle. Mais on a certainement sous-estimé l'importance de ce travail « autodidactique ». Les débats, questions, objections, que se formulent les étudiants entre eux et en dehors des cours, sont à la fois un mode efficace de répétition et d'approfondissement de l'enseignement reçu et le piment qui relève l'inévitable sécheresse de certaines parties de l'enseignement. La surcharge des programmes limite considérablement le temps dont l'étudiant pouvait disposer pour la libre discussion avec ses camarades. Ce serait un grave dommage si cette activité spontanée venait à disparaître. Il semble qu'à différents niveaux on se soit rendu compte de cette source de renouvellement d'intérêt et qu'on ait tenté de l'exploiter en offrant aux étudiants ou même à des médecins déjà formés, la possibilité d'organiser des groupes de discussions autour d'un meneur choisi soit pour les lumières qu'il pouvait apporter au sujet constituant le thème de la discussion, soit pour sa connaissance des forces mises en jeu au cours de la discussion elle-même. On voit actuellement se développer de telles discussions en groupes. Les modalités de ces réunions sont variables et adaptées chaque fois à des conditions locales et à des visées différentes. On peut classer ces groupes tout d'abord selon leurs participants. Mais une règle est générale: c'est celle du petit nombre. Il faut que le groupe soit suffisamment restreint pour que chacun de ses membres y participe activement, sinon on retomberait dans les formes traditionnelles de l'enseignement où le rôle actif est dévolu au maître et le rôle passif à l'auditeur. Une douzaine de participants paraît un bon chiffre de départ, un certain nombre de défections étant toujours à prévoir.

Une première question s'est posée aux organisateurs: le groupe devait-il être ouvert ou fermé? On entendait par groupe ouvert celui qui acceptait de nouveaux membres en cours de route, soit pour remplacer ceux qui interrompaient leur participation, soit en acceptant un certain accroissement. On ne peut trancher la question de l'ouverture ou de la fermeture qu'en fonction des buts recherchés. S'il s'agit simplement de « recycler » (pour employer un terme usité dans d'autres disciplines) un médecin dans un domaine qui ne lui est pas totalement inconnu, le groupe ouvert peut se concevoir. Il ne va pas sans rappeler l'entraînement sportif nécessaire, par exemple avant de se rendre aux sports d'hiver. Par contre, s'il s'agit de faire découvrir une discipline entièrement nouvelle et qui devrait être abordée selon un programme préparé à l'avance, il est peut-être préférable que le groupe soit fermé et évolue sous forme de « session ». Toutefois, la survenue occasionnelle de nouveaux membres peut susciter des réactions d'accueil, positives ou négatives, dont l'étude peut être profitable à tous les participants. Une autre question est celle de l'homogénéité du groupe. Les groupes doivent-ils être limités à une même catégorie de participants, par exemple seulement des étudiants de 4ᵉ année ou des praticiens débutants, ou des spécialistes d'une même discipline, voire uniquement des agrégés ou des médecins des hôpitaux, ou bien y a-t-il intérêt à accueillir des participants d'origine différente? On pourrait croire que l'hétérogénéité constitue toujours un frein. Comment un même sujet pourrait-il être abordé de la même façon par un enseignant ou par un étudiant? Là encore, la constitution de groupes est fonction des buts recherchés et des thèmes envisagés. Toutefois, il faut remarquer que ces réunions ne viennent pas à la place d'un enseignement classique et que ce ne sont pas des connaissances préalables ou une plus ou moins grande expérience pratique qui permettront d'en tirer profit.

L'hétérogénéité ne risque pas de renforcer les susceptibilités protégées par les hiérarchies traditionnelles. Un professeur pourra craindre de « perdre la face » devant ses collaborateurs ou devant ses étudiants. C'est aux meneurs qu'il appartiendra d'éviter que des expériences puissent jamais être ressenties comme humiliantes. On verra plus loin ce que l'on peut attendre du meneur. On peut enfin envisager des groupes comportant l'ensemble du personnel collaborant dans une même institution: ensemble des médecins d'une clinique, avec éventuelle extension au personnel infirmier, collectif soignant d'un hôpital psychiatrique, ensemble des chercheurs d'un institut scientifique, etc.

Quels sont les thèmes ou les sujets qui peuvent être traités dans de tels groupes? Il peut fort bien n'y avoir pas de thème du tout, le groupe se prenant lui-même comme sujet d'étude.

On se trouve alors dans les conditions de ce qu'on a appelé en psychologie sociale les groupes de diagnostic. Il s'agit dans de tels groupes d'observer les communications qui s'établissent spontanément pour discerner après un certain temps, en général assez limité, les positions briguées par chaque membre du groupe en précisant en même temps l'efficacité des moyens mis en œuvre pour parvenir à leurs fins ainsi que les obstacles suscités par leur comportement, obstacles en général liés à des tendances méconnues de leur personnalité. De tels groupes qui visent une meilleure adaptation sociale, une augmentation du rendement lorsqu'il s'agit par exemple d'équipes de travail, amènent souvent des révélations brutales et mal supportées lorsque les participants n'ont pas été préalablement sélectionnés. La prolongation d'un tel travail au-delà de quelques réunions déboucherait sur des variantes de psychothérapie ou de psychanalyse collectives. Il est donc indispensable que si de tels groupes se constituent au niveau de l'enseignement médical, les limites et les possibilités en aient été rigoureusement précisées d'avance pour qu'on n'assiste pas à un pourrissement gros de toutes les revendications. Une telle forme de travail ne devrait être appliquée que dans des cas exceptionnels, et sous la direction d'un meneur parfaitement conscient de toutes les évolutions possibles d'un tel groupe. On est parfois étonné de la désinvolture avec laquelle de tels groupes de diagnostic sont constitués. Il est vrai que les dangers sont limités du fait de la brièveté de ces travaux qui durent en général de 4 à 6 demi-journées. Le danger devient sérieux lorsqu'on n'envisage pas de limites de temps.

Plus anodines sont les réunions centrées par un thème de discussion: sujets de médecine psychosomatique, de psychologie médicale ou autre, discussion autour d'un incident de service, etc. Les ambitions d'un tel travail ne peuvent être que limitées. Il s'agira le plus souvent d'un mordançage prudent de la découverte de la dynamique inconsciente dont la portée sera le reflet de la formation du meneur. La plupart des organisations de groupe aboutissent ainsi à poser la question du directeur de groupe. Quelle doit être sa formation? Selon quels critères doit-il être choisi? La position qui est défendue ici ne demandera pas de longs développements étant donné qu'elle a été précisée dès le début de ce chapitre. Des questions comme médecin ou non-médecin, psychiatre ou non-psychiatre, seul ou avec de petits camarades, sont d'importance tout à fait secondaire, la solution choisie dépendant une fois de plus des possibilités locales. Par contre, seule une formation psychanalytique complète permettra à un meneur d'une part de conduire son groupe jusqu'à une formation satisfaisante quelles que soient les voies choisies, et d'autre part d'éviter les écueils liés à des réactions de défense personnelles qu'il faudra savoir respecter, ce qui implique qu'on les aura auparavant comprises. Est-ce à dire qu'un enseignement de la psychologie médicale sous quelque forme qu'elle soit ne pourra être mené que par un psychanalyste? Certainement pas. On a répété à plusieurs reprises que la place de la psychanalyse pouvait se limiter aux aspects relationnels de la vie du malade. On peut donc très bien concevoir des groupes de discussion traitant de différents sujets de psychologie médicale et parvenant ainsi à tracer une limite au-delà de laquelle un guide psychanalyste serait souhaitable. La découverte de cette limite sera extrêmement utile au praticien qui pourra ultérieurement, s'il le désire rechercher le passeur qui pourra la lui faire franchir.

La forme la plus élaborée et qui connaît actuellement le succès le plus généralisé est le travail en groupe selon la méthode introduite par le docteur Michaël Balint à la Tavistock Clinic de Londres aux environs de 1950. L'importance de cette méthode mérite qu'un chapitre particulier lui soit consacré.

Chapitre 15

L'EXPERIENCE DE LA RELATION THERAPEUTIQUE

A) *BUTS ET FONCTIONNEMENT*

La méthode mise au point par Michaël et Enid Balint consiste à réunir toutes les semaines un même groupe de médecins qui sont priés d'exposer les problèmes suscités par certains malades au cours des consultations quotidiennes. Il s'avère ainsi que les difficultés ne sont pas toujours liées à la gravité lésionnelle de la maladie ou à certaines réactions d'apparence purement biologique comme une résistance aux antibiotiques mais que très souvent le comportement du malade a induit chez le médecin des conduites réactionnelles freinant l'efficacité du traitement.

Il est aisé de comprendre que le comportement du malade en face du médecin n'est qu'une variante ou plutôt même une variation sur le thème permanent qui préside à l'établissement de toutes ses relations humaines. On l'a vu à plusieurs reprises et notamment en étudiant la maladie iatrogène, que la conduite du médecin est littéralement induite par l'inconscient du malade de façon à donner satisfaction à cet inconscient, même lorsque ces satisfactions peuvent paraître aller au détriment du malade.

Le travail amène le médecin avec l'aide des autres membres du groupe à surprendre ses propres réactions spontanées, à comprendre le sens de certains de ses actes médicaux et par là même à mieux comprendre son malade en découvrant le rôle que ce dernier voulait lui faire jouer.

Un tel apprentissage ne peut se faire que lentement et progressivement. Il faut que le médecin parvienne à se débarrasser de la carapace de ses habitudes et de ses rites professionnels.

Le langage est évidemment l'un des attributs de cette déformation professionnelle. Y renoncer ne va pas sans douleur. On a vu en effet quel était le sens de cette carapace caractérielle, protection contre les situations angoissantes offertes au médecin par identification aux malades, aux mourants voire aux cadavres.

On peut se demander pourquoi certains souhaitent que s'assouplisse cette armature protectrice du médecin. C'est que justement il s'agit d'une armure protectrice aveugle qui, sous prétexte de protéger contre les situations angoissantes, finit par protéger contre le malade lui-même qui est ainsi traité en ennemi. En même temps, la rigidité impose une conception invariable de la maladie alors que la diversité de l'expérience exigerait une adaptation sur mesure à chaque situation.

C'est la restitution au médecin de sa souplesse, de son aptitude à entendre, une sorte de spontanéité dans la relation au malade que se propose Balint. Il a montré que le médecin intervenait directement par sa personnalité, son comportement et son ouverture au malade dans le processus thérapeutique. Il y aura toujours des médecins spontanément plus proches de leurs malades que d'autres. Aussi ne s'agit-il pas de mettre certaines facultés d'intuition à la portée de tous, mais de faire découvrir à chacun une partie du rôle de son inconscient dans sa relation au malade. C'est pour bien préciser la visée de ce travail en groupe que nous avons préféré à la désignation actuellement généralisée de « Groupe Balint », la dénomination de « Groupe d'étude de la relation thérapeutique ».

Un tel groupe est constitué par un certain nombre de médecins. Le meilleur nombre semble être de 10 à 12. La spécialisation des médecins paraît de peu d'importance à condition que soit respectée ce qu'on pourrait appeler la règle de l'engagement. Il faut entendre par là que ces groupes, du moins dans l'esprit qui les animait lors de leur création, ne s'adressent qu'à des médecins qui sont liés à leurs malades par une sorte de contrat thérapeutique total. Il s'agit bien sûr d'un contrat tacite, mais il est évident que le malade attend de son médecin de famille d'être traité par lui jusqu'à la fin de sa maladie, quelle que soit cette fin. Ceci n'est pas le cas pour certains consultants, qu'ils soient spécialisés ou non, pas plus que pour certains médecins hospitaliers ou pour des chirurgiens qui ne suivent le malade que durant son séjour à la clinique. Cette même règle rend également difficile l'intégration d'universitaires n'ayant pas de clientèle suivie, et à plus forte raison, de certains spécialistes de disciplines biologiques.

Une autre précaution à prendre est d'éviter de mêler des psychiatres au groupe des autres médecins. Il risque de se créer d'une part une sorte de rivalité avec le meneur et d'autre part le groupe aurait tendance à transformer le travail collectif en cours de psychiatrie.

Le groupe se réunit à un rythme hebdomadaire autour d'un meneur qui devrait obligatoirement être psychanalyste. L'appréciation du rôle de l'inconscient dans le comportement qui exige déjà du psychanalyste une vigilance de tous les instants, sans toujours lui permettre d'éviter certaines erreurs, paraît être une entreprise des plus hasardeuses pour un non-psychanalyste. Il est souhaitable en outre que ce psychanalyste soit médecin et ait une expérience clinique. Par contre, une formation psychiatrique ou psychologique ne constitue en l'occurrence qu'un avantage minime.

La durée de vie, c'est-à-dire de travail de ces groupes, est pour l'instant affaire d'appréciation. On sait les difficultés qui naissent lorsqu'il s'agit de la fin d'une psychanalyse individuelle alors qu'il est malgré tout possible d'élaborer des critères théoriques précis de la fin de la psychanalyse. Par contre de tels critères n'ont pas encore pu être précisés dans les travaux de Balint. Il ne saurait être question de critères formels que l'on est parfois tenté de proposer: arrêt des travaux après 3, 4, 5, 6 ans ou après 200 séances, ou après que des examinateurs, ayant pu observer le médecin dans sa pratique l'estiment digne d'obtenir un quelconque brevet, etc. Aucune de ces solutions n'est satisfaisante au point de vue psychanalytique et dans l'imprécision actuelle la meilleure solution semble être une décision prise d'un commun accord entre le groupe et son meneur après discussion.

Certains groupes ont choisi de travailler avec deux meneurs. C'est là un moyen efficace et probablement sans inconvénient pour éviter d'éventuelles réactions d'angoisse du leader. Plus habituellement, le meneur s'adjoindra un observateur qui l'aidera d'une part à reconstituer la séance qui aura pu être enregistrée par un moyen quelconque, et d'autre part à faire sa propre critique après les séances.

On voit qu'il existe actuellement encore de nombreux points qui demandent à être précisés. Aussi les critiques adressées à ces travaux de groupe n'ont-elles pas manqué.

B) *LIMITES ET CRITIQUES*

La méthode de Balint s'est très rapidement répandue dans de nombreux pays où elle a parfois suscité un véritable enthousiasme mais où en même temps, elle a provoqué une série de critiques, parfois tendancieuses et venant de personnes qui n'avaient pas l'expérience de ce travail, et parfois plus légitimes.

Les psychanalystes eux-mêmes se sont montrés, ainsi qu'on l'a déjà dit, réservés, voire réticents. On passera en revue quelques-unes des critiques les plus fréquemment rencontrées.

a) « Les groupes font croire au médecin qu'après quelques soirées à discuter avec un psychiatre, il saura tout sur ses malades. »

On peut en effet redouter que le médecin recherche dans la formation psychologique un outil de plus pour assurer son pouvoir sur le malade en saisissant mieux ses réactions psychologiques intimes. On renforcerait ainsi le narcissisme du médecin, basé sur des fantasmes de toute-puissance ou d'omniscience et se traduisant par sa carapace caractérielle. Il ne s'agit là que d'une façon de se représenter le travail qui se fait dans ces groupes, cette représentation étant elle-même fonction des propres désirs méconnus ou inavoués du détracteur. On pourrait bien sûr imaginer certaines techniques qui donneraient aux médecins l'illusion d'avoir tout compris. Il s'agirait alors de ce qu'on pourrait appeler des techniques psychanalytiques « fermées », c'est-à-dire considérant que tout est explicable par quelques inter-prétations communicables à un groupe. Dans la réalité, les choses se passent bien différemment et les discussions des médecins entre eux, aussi bien que les interventions du leader, ne mènent pas à de pseudo-solutions-bouchons qui seraient des recettes applicables à telle situation repérée dans une nomenclature. Elles débouchent au con-traire sur des questions ouvertes. Il s'agit justement de sensibiliser le médecin aux manifestations de l'inconscient et de l'aider à maintenir béante une question sans réponse, condition nécessaire à un progrès de la recherche.

b) « Les groupes menacent de psychiatriser la médecine. »

Dans cette objection se manifeste la traditionnelle mé-fiance à l'égard des psychiatres. Les médecins ayant passé par une telle expérience de groupe auraient tendance à traiter tous leurs clients comme des malades mentaux et méconnaîtraient les diagnostics « vrais ». Ils découvriraient peut-être les angoisses ou les inhibitions de leurs malades, seraient attentifs à leurs difficultés sentimentales, mais négligeraient l'examen somatique. Sous prétexte de s'inté-resser aux malades, ces médecins ne les soigneraient plus et les laisseraient mourir de cancer, d'appendicite ou de tuberculose. Là encore il convient d'y regarder de plus près ; le terme de psychiatriser est certainement le fruit d'une confusion, car il a été bien précisé que, d'une part il convenait d'éviter d'introduire des psychiatres dans le groupe, et que d'autre part la formation psychiatrique du meneur n'était pas indispensable. Il se peut que les médecins constituant le groupe confondent au début compréhension psychologique et approche psychiatrique. Ils peuvent alors tenter d'entraîner le meneur à s'intéresser à des symptômes psychiatriques secondaires, voire artificiellement isolés chez leurs malades. Fréquemment aussi ils solliciteront l'avis du meneur sur leurs propres théories le plus souvent empiriques ou animistes concernant la personnalité humaine. Le leader aura rapidement déjoué ces pièges en y décelant la défense du médecin à l'égard d'autres sujets qui le concerneraient plus personnellement dans sa pratique quotidienne. C'est pourquoi de tels médecins s'attarderont à des problèmes qui n'ont pour eux qu'une importance théorique assez lointaine. Ce genre de fausse route ne se produirait pas si l'on pouvait d'abord se détacher de la fascination des « psy ». Il ne s'agit pas en réalité d'une approche « psychiatrique » ou « psychologique » du malade, mais véritablement d'une approche logique.

c) « Les groupes menacent l'équilibre mental du médecin. »

Cet argument n'est que la reformulation à l'usage des médecins de toutes les craintes exprimées à l'égard de la psychanalyse: de telles pratiques rendent fou, rendent immoral, pervers, vicieux. Elles poussent à l'adultère, au suicide, au divorce. Tout récemment on a appris qu'elles favorisaient l'homosexualité. Derrière ces objections grossières, se cache pourtant une certaine vérité: on sait que chaque fois qu'il est question de formation ou même simplement d'information psychologique ou psychiatrique, de nombreuses personnes ayant des doutes sur leur propre équilibre ou souffrant même de véritables symptômes mentaux, qu'elles réussissent parfois à dissimuler, sont les premières à être intéressées. Aussi est-il indispensable que les médecins participant à des groupes d'étude de la relation thérapeutique aient subi au départ une certaine sélection exercée au cours d'entretiens avec le meneur ou avec un autre psychanalyste. Ces entretiens permettront au candidat de préciser les motifs de son intérêt. Il appartiendra au leader de lui faire comprendre la nature de sa demande et de lui indiquer s'il a ou non frappé à la bonne porte. Ces entretiens préalables sont extrêmement importants car ils permettent d'éliminer deux catégories de candidats intempestifs: d'une part ceux dont la propre problématique psychique pourrait être aggravée jusqu'à des réactions anxieuses pénibles pour eux ou dangereuses pour l'exercice de leur profession, d'autre part des personnalités trop rigides qui deviendraient rapidement opposantes lorsqu'elles sentiraient leurs positions critiquées ou menacées. Ces dernières conduites auraient vite fait de créer des tensions insupportables pour l'ensemble du groupe et il est très difficile au meneur de les résoudre sans blesser le sujet en question.

d) « La visée des groupes Balint est imprécise. »

L'objection précédente avait déjà introduit certaines limites en précisant que la méthode n'était peut-être pas bonne pour tous les médecins. La dernière critique rejoint également le problème des limites et c'est en ceci qu'elle est apparemment mieux fondée que les précédentes. Que se proposent ces groupes? Jusqu'où peut-on aller dans la formation psychologique des médecins? Si l'on rétorquait qu'en psychanalyse non plus les critères de terminaison ne sont pas connus par le candidat au départ de l'aventure analytique, on renforcerait très légitimement les réticences déjà signalées des psychanalystes. En effet, si quelqu'un considérait la formation acquise dans de tels groupes comme une psychanalyse au rabais, une mini-psychanalyse, il ne faudrait pas hésiter à dénoncer l'escroquerie. La nécessité de la formation psychanalytique du leader n'implique aucunement que cette formation sera communiquée aux participants, mais elle est nécessaire pour comprendre et dévoiler ce qui se joue. C'est là un premier point à souligner et à répéter: la formation du médecin dans les groupes dits Balint ne saurait être une formation psychanalytique.

Certains critiques non médecins ont formulé d'autres objections en dénonçant dans l'œuvre de Balint une tendance « métaphysique », au sens que ce terme a pris dans la rhétorique marxiste. Il n'a pas été difficile à des personnes entraînées à la critique littéraire de déceler chez Balint une série de points faibles: le terme de « fonction apostolique » du médecin notamment prête à confusion. On peut même regretter son emploi qui est indissociable de la diffusion d'une vérité détenue par un maître. Cette même tendance se révèle dans l'institution d'une fonction critique du leader et dans la constitution d'une relation maître-élève, alors qu'il s'agissait justement d'en effacer les effets nuisibles. La possibilité qu'une telle relation apparaisse dans un groupe ne peut que se traduire par une hiérarchisation analogue des relations médecin-malade.

La diffusion de la méthode de Balint ne peut manquer d'introduire des variations selon les conditions locales et les personnalités concernées. Une regrettable réaction, dénuée d'esprit scientifique, mais où par contre on retrouverait aisément la tendance métaphysique dénoncée plus haut, a tenté de créer un monopole de ce type de formation psychologique. Le fait pour ces groupes de se désigner sous le nom de groupes Balint constitue une véritable allégeance donnant au suzerain un droit de regard sur les faits et gestes de ses vassaux. Même si le lien a perdu de sa rigueur moyenâgeuse, il menace de persister sous forme d'une relation paternelle dont on chercherait vainement les exemples ailleurs que dans les églises, les armées... ou les sociétés de psychanalyse. Lorsqu'un chercheur scientifique fait une découverte, celle-ci tombe dans le domaine public, à moins qu'il ne désire en faire l'objet d'un commerce protégé par un brevet. A la limite, Bouillaud ou ses descendants pourraient réclamer des droits d'auteur chaque fois que l'on porte le diagnostic de rhumatisme articulaire aigu.

Toute tendance à constituer une méthode en orthodoxie prête le flanc à ces objections « métaphysiques ». Aussi pour éviter des polémiques souvent oiseuses, paraît-il préférable de modifier la dénomination des groupes Balint, ce qui permettrait d'adapter aux conditions locales une méthode qui ne perdrait rien de son originalité, mais qui éviterait l'accusation d'inféodation.

Mieux fondées paraissent être les critiques concernant

l'imprécision des buts. On a vu plus haut qu'il ne s'agissait en aucun cas d'une « F.P.A. ». Ce sigle désigne en France la Formation Professionnelle Accélérée offerte dans un but de promotion sociale à des ouvriers non spécialisés ou dans un but de reclassement professionnel, à des travailleurs obligés de se reconvertir, soit parce qu'ils ne sont plus aptes à remplir leur emploi antérieur, soit parce que cet emploi est menacé d'extinction. La F.P.A. en question deviendrait ici une formation psychanalytique accélérée. Il ne s'agit pas davantage d'une formation psychiatrique accélérée. Le problème devient plus délicat lorsqu'il s'agit de psychothérapie. Au cours de nombreuses conférences ou dans des réponses à des questions orales, Balint a toujours déclaré qu'il ne s'agissait pas pour lui de former des psychothérapeutes. Malheureusement tous ses livres contiennent des chapitres désignant explicitement l'omnipraticien en tant que psychothérapeute. La confusion naît de cette ambiguïté. Le problème d'une formation psychothérapique du praticien suscite des réactions diverses où les motivations sont multiples. Dans la perspective la plus large qui par là même comporte le plus de risques, une telle formation peut être concevable. N'y a-t-il pas certains pays qui décernent des diplômes de psychothérapeutes? Mais dans ce cas, l'expérience personnelle des groupes, aussi enrichissante soit-elle ne saurait dispenser d'un enseignement qui exigerait une organisation toute différente de celle des réunions de travail hebdomadaires.

C'est là l'objection la plus sérieuse et il ne semble pas qu'une réponse satisfaisante ait jusqu'à présent pu être fournie. Et c'est pourquoi les exemples qui vont être donnés plus bas ont été recueillis dans des groupes dont l'objectif avait été limité avec précision. Ces groupes, plutôt que de se désigner par un nom propre se prêtant à toutes les interprétations et projections personnelles, se sont nommés selon leur objectif et ainsi qu'il a déjà été dit plus haut: groupes d'étude de la relation thérapeutique.

Il s'agit au départ d'une expérience personnelle ne visant pas l'augmentation de l'efficacité du médecin ni l'enseignement d'une nouvelle technique mais d'une meilleure assomption de la profession. Découvrir la position que le médecin occupe par rapport à la médecine et par rapport à ses malades est une visée suffisante qui n'a pas paru exiger la promesse d'une compensation ou d'une prime pour être entreprise aussi bien par le meneur que par les participants.

La meilleure façon de montrer au lecteur en quoi consiste ce travail est de présenter deux séances se situant l'une au début du fonctionnement d'un tel groupe et l'autre deux ans plus tard. Les mêmes médecins à un près ont été présents aux deux séances, même s'ils n'ont pas tous pris la parole. Ils seront au cours des deux séances désignés par les mêmes initiales.

C) *DEUX EXEMPLES*

A. - B. nous a dit la dernière fois que lorsque les malades voulaient parler d'eux-mêmes, il les laissait dire, sans écouter, et que cela suffisait au client. Le médecin n'aurait ainsi qu'à laisser dégénérer le dialogue en monologue. J'aimerais que B. nous précise cette conception.

B. - Ça ne m'arrive que lorsque je suis fatigué. Même si A. n'était pas intervenu aujourd'hui, j'aurais voulu rectifier tout de même ce que j'avais dit la dernière fois au sujet de ma manière d'écouter. Au fond je me relaxe pendant que mes malades parlent.

C. - Sans vouloir envenimer le dialogue, je dirai que tu l'as déjà dit deux fois ici.

A. - Je me rappelle que tu avais parlé aussi du viol d'âme. Au fond avec cette façon de faire que tu as, il n'y a pas de risque de spéculation... ça limite les bêtises... Evidemment ça embête les psychanalystes. Ça peut mener loin d'écouter sans écouter... On pourrait envisager au fond de créer des édifices genre pissotières dans lesquels les malades viendraient parler, même pas à des psychanalystes, mais à des chômeurs. Dans une psychanalyse, le malade parle, parle et vide son sac. Moi je pose la question, pourrait-on faire ce système que j'évoque, dans les rues.

B. essaie de se justifier avec beaucoup de maladresse, se contredit et s'embrouille dans sa tentative de se réhabiliter aux yeux du groupe.

D. - Moi j'ai écouté une malade avec attention et on s'est disputé à la fin. Il s'agit d'une dame préménopausique. Elle avait déjà une démarche particulière et une certaine manière de cligner des yeux. Je me suis dit: quelque chose ne va pas à l'étage cortical. Elle m'indispose d'emblée parce qu'elle se recommande d'une très vieille fille qui connaît ma famille. Elle a eu un petit accident de ski, une légère entorse de la cheville. On lui avait fait un beau pansement à la clinique X.: une colle de zinc. Son entorse avait été négligée à l'étranger: les médecins ne s'y étaient pas intéressés. La malade n'avait d'ailleurs pas été très bien reçue à cette clinique X. Elle affirme qu'elle considérait avoir des droits vis-à-vis de la Sécurité Sociale. J'examine la cheville qui est normale. Pendant ce temps elle me raconte qu'elle est veuve de guerre, que son mari est mort au début 1940, qu'elle s'occupe à soigner des vieillards infirmes, qu'elle aimerait beaucoup faire du ski et du tennis et que pour récupérer, elle voudrait être hospitalisée. Je lui ai répondu qu'il n'y avait aucune raison de l'hospitaliser, qu'elle prendrait de l'exercice et que dix jours après tout irait bien. Dix jours après, à mon grand étonnement, je la vois revenir. Elle vient toujours avec ses mêmes simagrées, elle est toujours en pantalons de ski. J'étais encore courtois mais irrité. La cheville était toujours aussi mobile. J'ai accordé encore dix jours d'incapacité voulant bien accepter qu'elle ait mal. Je me disais que j'étais peut-être injuste, parce qu'au fond la douleur des autres est toujours plus facile à supporter que la sienne. Dix jours après elle revient encore, et m'annonce qu'elle a dû prendre une remplaçante pour son travail. Je me fâche carrément. Elle me répond que je n'ai qu'à téléphoner au Docteur W. (neuro-psychiatre) et qu'il me dira bien qu'elle est malade. Je lui donne huit jours encore de prolongation de l'arrêt du travail. Il y a huit jours elle revient pour une quatrième fois et redemande un arrêt de travail. Je lui dis: ou bien je suis incapable de vous traiter et je suis incompétent, ou vous êtes une fumiste. J'ajoute: je vous donne encore huit jours d'arrêt de travail et après je téléphonerai à la Caisse pour qu'on suspende les prestations. Elle s'énerve, on parle fort, et je finis par avoir des remords quand elle est partie. Je téléphone au docteur W. qui me dit que c'est une personne déprimée et fantasque et qu'il lui a proposé une hospitalisation en milieu psychiatrique. Je n'en ai plus entendu parler depuis, mais je supporte vraiment mal quand les malades exagèrent. Quand ils allèguent des troubles impossibles à vérifier. J'ai mis sur mon observation qu'elle m'avait extorqué le congé.

Plusieurs médecins du groupe parlent tous à la fois, essaient de donner quelques conseils à D. sur la conduite qu'il aurait dû tenir. Il fallait lui dire: c'est tes nerfs de la cheville et l'envoyer chez le Docteur W. Ça t'a embêté d'avoir perdu la face en t'emportant, il fallait ne pas l'examiner plusieurs fois mais lui demander pourquoi elle se réfugiait ainsi au niveau de sa cheville; lui annoncer que l'hôpital ne la garderait pas plus de 24 heures pour une affaire pareille.

E. - Ce qui t'a irrité, c'est qu'elle ne t'a pas demandé franchement un congé.

F. - Ton attitude était ambiguë vis-à-vis de toi-même. Pourquoi l'as-tu examinée plusieurs fois.

G. - C'est d'être venu au groupe qui a jeté un trouble dans ton esprit?

H. - Nous sommes tous démunis devant ce genre de malades étant donné les lois. Ce n'est pas comme au régiment: on lui aurait donné huit jours de salle de police ou un coup de pied aux fesses.

G. - Il fallait lui dire: vous devez marcher. Ce qui t'a gêné, c'est la façon dont elle t'a demandé ce congé...

F. - C'est peut-être plutôt la façon dont tu as répondu qui te gêne...

H. - On ressent un malaise si on n'a pas le dernier mot.

A. - Certains médecins ont peur des psychopathes.

G. - A propos de psychopathes j'ai le cas d'un jeune couple...

Meneur - Je ne suis pas sûr qu'on ait épuisé le cas de D. avant d'en amener un autre.

H. - Dans ta présentation tu dis tout de suite que tu as vu qu'elle était préménopausée à sa démarche et tu dis qu'elle était envoyée par une vieille fille. Le fait que tu le dises tout de suite est important car cela a déterminé ton attitude dans la suite.

G. - Ce qui t'ennuie c'est d'avoir cédé à un mouvement passionnel.

B. - H. parlait tout à l'heure des militaires; comment cela se passe-t-il chez eux?

H. - La loi à l'armée n'admet pas cela comme la Caisse. Mais nous n'avons pas cette possibilité de sanction. Ce que je reproche à D. c'est d'avoir mis tellement de temps à l'arrêter. Tu aurais dû lui dire d'emblée que cela n'imposait pas un arrêt de travail. Pourquoi n'as-tu pas été net? Il m'est arrivé de voir une femme, elle est entrée dans mon bureau et elle m'a dit: « Pouvez-vous me faire partir » (elle voulait dire en cure de repos). Alors je lui ai répondu: « Bien sûr, Madame, il vous suffit de vous lever et de prendre la porte ». Elle me répond: « Combien je vous dois? » Je lui réponds alors: « Rien du tout, Madame » [1]. J'étais très fier de ma répartie et tout à fait content de cette manière de résoudre la question.

E. - Vous avez peut-être plutôt été vexé qu'on vous demande un certificat de complaisance, même moi j'aurais été vexé [2].

D. - Je précise. Lors de ma première consultation elle s'est présentée avec une botte d'Unna que je lui ai enlevée ayant eu moi-même cette pénible expérience d'en porter une.

G. - Pourquoi a-t-elle été d'abord à la clinique X?

---

[1] Tout ce dialogue a été rapporté en dialecte. La traduction lui fait perdre la dimension folklorique et humoristique.

[2] E. joue parfois intentionnellement le rôle de bouffon du groupe.

D. - C'est après y avoir été qu'elle a rencontré la vieille fille amie de ma famille. Elle lui a raconté tous ses malheurs, qu'on l'avait mal soignée à l'étranger. C'est comme ça qu'elle a eu mon adresse.

F. - Parle-nous de la vieille fille.

D. - C'est une très vieille fille. Je la connais, mais je ne la vois pas souvent.

G. - Il ne peut pas voir la vieille fille.

F .- Quelle idée la vieille fille a-t-elle de toi? Quelle idée ne voudrais-tu pas que la vieille fille ait de toi?

D. - Je m'en fous. Sûrement qu'elle lui racontera ce qui s'est passé... D'ailleurs elle a ajouté qu'elle était fille de médecin. Le docteur W. m'a dit qu'elle avait d'abord eu comme malade un vieil hémiplégique à surveiller mais que maintenant elle avait un pseudo-bulbaire qui se sentait parfois mieux et qui lui demandait d'aller se promener avec elle.

F. - J'ai renvoyé de la sorte une institutrice qui avait été opérée d'un néo du colon et qui voulait faire une cure ouvertement pendant le travail scolaire. Elle m'a dit: « Ça ne vous plaît pas, n'est-ce pas que je vous demande ça. La directrice m'a dit qu'il n'y avait pas de raison que je travaille toujours. » Cette année, elle est revenue et me dit: je voudrais un arrêt du travail. Ça vous étonne, n'est-ce pas? — Je réponds: oui, prenez des remontants. Elle est partie. Ça m'ennuie de demander une cure pour cette femme et de la retirer du travail un mois ou deux, même si c'est une opérée du colon. Cette femme-là ce n'est pas un tire-au-flanc, c'est quelqu'un de bien. J'avais une plus haute idée d'elle que ça. C'est la raison pour laquelle j'ai refusé. Elle est en réalité tout à fait en forme.

Plusieurs médecins émettent des banalités sur la mentalité des fonctionnaires.

F. - Avec un fumiste je ne me défendrais pas. Mais il y a tout de même l'idée qu'on se fait du malade: si on l'estime, on ne peut pas lui proposer une solution qui lui ferait perdre cette estime.

I. - Le malade est parfois bien encouragé par le simple refus. Si on juge que la cure est inutile, il est rassuré.

D. - Je suis insatisfait d'avoir raté un diagnostic psychia-trique que je ne sais pas faire, d'avoir terminé mon dialogue de la sorte.

Meneur - Il y a le problème de cette irritation, mais sans qu'on puisse l'expliquer.

A .- D. était sûr qu'elle ne reviendrait pas. Contre toute attente il la revoit une deuxième fois. Quand nous voyons un malade nous voulons le mettre dans un moule. Quand ça ne correspond pas, on pique une crise de nerfs. Comme dans l'exemple qu'a donné F., D. s'est dit la première fois, que la vieille fille pensera de lui qu'il est gentil et beau. En fait, il avait fait plus que son devoir.

D. - Je n'ai pas rempli ma mission: qu'elle parte rassurée. J'ai eu l'impression aussi de me faire couillonner. Nous ne sommes pas en mesure de traiter à fond des malades qui empiètent sur d'autres domaines. J'aurais dû passer la main plus vite au Docteur W.

Meneur - J'attire votre attention sur la première phrase de H. après le récit. Les militaires qui flanquent tout sim-plement un coup de pied aux fesses dans des cas de ce genre. Il a invoqué la loi. Loi du milieu ou loi personnelle? F. a parlé de l'image, un autre a parlé du moule. Nous avons en nous un désir de conformer le malade à une représen-tation. D. a donné tout de suite une image qui est venue réveiller quelque chose. Cette malade a triché par rapport à la loi qui règle les relations médecin-malade. Le tricheur est celui qui introduit une autre loi ou plutôt un doute ou un mensonge: la vieille fille, la clinique X., peut-être le Docteur W.

D. - De toutes manières, j'avais déjà porté une botte d'Unna moi-même, je savais ce que c'était.

Meneur - Le médecin se met à la place de la malade. Seulement il lui superpose son image. Pour lui, bien inséré dans la société, l'entorse est un désagrément, à liquider le plus vite possible. Chez cette malade, la maladie est au contraire un agrément. Elle l'a bien dit: je n'ai jamais rien eu de la vie. Un mari mort et un père médecin, ce n'est pas le Pérou. Elle manquait de tout et le médecin menace de lui faire couper les vivres.

Personne n'a repris cette menace de la fin.

F. - Elle t'a réduit à l'impuissance.

G. - Elle te la coupe, tu lui coupes les vivres.

D. - J'avais déjà fait une fois une demande semblable à la Sécurité Sociale. J'avais eu la visite d'une sœur assistante sociale qui m'a parlé d'un malade; il s'agissait d'un éthylique souffrant d'une bursite du coude. Il entretenait sa lésion, il se piquait le coude. C'est un pervers, il baise sa fille. La sœur assistante sociale pense qu'il faut arriver à ce qu'il retravaille et j'ai téléphoné à ce sujet au médecin conseil.

G. - Le cas était différent.

Meneur - Mais il était à l'arrière-plan. Ce qui renforce ce que je disais tout à l'heure à propos de la loi. Il s'agit de la sanction contre le type à la bursite, sanction contre un père immoral. C'est une loi morale. C'est là que la discussion entre B. et A. en début de séance a été l'ouverture comme au théâtre, de ce qui allait suivre. Il s'agissait d'une discussion morale et A. a trouvé que l'attitude de B. n'était pas morale. Ce qui apparaît ici est l'application de cette loi morale. L'image dont on parlait tout à l'heure, c'est-à-dire l'image d'une femme sur le retour, en pantalons, c'est un peu déplacé, presque indécent. Quant D. a dit au départ qu'il n'avait pas fait un diagnostic psychiatrique, ce n'est pas vrai. Tu l'as utilisé, tu as fait un diagnostic de perversion. En reprenant tout le contexte, semi-vieille, veuve, envoyée par une vraie vieille fille, on voit qu'il n'y a pas beaucoup d'hommes là-dedans. Son mari était mort en 1940, mais D. est un homme vivant, il n'a pas bien supporté la place que cette femme réservait aux hommes. D'autant plus qu'elle aime bien ceux qui sont grabataires.

D. - Je lui avais proposé de s'occuper d'enfants.

Meneur - Elle préfère un homme malade, en train de mourir. On comprend la réaction de D.

H. - Le problème de la loi morale est très aigu. Comment devons-nous réagir en face des gens qui doivent choisir entre une rente d'invalidité et une rente de vieillesse dont le montant n'est pas le même?

G. - Vous avez alors simplement un certificat objectif à faire.

H. - Je voudrais raconter une histoire qui m'a été racontée par un Juge d'instruction. Il s'agissait de l'affaire d'un médecin inculpé de non-assistance à blessé en danger. Ce médecin avait été appelé chez un monsieur dont l'artère fémorale avait été coupée. Il s'agissait d'un ménage à trois, mais je ne sais plus si c'est le mari ou l'amant qui avait été blessé. Le médecin est venu, il a mis un garrot, il a fait appeler une ambulance qui a amené le blessé à l'hôpital. Le malade est décédé devant l'hôpital d'une hémorragie. Le médecin a été inculpé. Chez le Juge d'instruction ce médecin a dit: j'ai fait mon devoir. Le juge a répondu: je suis là pour instruire, pas pour juger. Convoqué quinze jours après, le médecin dit au juge: quand j'ai vu votre attitude défensive, je me suis dit: j'ai fait quelque chose que je n'aurais pas dû faire. Ce malade est un sale type, il n'a eu que ce qu'il a mérité. On voit ici l'arrière-fond moral du médecin, la représentation morale qu'il s'était faite du malade et qui se justifie de sa mort.

Meneur - A la limite il l'avait non seulement jugé, mais exécuté.

A. - Ce n'était pas très habile de la part de ce médecin que de dire il le méritait.

Meneur - Quelque chose a parlé. C'est ce qui s'est passé dans le cas de D. C'est un cas remarquablement schématisé. On peut préciser: dans cette scène, par le biais de l'image et de la loi, on peut conclure que ce n'était pas tellement le dialogue médecin-malade, mais la question de l'homme et de la femme, qui était en jeu. L'homme chargé de défendre les autres hommes contre la mort a le sentiment d'avoir laissé en liberté quelque chose de dangereux pour l'espèce mâle. Elle l'a eu au niveau de sa virilité. Se mettre en colère, ce n'est pas un des comportements habituels de D. Cela prouve son angoisse.

D. - Elle a eu une crise de larmes la première fois, puis ça a été suivi par une logorrhée épouvantable.

B. - Qu'aurait fait le neuro-psychiatre s'il l'avait prise dès le début?

Meneur - Ce n'est pas un neuro-psychiatre « activiste » qu'elle a choisi, et elle le sait bien.

A - Il est trop vieux pour craindre la castration!

I. - Et que se passerait-il dans le cas où on imaginerait une fin heureuse?

Meneur - Il n'y avait pas d'autre solution. Le problème n'est pas celui d'une solution médicale. Choisir d'engueuler, c'est une chose, mais ce qui fait problème c'est lorsque cette solution de l'engueulade s'impose contre nous-même.

A. - Il faudrait faire la contre-épreuve et soumettre à D. une jeune et jolie pépée avec une entorse aussi légère de la cheville.

Meneur - Là, je m'engage, mais je suis convaincu qu'il n'aurait pas eu ce sentiment.

D. - C'est la menace idiote que je lui ai faite à la fin qui m'a le plus irrité.

Meneur - Tu as utilisé dans cette remarque le terme: couper les prestations de la Sécurité Sociale.

D. - La prochaine fois je la renverrai tout de suite.

Meneur - La menace sera alors plus consciente. Je crois que ce cas nous donnera matière à réflexion. »

Cet exposé ne nécessite pas de commentaires détaillés. Il faut remarquer la vive participation des membres du groupe. Toutefois, les domaines abordés restent superficiels et on note une certaine tendance à l'éparpillement.

Deux ans plus tard le même groupe a évolué vers des problèmes exigeant une observation plus élaborée. On voit apparaître dans cette deuxième séance un médecin (J.) qui avait été absent lors de la première réunion rapportée, mais qui avait habituellement été un participant très actif du groupe. A. par contre ne participe plus au groupe.

Le même groupe deux ans plus tard.

J. - Je vais vous parler d'un cas qui nous a posé des problèmes, à ma femme et à moi, et après lequel nous nous sommes jurés de ne plus recommencer...

Le mercredi matin entre 11 h et midi je fais une sorte

de petite polyclinique destinée aux femmes qui sont venues dans l'heure qui précède à des séances de révisions faisant partie de la préparation à l'ASD (Accouchement Sans Douleur, J. est gynécologue). A cette occasion j'examine les gestantes qui en expriment le désir afin de mieux les informer sur le terme, la présentation, et afin de m'assurer que techniquement elles sont bien préparées par les monitrices. Ce sont des consultations assez rapides, sans vrai dialogue. Je peux aller plus vite que lors des consultations normales qu'on donne aux femmes en cours de grossesse. Ce matin-là, je n'avais pas vu ma femme depuis la veille au soir. Elle travaille avec moi et je profite du moment qu'une personne à examiner se trouve dans la cabine de déshabillage pour embrasser ma femme. A cet instant, cette cliente sort de la cabine et nous voit... Elle sait qu'il s'agit de ma femme, mais j'éprouve néanmoins le besoin de dire: «Heureusement qu'on est marié, sinon qu'est-ce que vous auriez pensé». J'ai cru remarquer que cette femme qui auparavant était accorte et souriante, s'est refermée sur elle-même. J'ai pensé qu'elle s'était sentie frustrée parce qu'une autre femme avait été introduite dans le dialogue entre elle et moi. La cliente n'a rien dit de ce qu'elle venait de voir, et cinq jours après, elle est entrée en travail. Le travail s'est bloqué par une dyscinésie du col et j'ai dû faire une césarienne, alors que l'accouchement précédent que j'avais pratiqué également avait été tout à fait normal. Je ne pense pas qu'il y ait de rapport de cause à effet. Le blocage était spasmodique; le col était dur; il s'agissait d'un blocage des parties molles. Malgré tout, je ne pouvais pas m'empêcher de penser que la parturiente se rattrapait de la frustration précédente et se disait: «Ainsi il s'est occupé de moi toute une journée et même toute la nuit». Après son accouchement, elle était redevenue avenante comme auparavant.

I. - Elle t'a puni.

J. - Je vous ai dit que je ne savais pas s'il y avait un rapport de cause à effet. C'est la première fois qu'une pareille chose arrive depuis que ma femme et moi travaillons ensemble. J'ai néanmoins remarqué que la personne dont il vient d'être question était encore plus fermée vis-à-vis de ma femme que vis-à-vis de moi.

C. - Votre femme assiste-t-elle à l'examen?

J. - Elle entre, elle sort... Quant à la cliente, je la suis depuis au moins cinq ans et au cours des séances de révision pour l'accouchement sans douleur, elle bavardait fréquemment avec ma femme. Elle cherchait même à être plus qu'une autre cliente, demandant des nouvelles de notre fils, de nos vacances. Je me suis dit qu'elle était choquée de ce qu'elle avait vu, comme si elle avait surpris « papa et maman en train de baiser ».

B. - S'agit-il d'une personne équilibrée?

J. - Pas 100 %. Elle est très pudique. On l'imagine très bien se recroquevillant sur elle-même et cachant ses seins.

D. - D'après ta description, elle ressemble à un escargot... Il serait intéressant de savoir comment évoluerait une éventuelle prochaine grossesse.

F. - Est-ce que cela t'est déjà arrivé avec d'autres femmes qu'un premier accouchement se passe bien et qu'il faille ensuite faire une césarienne?

I. - Une dyscinésie peut-elle être fonctionnelle, c'est-à-dire ce qu'on appelle habituellement fonctionnel, sans cause organique évidente?

J. - Bien sûr.

B. - (L'autre gynécologue du groupe qui pratique moins que A. la préparation à l'ASD). Pensais-tu à la possibilité d'une césarienne pendant le travail? As-tu fait une perfusion?

J. - Je dois te répondre non à la première question et oui à la seconde.

B. - Qu'est-ce qui t'a poussé à faire une césarienne?

J. - Je me suis dit que ça suffisait ainsi. La poche des eaux a été rompue avant la perfusion vers 18 h et j'ai opéré la malade dans la nuit. Je l'avais examinée à 10 h du matin et jusqu'au soir, ça n'avait pas bougé d'un cran, alors que, bien qu'il s'agissait d'une femme menue, elle a un bon bassin. Auparavant, je crois qu'elle aimait venir à ma consultation, elle s'ouvrait, mais ce mercredi, stop! il a fallu casser la coquille!

B. - Je propose un référendum. Qui parmi nous pense que nous sommes en présence d'une manifestation psychosomatique, c'est-à-dire qu'il y a une relation entre la scène surprise par la femme et la dyscinésie, et qui est-ce qui n'y croit pas?

I. - Peut-il s'agir d'une relation de cause à effet?

J. - Si on s'en tient à la médecine telle qu'on nous l'a enseignée, sûrement pas. Mais maintenant que nous nous trouvons dans ce groupe on peut se poser la question. Je ne sais pas si la question me serait venue à l'esprit autrefois.

Mme K. - A-t-on déjà signalé des cas analogues?

C. - Comment explique-t-on d'habitude ces dyscinésies?

J .- On parle de spasmes, de troubles fonctionnels. Mais ce qui est certain, c'est que depuis que les femmes apprennent à se relâcher, qu'elles sont moins anxieuses grâce à la PPO (psycho-prophylaxie obstétricale), ces troubles sont beaucoup plus rares.

L. - La personne dont il s'agit était-elle une bonne ou une mauvaise élève?

J. - C'était son deuxième accouchement. Elle était revenue pour suivre à nouveau la préparation à l'ASD, et la première fois elle avait été bien préparée et tout s'était bien passé.

H. - Avec quoi fait-on ces perfusions?

J. - Du Spasfon, du Buscopan et d'autres spasmolytiques.

G. - A-t-on pu préciser un type de femmes, c'est-à-dire certaines personnalités plus sujettes que d'autres à des dyscinésies?

J. - Oui. Dans le cas qui nous intéresse, il s'agissait d'une femme neurotonique et labile.

G. - Vous l'avez constaté au préalable?

J. - Oui.

G. - Quelle âge a-t-elle?

J. - Elle a 25 ou 26 ans. Je précise qu'il s'agissait d'une grossesse souhaitée et désirée.

C. - Croyez-vous que cette femme ait été amoureuse de vous?

J. - Tout ce que je puis dire pour l'instant, c'est que lorsque je rentre dans sa chambre, je crois qu'elle est contente.

Je vous ai dit aussi que c'était une petite femme, menue, et je pense que si ç'avait été son premier accouchement, je n'aurais pas laissé le travail se prolonger aussi longtemps et j'aurais fait une césarienne plus tôt.

H. - Vous n'avez pas répondu à ma question. Y a-t-il des femmes prédisposées à faire des dyscinésies, et sinon, puisque vous avez semblé rejeter l'hypothèse d'une relation de cause à effet entre la scène et la césarienne, quelle explication pourriez-vous nous donner au sujet de ce cas?

J. - Je ne pense tout de même pas qu'elle l'ait fait volontairement rien que pour m'embêter. Mais il y a peut-être eu un choc psychologique, je ne sais pas moi...

G. - Bien sûr qu'elle ne l'a pas fait volontairement, ni consciemment! Mais nous sommes justement ici pour essayer de comprendre ce qui a pu se passer.

H. - As-tu discuté de tout cela avec ta femme?

Mme K. - Comment la malade a-t-elle réagi? A-t-elle considéré que le deuxième accouchement était un échec?

J. - Non, elle ne l'a pas pris du tout comme un échec.

G. - Mais est-ce qu'elle ne vous a pas posé de questions? Ne s'est-elle pas étonnée des conditions de cette deuxième naissance? Et le mari, ne vous a-t-il pas fait de reproches?

J. - Non, au contraire. Pour le mari, je suis celui qui a sauvé l'enfant.

Suit une discussion technique entre J. et B. sur les indications et les accidents des césariennes après dyscinésies.

J. - D'autre part, la réaction de cette femme césarisée est banale. C'est le gynécologue qui est considéré comme le père du gosse. C'est un père par transfert.

H. - On s'écarte du problème. Qu'est-ce qui t'a amené à dire que cette femme s'est fermée?

J. - D'accord, c'est une affirmation de ma part. C'est peut-être mon sentiment de culpabilité qui a joué. Mais vraiment, elle a changé de comportement. Ma femme aussi a eu cette impression.

G. - Je me demande si vous n'avez pas envie que ce soit psychosomatique?

J. - Non. Nous avons certainement une position particulière par rapport aux femmes lorsque nous nous occupons de PPO. Mais dans ce cas, les choses sont différentes: la cliente a été frustrée par une autre femme. Elle a fait une incursion dans ma vie privée et elle ne l'a pas supporté.

B. - C'est tout à fait vrai que les malades ne supportent pas que les médecins leur parlent d'eux-mêmes. Je me rappelle qu'un jour à mes débuts, une femme me parlait de sa vie et je lui ai répondu en citant un événement analogue de ma propre histoire. Le visage de la malade s'est transformé. Elle a immédiatement changé de sujet et elle ne m'a plus jamais donné de détails sur sa biographie.

J. - Oui, je suis sûr que c'est à ce moment qu'elle est rentrée en elle-même. Ce que disait D. tout à l'heure lorsqu'il parlait d'un escargot est tout à fait exact.

M. - Il ne faudrait pas exagérer les effets psychiques. B. pourrait vous parler d'un autre cas que je lui ai envoyé.

B. - Le cas auquel M. fait allusion serait apparemment inverse. Il s'agit d'une petite jeune femme qui a eu un premier accouchement par césarienne. Je l'ai suivie pendant sa deuxième grossesse. Il s'est développé une sorte de confiance amicale. Je n'ai pas fait d'autre thérapeutique que des suppositoires de Buscopan par voie rectale et elle a accouché normalement pour sa deuxième grossesse, ainsi que pour deux grossesses ultérieures.

G. - Puisqu'on en est aux confessions personnelles, j'en ferai une moi aussi. Très souvent quand je suis assis face à une malade et que ma femme rentre, par exemple pour préparer une piqûre, il y a comme une gêne, non seulement pour la malade mais aussi pour moi-même.

J. - Pas pour moi. Quand ma femme a commencé à m'assister, j'ai cru qu'une telle gêne existerait. Mais la seule source de gêne lorsqu'elle entre dans le bureau vient de ce que je lui prête la pensée suivante: le baratin qu'il dit à cette femme, il l'a déjà dit à une autre. Il ne doit connaître que ce truc-là!

B. - Jamais je ne permettrai à ma secrétaire d'entrer quand ma femme, pardon, la cliente a les jambes en l'air. Je ne permets pas non plus au mari d'entrer. C'est toujours catastrophique. Je leur dis catégoriquement: je n'examine pas votre femme en votre présence.

H. - La présence de ma femme dans le cabinet de consultation n'est pas souhaitable. Elle est au secrétariat, un point c'est tout.

J. - C'est l'impression que l'on a quand on n'a pas l'expérience de ce travail en commun. Quant à moi, je ne vois pas de différence entre la présence de ma femme maintenant et de mes infirmières jadis.

L. - Avec ma femme, les gens déballent davantage.

J. - Je crois que ce qu'il faut éviter lorsque le médecin travaille avec sa femme, c'est que les clientes rencontrent la femme du médecin chez l'épicier ou au salon de thé. Dès que j'ai à traiter une malade que ma femme connaît par ailleurs, elle reste dehors. Même dans certains cas nous avons mis au point un truc, une sorte de code: je lui dis de sortir le « deuxième cahier de rendez-vous », et cela signifie qu'elle ne doit plus rentrer. Par exemple lorsque je sens que la cliente va me parler de ses problèmes intimes, de sa frigidité...

I. - Il faut qu'il y ait un dialogue et par exemple lorsque le mari et la femme viennent ensemble, la consultation n'est pas satisfaisante. De même si la femme du médecin est là, il risque de se nouer ensuite un dialogue dans le couloir qui nuit au dialogue avec le médecin.

J. - Le cas qui nous occupe est venu un mercredi: à cette séance de révision en vue de l'accouchement ma femme est toujours présente. C'est un type de consultation tout à fait spécial, très rapide.

C. - Est-ce ainsi dans l'esprit des malades?

J. - Oui.

C. - Alors votre malade n'aurait pas dû être frustrée.

J. - Elle a dû penser: il a une autre vie que celle que je vois habituellement. Je vous l'ai dit, c'est comme si elle avait imaginé son père et sa mère couchant ensemble.

G. - As-tu embrassé ta femme sur la bouche?

J. - Probablement oui, mais très rapidement...

H. - Est-ce à ce moment que la malade s'est rhabillée?

J. - Non, à ce moment-là elle sortait de la cabine de déshabillage.

Mme K. - C'est un fait qui peut l'avoir troublé de sortir déshabillée d'une cabine.

B. - Moi je ne comprends pas qu'on utilise encore des cabines.

J. - Mais tu as quand même un paravent! Chez moi, les malades ont même un peignoir à leur disposition si elles ne veulent pas sortir en combinaison.

D. - N'oublions pas la musculature lisse du col utérin!

J. - Je ne l'oublie pas, mais je sais qu'elle peut être influencée par « là-haut ».

I. - Il est évident que les malades éprouvent la même gêne en voyant un couple de médecins que le médecin devant un couple de malades.

D. - Nous ne sommes pas là pour critiquer nos techniques individuelles mais pour essayer de comprendre.

J. - Je tiens à préciser que ce qui s'est passé avec ma femme était tout à fait particulier parce que nous ne nous étions pas vus depuis la veille au soir.

G. - Le malade pour être à l'aise a besoin de faire abstraction totale de la vie du médecin.

J .- Je ne suis pas d'accord avec B. lorsqu'il a dit tout à l'heure qu'il avait eu tort de parler avec sa malade de sa vie à lui. On est parfois amené à parler de sa vie à soi.

F. - On est parfois tenté de le faire, mais j'ai remarqué que très souvent dans ces cas les malades font semblant de ne pas avoir entendu et ils changent rapidement de sujet. Mais inversement on est parfois pris à partie par les malades.

J. - Surtout en matière de contraception! Quand les malades viennent demander des conseils et qu'elles sont un peu culottées, elles disent: et vous, comment faites-vous? Dans ce cas-là je réponds: je suis stérile.

B. - Et si on en revenait à notre référendum?

I. - S'il y a une relation entre tout cela, c'est très grave. S'il n'y en a pas, on a simplement perdu notre temps.

J. - Je vais donner mon avis d'abord: je pense qu'il y a effectivement eu interférence entre la scène et la dyscinésie.

Tous les participants répondent oui sauf I.

J. - Je sais que cette femme-là m'est sympathique. Nous avons toujours eu de bons rapports de travail. Elle s'est épanouie pendant sa première grossesse et j'ai pensé que j'y avais été pour quelque chose.

G. - Est-ce qu'avec un autre gynécologue cela se serait passé de la même façon?

D. - Il s'agit d'un cas particulier, on ne peut pas généraliser.

J. - Il est certain que je me suis senti coupable.

Meneur - Comme M. Breuer! Vous connaissez sans doute la mésaventure de cet ami de Freud qui, soignant une jeune fille, découvrit un jour qu'elle était amoureuse de lui. Terrorisé, il s'enfuit avec sa femme à laquelle il fit d'ailleurs un enfant au cours de ce deuxième voyage de noces. Quant à Freud, la situation ne l'effraya pas, mais il en inventa la psychanalyse.

Comme disait I., s'il y avait là quelque chose, ce serait grave: c'est grave, ce qui se passe entre un malade et son médecin.

I. - C'est pour cela que j'ai voté non.

Meneur - Alors que vous étiez persuadé du contraire.

J. - Il va falloir que je me fasse psychanalyser! Je ne crois pas que je l'aie fait exprès. Mais il est vrai que je savais que c'était cette femme qui était dans la cabine.

G. - Il faudrait recommencer à voter: a-t-il embrassé sa femme exprès parce qu'il s'agissait de cette cliente-là?

E. - Est-ce qu'on ouvre la porte de la cabine aux malades?

J. - Non, elles sortent toutes seules, ce n'est pas fermé.

G. - Alors on vote?

J. - Il faudra que je donne ce compte rendu à ma femme!

B. - Si je comprends bien, dans 9 mois on sera convié à un baptême [3].

---

[3] B. n'anticipait que de trois mois! Encore une coïncidence fortuite, sans doute!

H. - Je me demande si tu n'es pas très satisfait de ta puissance sur la malade?

J. - Si c'est vrai que mon acte a pu amener une césarienne, où est ma puissance? En tout cas, s'il y a une relation, c'est quelque chose de terrible. La PPO nous a enseigné que bien souvent c'est pour nous faire plaisir que les femmes sont amenées à bien accoucher. L'un des thèmes mis en évidence par cette discipline est le culte de la personnalité qui s'institue entre la parturiente et l'accoucheur. Nous essayons du reste au sein de la Société de PPO de combattre ce culte.

G. - Qui parmi nous travaille avec sa femme?

M., G., K. et L. répondent: moi.

H. - Ma femme a l'interdiction de rentrer dans mon cabinet. C'est pour moi une question d'asepsie.

J. - Il y a là un problème à creuser.

Meneur - Allez-y.

G. - Je suis incapable de présenter à ma femme les cas comme je le fais ici. Je les lui schématise.

J. - Moi, c'est le contraire.

H. - Mon raisonnement est simple: l'examen du malade est un dialogue malade-médecin et personne n'a le droit d'y rentrer. Et j'avais déjà cette conception avant notre travail.

B. - Chez moi, même un coup de téléphone pendant la consultation est interdit. Sauf lorsqu'il s'agit d'un confrère.

Mme K. - Il s'agit alors du tiers et pas tellement de la femme.

E. - Même mon interphone est coupé.

I. - J'ai fait les deux expériences: pendant 10 ans j'ai travaillé avec ma femme, et depuis avec ma secrétaire. Ce n'est pas du tout la même chose, car la femme apporte des éléments de nature complexe dans la relation, alors qu'on est dégagé de ces éléments avec sa secrétaire. Actuellement je ne pourrais plus travailler avec ma femme.

J. - Pour moi, il n'y a pas de différence dans mon comportement.

G. - Forcément si. Vous n'embrassiez pas votre secrétaire!

Meneur - En effet. Il n'y a peut-être pas de différence

consciemment perçue, mais l'événement est venu prouver qu'il y en avait une.

M. - Ma femme ne s'entend qu'avec certains malades.

J. - Les malades qui sont liés au médecin ne veulent rien partager avec d'autres.

H. - J'estime que c'est une erreur, même d'avoir sa femme comme secrétaire. Ma femme occupe ce poste et elle ne veut pas le quitter, mais je le déplore pour certains malades. Et en tout cas, la consultation et le secrétariat doivent être indépendants.

C. - Quand une cliente est impolie avec ta femme, quel est ton sentiment?

H. - J'estime que ça ne me concerne pas. Je ne fais pas le justicier.

B. - Moi qui suis célibataire, je considère que si un médecin travaille avec sa femme, ils sont deux associés et non plus deux époux. Et une association d'affaires est exécrable dans le mariage.

C. - Je n'aime pas les clients impolis avec ma femme.

J. - Je me dispute beaucoup plus avec les clientes qui sont impolies avec mes secrétaires qu'avec celles qui sont impolies avec ma femme, car je pense que ma femme est plus capable que les secrétaires de se défendre.

C. - Je juge que ma femme est supérieure à mes clientes.

Meneur - Nous dévions; peut-être pour éviter de parler d'un absent, à savoir le mari dont nous savons seulement qu'il est venu dire à J. qu'il était le sauveur de l'enfant.

J. - Ce mari est discret, docile...

Meneur - Peu importe. Nous avons à nous demander ce qui a pu se passer chez cette personne découvrant un couple de médecins s'embrassant. J. nous a décrit sa cliente comme ayant tendance à se replier sur soi-même, à cacher ses seins. Ce qui nous amène à poser la question de ce qu'est la pudeur.

G. - C'est la honte de son corps.

M. - C'est l'éducation.

Meneur - La pudeur cache quelque chose, les seins, la

nudité. Mais pourquoi une femme cache-t-elle la nudité?

G. - Elle a croqué la pomme.

Meneur - Elle l'a surtout tendu à l'autre. La pudeur est donc un voile jeté sur l'intention de provoquer l'autre.

D. - Elle est devenue l'appât.

Meneur - Donc, ce qui a été révélé dans cette scène que l'on peut appeler traumatique, c'est son désir, pas forcément le désir porté sur J.

G. - C'est bien fait!

Meneur - Au cours de la première grossesse, J. lui a permis d'accepter cette grossesse, c'est-à-dire qu'il a rendu tolérable ce qui touchait à son désir. A partir de là, pouvons-nous tenter de mieux comprendre ou peut-être d'imaginer ce que signifiait cette dyscinésie?

J. - Ce n'est pas que j'ai envie de le faire, mais en parler à cette femme apporterait-il un élément de plus? Mais je crains qu'en lui demandant: « Est-ce que vous avez été choquée par ce que vous avez vu? », elle me réponde: « Je ne m'en suis même pas aperçue. »

Meneur - C'est probable. La chose serait différente si elle en parlait d'elle-même. Mais il y a peu de chance qu'elle le fasse. Nous ne savons pas grand-chose de cette femme, mais il faut tenir compte de ce que J. nous a répété à plusieurs reprises: que tout s'est passé comme si elle avait aperçu ses parents faisant l'amour. C'est-à-dire qu'elle a eu la révélation brutale du désir. En sortant de sa cabine et en surprenant J. et sa femme, tout le poids d'une culpabilité qui peut se formuler par: « J'ai franchi le seuil interdit », s'est abattu sur elle. Et le corollaire de cette première formule a été: Je viens me montrer nue devant papa.

J. - Mais elle s'était déjà montrée 20 fois devant moi!

Meneur - Mais jusque-là vous aviez toujours été le médecin. Au moment de la scène vous êtes devenu le docteur J. ou peut-être mieux, monsieur J.

Inconsciemment, aussi longtemps que J. était le médecin de cette femme, son médecin, son inconscient pouvait tolérer, ou même avait besoin de croire que l'accouchement devait bien se dérouler pour faire plaisir au médecin. C'est bien ce que la PPO a mis en lumière. En allant un peu plus loin, on peut dire que le médecin prend la place de celui qui veut ce qu'elle a dans le ventre. Grâce à ce désir imaginaire prêté au médecin, l'accouchement se déroule bien. Mais la scène vient détruire brusquement cette illusion amoureuse en montrant que le médecin désire une autre femme. A ce moment la femme enceinte est exposée à son désir, un désir qu'on ne peut taire, qui hurle puisqu'il est privé de l'illusion qui le satisfaisait. Du coup, pour ne pas être rendue vulnérable par ce désir, l'intéressée le refoule. Or, l'un des signes de ce désir était le bel accouchement; il faut cacher ce signe et l'accouchement rate.

J. - Je sentais bien qu'elle voulait me forcer à penser à elle, c'est ce que j'ai dit au début: « Il va être obligé de penser à moi », et il y avait un sous-entendu qui était: « Mais il n'en a pas envie ».

G. - Si J. avait confié cet accouchement à un autre, la chose se serait-elle passée?

B. - Qu'en est-il des médecins qui n'admettent pas cette corrélation entre le psychique et le somatique?

H. - Ils se rendent toujours ridicules, mais ils ont quelques excuses: tout ceci a un caractère effrayant, et l'on comprend spasmodiques. Ils ont introduit la déconnexion du psychique.

J. - C'est un peu ce qu'on fait des gynécologues comme Schickelé et Kreiss en introduisant la notion de troubles spasmodiques. Ils ont introduit la déconnexion du psychisme par la morphine. Ici, l'élimination du psychisme n'est pas une négation de ce dernier. Il s'agissait dans un but thérapeutique de le mettre en sommeil.

Meneur - Et le sommeil engendre les rêves et toutes les satisfactions qu'ils comportent.

*
* *

Le compte rendu de cette séance peut comporter des considérations intéressantes pour les obstétriciens et il a été présenté avec des commentaires développés dans le Bulletin officiel de la Société Française de Psycho-Prophylaxie Obstétricale.

Mais ce qui importe ici, c'est l'approfondissement du travail par rapport à la première séance, la concentration de l'intérêt, la diminution des réactions d'hostilité ou de prestance entre les membres du groupe qui sont devenus des collaborateurs.

On voit également qu'aucune intervention ne justifie la crainte d'un renforcement de la carapace du médecin. Par contre, le malade est devenu une personne humaine et les relations qui s'établissent avec lui ont acquis une ampleur nouvelle, en même temps que l'ensemble de l'activité médicale devient source d'un renouveau d'intérêt. L'étude de la relation thérapeutique n'a pas d'autre but que d'apporter un supplément d'humanité dans la relation malade-médecin.

Toutefois, on se souvient des objections soulevées à l'égard de cette méthode. Sa rapide diffusion l'expose à certaines utilisations qui risquent de la compromettre. Etant donné qu'il s'agit d'une expérience récente, un recul de plusieurs années est nécessaire avant de porter un jugement ou plutôt un pronostic sur les groupes dits Balint. Quelques indices, recueillis çà et là, semblent indiquer un mésusage de ces travaux en commun et ne sont pas du meilleur augure. Mais il n'a pas été proposé jusqu'à présent de méthode de remplacement plus satisfaisante pour répondre à la demande de formation psychologique des médecins.

Il faut répéter que les risques signalés plus haut existent surtout lorsque le meneur n'est pas psychanalyste.

BIBLIOGRAPHIE

M. Balint, *Le médecin, son malade et la maladie*, 2ᵉ édition, Payot (sans date).

J. Guyotat, J. Hochman, J. Pellet, M. Marie-Cardine et coll., *Psychiatrie et formation psychologique du médecin*, Rapport du LXVᵉ Congrès de Psychiatrie et Neurologie de Langue Française, Dijon, 1967, Masson.

La formation Psychologique des Médecins (sous la direction de R. Kourilsky, J. A. Gendrot, E. Raimbault), IIᵉ Conférence Internationale, Paris, 1964, Maloine.

CONCLUSIONS PROVISOIRES

Zwar sind sie an das Beste nicht gewöhnt.
Allein, sie haben schrecklich viel gelesen.

Faust.

A) *INFORMATION DU PUBLIC*

Pour qu'un langage commun s'établisse entre malade et médecin, pour que les mots utilisés véhiculent un minimum de message, une information véridique du public est nécessaire.

Une telle affirmation suscitera vraisemblablement peu d'objections. Le temps n'est plus, même si quelques-uns le regrettent, au « laissez penser ceux qui savent ».

Les sources d'information ne manquent pas; articles médicaux dans la presse générale, presse spécialisée dans la diffusion de connaissances médicales pour un public aussi vaste que possible, radio, télévision, cinéma: la médecine se vend bien.

Le contenu de cette information est très variable: publication de nouvelles découvertes thérapeutiques, réussites techniques plus ou moins spectaculaires ou publicitaires, campagne en faveur de certaines vaccinations, informations épidémiologiques contribuent à augmenter les connaissances médicales du public. Mais il ne peut s'agir que de documents capables de susciter la curiosité du lecteur par un aspect qui le concerne directement, soit qu'il risque de tomber malade ou désire se protéger contre une maladie, soit que l'aspect de prouesse du fait relaté réveille en lui le goût de l'aventure. Ce mode d'information ne peut en aucun cas constituer une culture médicale. Il ne peut que servir d'aliment à quelques conversations de salon. Même lorsque l'information médicale ainsi véhiculée est de bonne qualité, ce qui est fréquemment le cas, elle s'avère insuffisante. La médecine représente pourtant pour l'homme un domaine suffisamment important pour qu'un certain niveau de connaissances médicales puisse faire partie du bagage de chacun. Dès l'école primaire, on enseigne quelques notions d'hygiène élémentaire et plus tard les sciences naturelles apportent aux élèves quelques connaissances d'anatomie et de physiologie. Rien ne s'opposerait théoriquement à ce que ce programme soit révisé par des médecins car il n'est pas toujours conforme aux connaissances actuelles. C'est là que très rapidement se poserait le problème principal: les médecins ont-ils quelque chose à enseigner à propos des maladies? Il ne s'agit évidemment pas de donner, ni à l'homme de la rue, ni à l'honnête homme des cours de pathologie spécialisée, mais de faire comprendre au consommateur ce qu'il peut attendre du médecin. Comment se servir du médecin? Quels sont les sens possibles de la maladie? Qu'attend-on de la maladie? telles sont les véritables questions que devrait aborder non plus une information, mais une véritable éducation du public.

B) *EDUCATION DU PUBLIC*

Eduquer le public serait peut-être l'amener à savoir se servir du médecin. Ce qui élimine tout d'abord: exploiter la maladie, ce qui éviterait également de succomber à l'angoisse. Ces quelques points sont le résumé d'un programme fort ambitieux qui restituerait à la fois une médecine humaine et revaloriserait la fonction médicale. L'information du public est à l'origine d'une telle entreprise. Mais comme toute information, elle peut être utilisée dans deux sens: celui de l'action et celui de la réaction. L'information peut entraîner, et c'est ce qu'on souhaiterait toujours, une meilleure coopération entre le médecin et ses malades. Ayant affaire à un public capable de comprendre, le médecin pourra donner les explications que l'on attend de lui. Il n'aura plus le sentiment de traiter un objet radicalement différent de lui-même. Il saura au contraire qu'il se trouve en face d'un sujet prêt à le comprendre et à apprécier son travail. Ceci ne pourra manquer de lui apporter des satisfactions nouvelles. Travailler pour ceux qui sont capables de juger l'ouvrage est le meilleur moyen de rendre une saveur nouvelle aux gestes quotidiens et de rompre avec la routine. Pour le public, les explications données dans un langage qu'il aura appris à comprendre supprimeront le halo magique qui entoure le médecin et qui transforme l'estime qu'on lui porte en un respect ambivalent: il faut séduire le sorcier car il est redoutable.

On ne manquera pas d'émettre quelques objections à ce projet. On mettra en doute tout d'abord la possibilité de donner au public une culture médicale suffisante pour qu'il soit capable de comprendre et d'apprécier l'art du médecin. C'est là sous-estimer l'intelligence et le désir de savoir de l'être humain, ou peut-être surestimer les difficultés des connaissances médicales. On s'efforce aujourd'hui d'intéresser l'homme au développement scientifique du monde dans lequel il vit. Les découvertes concernant l'ADN, la reproduction des protides, le mode d'action des virus, les bases neurochimiques de la mémoire, sont des sujets qui passionnent une grande partie du public. Ce sont là des connaissances dont la difficulté ne serait à aucun moment dépassée par l'information médicale, quelle qu'elle soit. Depuis la deuxième guerre mondiale, on a découvert qu'une information de haute qualité était plus recherchée que ce que l'on désignait autrefois par vulgarisation. C'est ainsi que l'intérêt pour l'anthropologie a connu un essor absolument imprévisible grâce à l'audace d'un Lévi-Strauss qui a offert au lecteur, non pas une infantilisante initiation à l'anthropologie, mais un exposé sans concession des recherches les plus avancées dans ce domaine. Le succès témoigne à la fois de l'aptitude de l'homme à s'intéresser à condition qu'on lui en laisse la possibilité, et surtout la reconnaissance à l'égard d'un auteur qui lui a fait confiance en ne lui offrant pas une pâture « mise à sa portée ». La même constatation a pu se faire à propos de grandes expositions artistiques organisées au cours de ces dernières années. Des hommes de tous les niveaux culturels, de toutes les classes sociales, ont fait la queue pendant des heures pour admirer les œuvres de certains maîtres. On aurait pu, à la rigueur, invoquer le prestige lié aux grands noms pour expliquer l'engouement, si le même mouvement de foule n'avait pas eu lieu pour des manifestations exigeant une formation culturelle certaine comme des expositions consacrées à des collections particulières ou à des maîtres anciens. La foule qui visita l'exposition Vermeer était aussi imposante que celle qui envahit l'exposition Picasso et se battit pour voir le trésor de Toutankhamon. La soif de connaissances est à la mesure des progrès du XXᵉ siècle et il ne faut pas hésiter à dénoncer les nostalgiques de l'obscurantisme qui se refusent à étancher cette soif. Et ce n'est pas qu'au niveau de l'information du public qu'on décèlerait de telles réticences. Il est vrai que les enseignants ont trop à faire en médecine pour pouvoir se consacrer à un autre public que leurs étudiants. Il faut déplorer là un certain malthusianisme universitaire aux causes multiples mais dont certaines relèvent d'une réserve périmée à l'égard d'une diffusion de la culture.

Une autre objection verrait dans l'information médicale un renforcement de certaines attitudes névrotiques. On rappellera que les étudiants en médecine traversent presque tous une phase où ils découvrent en eux-mêmes les symptômes qu'ils étudient et que le public ne saurait réagir autrement. On soulignera également que toute conférence, toute émission radiophonique ou télévisée, par exemple sur le cancer, détermine un afflux de personnes anxieuses vers les consultations spécialisées. Tout cela est vrai. Mais pourquoi ne pas informer également les gens sur la possibilité et le sens de ces réactions anxieuses, car c'est bien de réaction qu'il faut parler et non pas de névrose: la névrose ne se crée pas par le simple fait d'une information, la névrose était déjà là et n'attendait qu'une nouvelle occasion de se manifester.

L'éducation du public déterminera peut-être une certaine exigence à l'égard du médecin, mais l'exigence n'est pas la revendication. Exiger un travail de qualité s'oppose au contraire à la revendication de gratification, à l'exploitation du médecin, au parasitisme social de ceux qui, nichés dans un infantilisme invétéré vivent de leur maladie. Ce terme d'infantilisme recouvre la multitude de symptômes névrotiques qui se cachent derrière les plaintes subjectives habituellement utilisées pour l'obtention de bénéfices secondaires. Une attitude mérite tout particulièrement d'être soulignée ici: c'est la recherche du bénéfice secondaire par personne interposée. Une énorme catégorie de malades est menacée par ce lien magique qui constitue trop souvent encore la relation malade-médecin. Il s'agit des enfants, de ces enfants victimes de leurs mères qui reportent sur eux des angoisses qu'elles n'osent affronter, exposant ceux qui dépendent d'elles à la maladie iatrogène, le médecin ne comprenant pas toujours à temps que l'enfant peut n'être que le symptôme de sa mère.

C) *VERS UNE ETHIQUE*

Une phrase des Antimémoires prête à réfléchir: « Sans Etat, toute politique est au futur et devient plus ou moins une éthique ». La dissociation entre l'action et l'éthique est peut-être légitime lorsqu'il s'agit de choses ou de nombres. Peut-être l'organisation et la prévision concernant les masses humaines traitées comme des ensembles peuvent-elles s'assimiler à des maniements d'objets. Mais il n'en est certainement plus de même dans cette irremplaçable relation à deux qu'est celle du malade avec le médecin. Qu'il le sache ou non, qu'il le veuille ou non, il n'est pas un acte médical aussi minime, aussi habituel soit-il qui échappe à l'éthique personnelle du médecin. On pourrait à partir de là, imaginer une multiplication des principes moraux, chaque médecin étant sensé élaborer les siens. L'introduction de ce livre avait été l'illustration du conformisme médical. La fin serait-elle une apologie de l'individualisme? Il est certain qu'aucun médecin ne peut échapper à la question d'une morale médicale. On a eu l'occasion déjà, au cours des chapitres précédents de s'étonner d'un manque d'enseignement d'une morale. Elle s'enseigne, et parfois même fort bien, par certains médecins avertis de ce qu'on pourrait appeler aujourd'hui l'anthropologie médicale. Mais il va sans dire que cet enseignement n'est pas suffisant et qu'il devrait être plus évident pour chaque étudiant que cette morale imprègne tout acte médical auquel il assiste de la part des enseignants ou qu'il pratique lui-même, tant durant ses études qu'au cours de sa pratique. Ce n'est qu'à ce prix que pourrait être étendu à la mesure des champs d'action toujours nouveaux offerts aux médecins, l'esprit généreux d'un code de déontologie. La médecine n'est plus seulement la clinique classique. Les médecins fournissent un contingent important de chercheurs scientifiques. Ils participent à l'organisation et à la sécurité du travail, ils interviennent dans les problèmes d'éducation et de scolarité, ils « planifient » les familles, ils auront de plus en plus leur mot à dire dans l'occupation des loisirs. Cette diversité de fonctions exige que le médecin ne perde pas de vue sa vocation qui est justement d'être médecin. C'est là qu'il devient nécessaire de dégager une éthique médicale, une éthique suffisamment générale pour s'appliquer à toutes les situations rencontrées par le médecin, suffisamment générale même pour pouvoir être mise en commun avec tous ceux qui ont besoin de lui.

C'est à partir de l'acte médical et en tenant compte de tout ce qui a pu en être dit dans les pages précédentes, qu'il devient possible d'y déceler ce qui ne manque jamais, à savoir l'intention du médecin. C'est en considérant cette position qu'on pourra formuler les principes généraux d'une éthique médicale. Il a été question plus haut de certains bénéfices parfois escomptés par les malades. Il s'agit toujours de la licence octroyée par le médecin, d'abandonner, au moins provisoirement, une partie des tâches du malade.

On peut généraliser cette limitation de la personnalité humaine à tout acte médical ce qui amènerait à la formule: tout acte médical porte en soi la possibilité d'une amputation de l'être humain. Cette amputation existentielle est parfois demandée à son insu par le malade. Il importe que le médecin en prenne conscience avant de l'accorder. Cette prise de conscience d'une fonction possible de la maladie ou de la médecine est le temps nécessaire avant de prendre position. C'est là que l'éthique devient acte. Laissera-t-on le malade dans sa position de restriction vitale, prenant pour lui ou lui imposant une décision de résignation, impliquant un « n'importe comment il ne peut prétendre à mieux » ou bien essaiera-t-on de l'aider à maintenir ses exigences, à ne pas renoncer. La question à laquelle le médecin ne peut pas échapper et à laquelle il devra répondre une fois pour toutes, est celle-ci: la médecine impose-t-elle de vivre ou condamne-t-elle à survivre?

Limiter l'acte médical à la seule protection de la santé en luttant contre la maladie, est insuffisant et dangereux. La vocation du médecin l'oblige à lutter contre toute forme de restriction de la vie, car une telle restriction atteignant un seul individu concerne en fait tout son groupe. Et c'est tout le groupe, tout l'entourage qui subit une restriction existentielle comme conséquence de l'angoisse et de la culpabilité émanant d'un seul de ses membres. Il ne s'agit pas d'éviter un traitement ou une intervention chirurgicale sous prétexte que ces actes limitent provisoirement ou définitivement une certaine fonction corporelle, il s'agit de déraciner le mythe parfois informulé mais toujours présent, que celui qui a eu affaire aux médecins n'est plus un vivant mais un survivant. Le rôle du médecin sera le plus difficile à maintenir lorsque c'est le malade lui-même qui par toute la force de sa persuasion sollicitera l'autorisation d'échapper à sa condition humaine. C'est à ce moment que le médecin fera bien d'adopter ces vers de Saint-John Perse:

« et si un homme auprès de nous vient à manquer à son visage de vivant, qu'on lui tienne de force la face dans le vent ».

TABLE DES MATIÈRES

Deuxième partie

LE MALADE ET LE GROUPE

PSYCHOLOGIE ET SCIENCES HUMAINES

collection publiée sous la direction de MARC RICHELLE